Der Kampf um die Krone

Jürgen Kaiser

Der Kampf um die Krone

Königsdynastien im Mittelalter

Inhaltsverzeichnis

6 Einführung

Die Ottonen

12 Stammtafel

14 Von Sachsen nach Rom

14 Die Erben der Karolinger –
Franken oder Sachsen?

16 Mit Skrupellosigkeit und Geschick –
Heinrich I.

19 Aufstand der verwaisten Königskinder –
Der Herrschaftsbeginn Ottos I.

21 Rettung einer Königin –
Der Aufstieg Adelheids

22 Neue Familienkonflikte –
Der Aufstand Liudolfs

22 Ein Zeichen des Himmels? –
Lechfeldschlacht und Aufstieg zum Kaiser

25 Im kaiserlichen Glanz –
Ottos und Adelheids Familienpolitik

26 Rebellion als Familientradition –
Der Herrschaftsbeginn Ottos II.

28 Schlachtenunglück –
Früher Tod Ottos II.

29 Zwei Kaiserinnen und ein Kinderkönig –
Otto III.

31 Macht in Frauenhand –
Die Kaiserinnen

34 Die Rache des Zurückgesetzten –
Heinrichs II. Griff nach der Krone

Die Salier

42 Stammtafel

44 Bannfluch der Stellvertreter

44 Unter dem Schutz der Himmelskönigin –
Der Aufstieg der Salier

47 Erfolgreiches Herrschaftsteam –
Konrad II. und Gisela

48 Monument der Salier –
Der Speyrer Dom

50 Krönung mit Hindernissen –
Der Herrschaftsbeginn Konrads II.

50 Ein Sohn wird geopfert, ein Königreich geerbt –
Schicksalsjahre Giselas

51 Prächtigster Trauerzug des Mittelalters –
Kaiser Konrads Ende

54 Auf dem Höhepunkt der Macht –
Heinrich III.

55 Stellvertreter Christi –
Heinrich III. als Erneuerer des Papsttums

57 Regentin mit großer Kraft –
Kaiserin Agnes

58 Drama um den Kinderkönig –
Die schwere Jugend Heinrichs IV.

60 Normenverstöße eines Königs –
Konflikte um Heinrich IV.

61 Im Würgegriff des Papstes –
Der Investiturstreit

65 Bitterer Verrat –
Der Niedergang Heinrichs IV.

66 Der Fluch des Vaters –
Heinrichs V. schwierige Herrschaft

Die Staufer

72 Stammtafel

74 Verklärtes Mittelalters

75 Ausgebootete Kaiserenkel –
Der Aufstand Friedrichs und Konrads

78 Die zweite Chance –
Konrad III. als erster Stauferkönig

80 König und Kaiser –
Der Herrschaftsbeginn Friedrichs I.

83	Hochmut kommt vor dem Fall – Die Italienzüge Barbarossas		137	Licht und Schatten – Prag unter Karl IV.
86	Prächtige Provisorien – Die Königspfalzen		140	Absturz in die Sucht – Das Versagen Wenzels IV. als König
88	Ein Mythos entsteht – Barbarossa und der dritte Kreuzzug		142	Auf Messers Schneide – Sigismunds Jahre als ungarischer König
90	Viel Feind, wenig Ehr – Die Niederlage Heinrichs VI. in Sizilien		143	Schutzherr der Christenheit – Das Konstanzer Konzil
91	Trügerischer Triumph – Sieg in Sizilien und früher Tod			

83 Hochmut kommt vor dem Fall – Die Italienzüge Barbarossas
86 Prächtige Provisorien – Die Königspfalzen
88 Ein Mythos entsteht – Barbarossa und der dritte Kreuzzug
90 Viel Feind, wenig Ehr – Die Niederlage Heinrichs VI. in Sizilien
91 Trügerischer Triumph – Sieg in Sizilien und früher Tod
93 Zwei Könige sind einer zu viel – Der staufisch-welfische Thronstreit
97 Fortunas Rad – König Philipps Ermordung und die Folgen
100 Wie Phönix aus der Asche – Jugend und Aufstieg Friedrichs II.
104 Das Staunen der Welt – Die Reformpolitik Friedrichs II. im Süden
109 Unversöhnlich bis in den Tod – Friedrich II. und sein Sohn Heinrich
112 Unbarmherziger Vernichtungswille – Der Papst und die Staufer

118 DIE LUXEMBURGER
120 Stammtafel

122 Hochzeit mit Folgen
122 Aufstieg mit Hindernissen – Die Luxemburger bis zur Schlacht von Worringen
125 Ein Phönix wird zu Asche – Die kurze Herrschaft Heinrichs VII.
130 Heiratsmakler und Ritter Europas – Johann von Böhmen
133 Übervater der Könige – Mythos Karl der Große
134 Teure Reichskrone – Der Herrschaftsbeginn Karls IV.

137 Licht und Schatten – Prag unter Karl IV.
140 Absturz in die Sucht – Das Versagen Wenzels IV. als König
142 Auf Messers Schneide – Sigismunds Jahre als ungarischer König
143 Schutzherr der Christenheit – Das Konstanzer Konzil

148 DIE HABSBURGER
150 Stammtafel

152 Durch Zufall zum Weltreich
153 Im Windschatten der Staufer – Der Aufstieg
156 David gegen Goliath – Rudolfs Krieg gegen Ottokar von Böhmen
160 Schwiegervater der Kurfürsten – Rudolfs Herrschaftsausbau
163 Vom Neffen ermordet – König Albrecht I.
164 Der lange Weg zurück zum Thron – Die Habsburger bis Albrecht II.
168 Der Spott der Königin – Friedrich III. und sein Phlegma
174 Wettlauf um die Braut – Maximilian und Maria von Burgund
175 Der Schuldenkönig – Maximilian I. und seine gescheiterten Pläne
179 Ruinöse »Handsalben« – Die königlichen Finanzen

182 Literaturauswahl
183 Bildnachweis / Impressum

Einführung

In einer Zeit, die keine staatlichen Institutionen kannte, dominierten Herrscherpersönlichkeiten vollkommen das politische Geschehen. Wer daher etwas über mittelalterliche Geschichte erfahren möchte, kann sich dieser fernen Epoche am besten über die Beschäftigung mit ihren Königen annähern. Da Welfen und Wittelsbacher mit einem bzw. zwei Königen nur Episode an der Spitze des Reichs blieben, konzentriert sich das Buch auf die Dynastien der Ottonen, Salier, Staufer, Luxemburger und Habsburger, die im Mittelalter den Thron dauerhaft einnahmen. 600 Jahre deutscher Geschichte werden dadurch in ihren Protagonisten erlebbar.

Das mittelalterliche Reich stand ganz in der Tradition Karls des Großen (768–814), weshalb sich seit Otto dem Großen zwischen 936 und 1531 fast alle Könige in der Grabkirche Karls, dem von ihm als Pfalzkapelle errichteten Aachener Münster, krönen ließen. Das Frankenreich, das durch Karls Kaiserkrönung im Jahr 800 in Rom zum Nachfolger des weströmischen Reichs wurde, zerfiel schon unter seinen Enkeln im Vertrag von Verdun 843 in drei Teile. Nach dem Aussterben der ostfränkischen Karolinger erweiterte die sächsische Dynastie der Ottonen das ostfränkische Reich um das vom westfränkischen Reich beanspruchte Lothringen, das von den Vogesen bis Flandern reichte. Auch eroberten die Ottonen die Marken östlich der Elbe und gewannen zudem ganz Oberitalien. Den Saliern gelang unter Konrad II. die Erbnachfolge im Königreich Burgund, das sich von Basel bis zur Rhônemündung erstreckte. Mit der Krönung des Stauferkaisers Heinrich VI. zum König von Sizilien 1194 erhielt das Reich für ein halbes Jahrhundert seine größte Ausdehnung. Doch während sich Frankreich zeitgleich zum straffen, zentral regierten Territorialstaat wandelte, erreichten die Fürsten und Bischöfe des Reichs in der späten Stauferzeit ihre weitgehende Unabhängigkeit vom König. Zunehmend schwand damals auch das Reichsgut als materielle Basis des Königtums, sodass sich im Spätmittelalter der Herrscher des Reichs vorrangig auf seinen Familienbesitz stützen musste, den es zu erweitern und zu sichern galt.

Die Wahl des deutschen Königs regelte erst Karl IV. 1356 im Reichsgesetz der sogenannten Goldenen Bulle. Sie beschränkte den Kreis der Wahlberechtigten auf die sieben Kurfürsten, bestehend aus den drei Erzbischöfen von Mainz, Köln und Trier, dem Pfalzgrafen bei Rhein, dem König von Böhmen, dem Herzog von Sachsen sowie dem Markgrafen von Brandenburg. Entscheidend war die Stimmenmehrheit. Bei allen Königswahlen des Spätmittelalters flossen daher ungeheure Bestechungssummen an die Kurfürsten.

Auch unter Ottonen, Saliern und Staufern galt das Wahlprinzip, doch war der Kreis der notwendigen Königswähler unter den Fürsten und Bischöfen noch nicht definiert. Diese erwarteten vom König entsprechende Dankesgaben weniger in klingender Münze, sondern vor allem in lukrativen Privilegien oder Lehen sowie prestigeträchtiger Königsnähe.

Trotz des Wahlprinzips im Reich gelang es den meisten Herrschern im Hochmittelalter noch zu Lebzeiten, ihren ältesten Sohn zum Mitkönig und folglich zum Nachfolger wählen zu lassen. Argumentiert wurde damit, dass durch die Erhebung des Vaters zum Kaiser der Sohn auf den quasi frei gewordenen Königsthron nachrücken könne. Meist diente ein bevorstehender Italienzug, der für den Herrscher ein großes Lebensrisiko bedeutete, um die Großen des Reichs entsprechend unter Druck zu setzen, vorher die Nachfolge zu regeln. Starb der Vater dann früh wie Otto II. und Heinrich III., machte dies eine lange Regentschaft der Mutter des Kinderkönigs nötig. Hinterließ der Herrscher bei seinem Tod keine Söhne – wie Heinrich II. und Heinrich V. – war die Königswahl weitaus span-

Die Buchmalerei der in der Mitte des 13. Jahrhunderts entstandenen Carmina Burana zeigt anhand des Rades der Fortuna die schicksalhafte Zufälligkeit von Aufstieg und Fall selbst eines Königs.

Einführung 7

nender, da nun entschieden werden musste, welche neue Dynastie die Krone tragen sollte. Gelang dies von den Ottonen bis zu den Saliern noch relativ reibungslos, mussten die Staufer trotz enger Verwandtschaft mit den Saliern erst einmal eine Runde aussetzen, bevor ihnen nach dem Tod Lothars von Supplinburg doch noch der Aufstieg gelang. Den Königswahlen im Hochmittelalter ging immer die Konsensfindung unter den Fürsten und Bischöfen voraus. Erst wenn das Ergebnis hinter den Kulissen ausgehandelt worden war, schritt man zur akklamatorischen Wahl. Mit diesem Ritual wurde einer breiteren Öffentlichkeit der Beschluss bekannt gegeben.

Die Erwartungen an einen Königskandidaten waren im Hochmittelalter sehr hoch: Er musste nicht nur aus einer der führenden Familien des Reichs stammen, sondern auch körperlich unversehrt sein, um die lebenslange Reiseherrschaft ausüben zu können. Ein beträchtliches Vermögen war vonnöten, da eine der wichtigsten geforderten Eigenschaften eines Königs die permanente Freigiebigkeit war. Milde und zumindest einmalige Verzeihung gegenüber Feinden sowie demonstrative Frömmigkeit gehörten ebenfalls zum Anforderungskatalog. Eine hochstehende Ehefrau, möglichst aus königlichem Haus, war ebenso unabdingbar.

Nach dem Ende der Stauferzeit fiel die Wahl der nun fast unabhängigen Reichsfürsten nicht mehr auf den mächtigsten unter ihnen, sondern im Gegenteil auf zunächst wenige bedeutende Grafen wie die Habsburger, Nassauer und Luxemburger, von denen am wenigsten ein Eingriff in die Territorialpolitik oder gar die Rückgewinnung des von den Fürsten angeeigneten Reichsgutes zu erwarten war. Dank einer geschickten Heiratspolitik holte jedoch ein kinderreicher König wie Rudolf von Habsburg rasch auf. Nach dem Sieg über seinen Konkurrenten Ottokar von Böhmen sicherte er seiner Familie das weitgehend selbstständige Herzogtum Österreich und damit dauerhaft den Reichsfürstenstand. Der erste König aus der Dynastie der Luxemburger, Heinrich VII., vermählte seinen Sohn

Der 1165 aus politischen Gründen heilig gesprochene Karl der Große wird auf dem 1215 vollendeten Aachener Reliquienschrein von seinen Nachfolgern auf dem Thron begleitet, um die vom Papst bestrittene Amtsheiligkeit der Kaiserwürde zu betonen.

Johann mit der Erbin des Königreichs Böhmen. Johanns Sohn Sigismund erheiratete sich wiederum das Königreich Ungarn.

Der König kümmerte sich zwar mit seinem Hof um das politische Alltagsgeschäft, seine Amtsheiligkeit gab ihm aber zugleich eine alles überragende, sakrale Aura. Die Krönung nach der Wahl war nicht nur mit der Besteigung des Aachener Throns Karls des Großen, sondern zugleich mit einer Weihe und Salbung verbunden. Beides wurde auch an der Königin vorgenommen, die ihrem Gemahl gleichrangig sein sollte. Die hierbei getragenen Gewänder waren liturgische Kleidungsstücke, was die Sakralität der Gekrönten zum Ausdruck brachte. Wie bei der Priesterweihe mussten sich König und Königin mit kreuzförmig ausgestreckten Armen vor dem Altar auf den Boden legen. Das Salbungsritual war abgeleitet von der Königserhebung Davids im Alten Testament. Es sollte zum Ausdruck bringen, dass sich der König des Reichs als Stellvertreter Christi auf Erden verstand. Daher konnte der König nicht nur Bischofssynoden leiten, sondern auch Päpste ein- und absetzen lassen wie 1046 auf der berühmten Synode von Sutri unter Heinrich III. und letztmals auf dem Konstanzer Konzil 1414–1418.

Da die Bischöfe des Reichs im Hochmittelalter die wichtigsten Stützen der königlichen Politik waren, die hierfür mit Herrschaftsrechten belohnt wurden, wählte sie der König persönlich aus und setzte sie in ihr Amt ein (sog. Investitur). Hieran entzündete sich unter Heinrich IV. in Zeiten der Kirchenreform der berühmte Investiturstreit, in dem der Papst den König und Kaiser nur noch als Laien ansah, dem keine Eingriffsmöglichkeiten in kirchliche Belange zustanden. Fatal für die Geschichte des Reichs war der staufisch-welfische Thronstreit zwischen König Philipp von Schwaben und dem Gegenkönig Otto IV., da hier erstmals dem Papst eine Schiedsrichterrolle über die Besetzung des Reichsthrons eingeräumt wurde. Zunehmend begann der Papst mithilfe seiner Legaten, sich in weltliche Belange einzumischen. Selbst ein so mächtiger Herrscher wie der Staufer Friedrich II. verzweifelte schier an den Allmachtsfantasien des auftrumpfenden Papsttums. Doch der Sieg der Päpste über die Staufer und deren Ende brachte ihnen nicht die angestrebte Oberherrschaft über alle Könige der Christenheit. Vielmehr gerieten sie durch die Verlegung des Papstsitzes 1309–1377 nach Avignon in Abhängigkeit zum französischen König. Das 1378 ausgebrochene Schisma schwächte nicht nur das Papsttum erheblich, sondern stürzte die mittelalterliche Gesellschaft in große Loyalitätskonflikte, bis das Konstanzer Konzil hier wieder Ordnung schaffte.

Da das mittelalterliche Reich keine Regierungsinstitutionen sowie keine dauerhafte Residenz und Hauptstadt besaß, mussten König und Königin lebenslang mit ihrem wohl mindestens 200 bis 300 Menschen umfassenden Hof durch das Reich ziehen. Unterkunft boten die teilweise nur großen Gutshöfen gleichenden Pfalzen, zunehmend aber auch Bischofsresidenzen in den Städten. Schon unter den Stauferherrschern, die durch ihr großes Engagement in Italien und durch Kreuzzüge viele Lebensjahre südlich der Alpen verbrachten, entwickelte sich vor allem der Norden des Reichs zur königsfernen Landschaft. Territorialfürsten traten hier an die Stelle des Königs, dessen Anwesenheit weder erwünscht noch notwendig war. Durch die Konzentration des verbliebenen Reichsgutes im Südwesten wurde der Oberrhein mit den umliegenden Gebieten zum eigentlichen Kern des Reichs. Im Spätmittelalter, als Pfalzen und Reichsgut fast vollständig in den Besitz der Landesherren oder Reichsstädte übergegangen waren, logierte der immer noch umherreisende König notgedrungen in Häusern reicher Patrizier.

Politisches Forum waren die Reichs- und Hoftage, die in gut erreichbaren, großen Städten einberufen wurden. Denn die Herrschaft des mittelalterlichen Königs war dringend auf Konsens mit den Reichsfürsten angewiesen, um die eigene Herrschaft zu stabilisieren. Hoftage fanden gerne in Verbindung mit hohen Kirchenfesten statt, damit sich das Königspaar der Öffentlichkeit in seiner herausgehobenen sakralen Aura präsentieren konnte.

Chance und Belastung zugleich waren die Italienzüge. Seit Otto der Große 951 die italienische Königinwitwe Adelheid geheiratet und 962 die Kaiserkrone in Rom errungen hatte, war es jahrhundertelang Ziel deutscher Politik, den Anspruch des Reichs auf Italien und damit die Kaiserkrone durchzusetzen. Das Kaisertum garantierte die unangreifbare Vorrangstellung unter den Königen Europas wie ein besonderes Verhältnis zum Papst. Immer wieder neu bemühten sich Ottonen, Salier und Staufer um Anerkennung ihres Rangs durch den byzantinischen Kaiser, der über diese Konkurrenz wenig erfreut war. Sichtbarstes Zeichen der Akzeptanz war die Heirat mit einer Tochter oder nahen Verwandten des oströmischen Kaisers, was mehrfach angestrebt, aber nur von Otto II. und Philipp von Schwaben realisiert werden konnte. Ausgerechnet der Staufer Philipp war es, der mit der Eroberung von Byzanz durch den katastrophalen vierten Kreuzzug 1204 den Niedergang des oströmischen Reichs beschleunigte und damit letztendlich zur leichten Beute der nach Europa vorrückenden Türken machte.

Die unter Heinrich IV. im Investiturstreit zerbrochene Gleichrangigkeit von Kaiser und Papst bedeutete nicht nur eine Zäsur für das bisherige königliche Herrschaftsinstrument der Bischofseinsetzung, sondern auch einen Wandel in der Auffassung des Kaisertums. Während der Papst dieses nun wie ein von ihm ausgegebenes Lehen verstand, das er jederzeit entziehen konnte, versuchte der Kaiser dieses als allein von Gott verliehen zu propagieren. Ausdruck dieser Spannungen sind der unter Heinrich V. erstmals 1073 verwendete Titel des »Rex Romanorum« (König der Römer) und der unter Friedrich I. Barbarossa 1157 eingeführte Begriff des »Sacrum Imperium« (Heiliges Reich). Im Spätmittelalter wandelte sich dieser Ausdruck schließlich zum Heiligen Römischen Reich Deutscher Nation.

Folgen Sie nun dem Auf und Ab der mächtigsten deutschen Dynastien des Mittelalters durch sechs Jahrhunderte Geschichte. Begleiten Sie die prominentesten Herrscher der damaligen Zeit auf ihrem Weg zur Macht und in den Untiefen ihres politischen wie menschlichen Schicksals.

Dr. Jürgen Kaiser

1936 bestieg Otto der Große den Aachener Thron Karls des Großen.

Die Ottonen

In nur zwei Generationen bestieg diese sächsische Herzogsdynastie nicht nur den Reichsthron, sondern erneuerte glanzvoll die Kaiseridee Karls des Großen. Spektakuläre Eheschließungen erweiterten den Horizont nach Süden, wie überhaupt unter den Ottonen die weibliche Machtbeteiligung im Mittelalter ihren Höhepunkt erreichte.

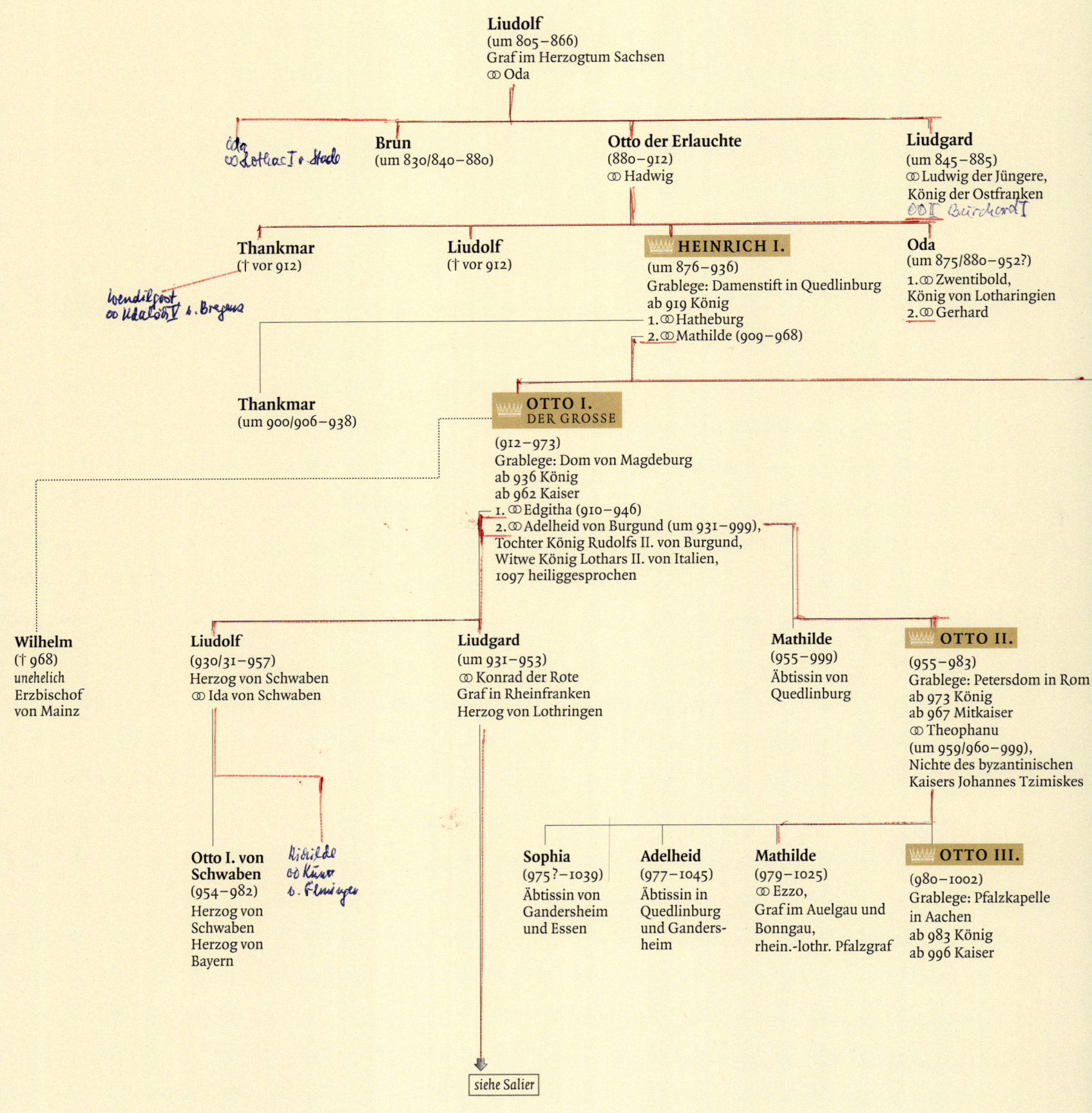

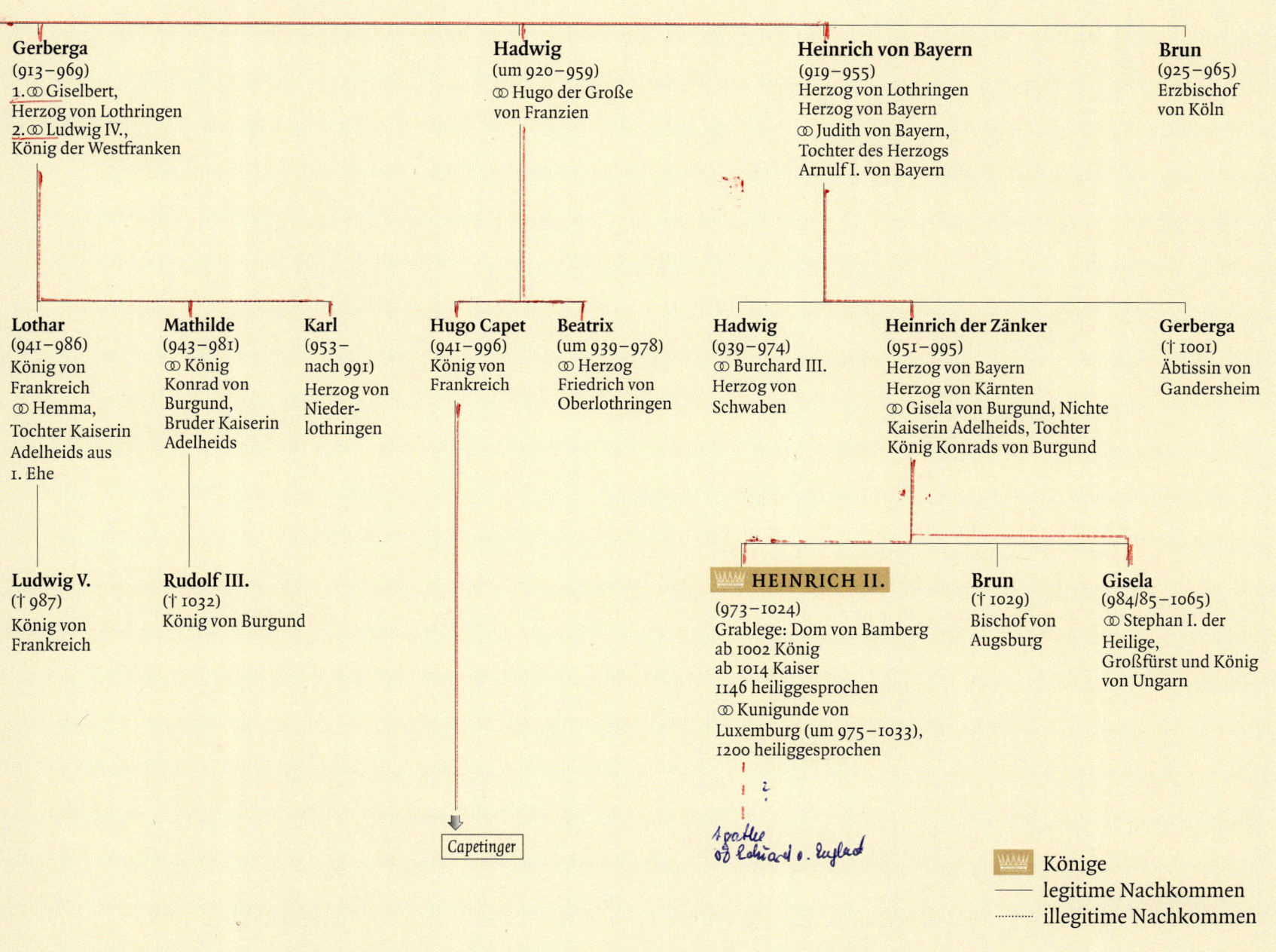

Gerberga
(913–969)
1. ⚭ Giselbert, Herzog von Lothringen
2. ⚭ Ludwig IV., König der Westfranken

Hadwig
(um 920–959)
⚭ Hugo der Große von Franzien

Heinrich von Bayern
(919–955)
Herzog von Lothringen
Herzog von Bayern
⚭ Judith von Bayern, Tochter des Herzogs Arnulf I. von Bayern

Brun
(925–965)
Erzbischof von Köln

Lothar
(941–986)
König von Frankreich
⚭ Hemma, Tochter Kaiserin Adelheids aus 1. Ehe

Mathilde
(943–981)
⚭ König Konrad von Burgund, Bruder Kaiserin Adelheids

Karl
(953– nach 991)
Herzog von Niederlothringen

Hugo Capet
(941–996)
König von Frankreich

Beatrix
(um 939–978)
⚭ Herzog Friedrich von Oberlothringen

Hadwig
(939–974)
⚭ Burchard III. Herzog von Schwaben

Heinrich der Zänker
(951–995)
Herzog von Bayern
Herzog von Kärnten
⚭ Gisela von Burgund, Nichte Kaiserin Adelheids, Tochter König Konrads von Burgund

Gerberga
(† 1001)
Äbtissin von Gandersheim

Ludwig V.
(† 987)
König von Frankreich

Rudolf III.
(† 1032)
König von Burgund

HEINRICH II.
(973–1024)
Grablege: Dom von Bamberg
ab 1002 König
ab 1014 Kaiser
1146 heiliggesprochen
⚭ Kunigunde von Luxemburg (um 975–1033), 1200 heiliggesprochen

Brun
(† 1029)
Bischof von Augsburg

Gisela
(984/85–1065)
⚭ Stephan I. der Heilige, Großfürst und König von Ungarn

Capetinger

👑 Könige
— legitime Nachkommen
········· illegitime Nachkommen

Von Sachsen nach Rom

Die sächsische Dynastie der Ottonen regierte von 919 bis 1024. Ihr kommt der Verdienst zu, aus der »Konkursmasse« des östlichen Karolingerreichs das deutsche Reich geformt zu haben, das sich unter ihnen rasch zur europäischen Vormacht entwickelte. Die noch recht unabhängig agierenden Stammesherzogtümer, die sich freiwillig hinter den Ottonen – die bisher sächsische Herzöge waren – versammelten, erinnern dabei schon fern an den heutigen föderalen Aufbau Deutschlands.

Agierte König Heinrich I. noch vorsichtig als Gleicher unter Gleichen, änderte sich das unter seinem Sohn Otto I., dem Großen: Mit seiner Krönung in Aachen instrumentalisierte er für sich und seine Nachfolger den Mythos Karls des Großen, dessen Riesenreich er mit harter Machtpolitik wiederherstellen wollte. Unterstützung fand er hierbei in seiner zweiten Gemahlin Adelheid, die ihm nicht nur den Herrschaftsanspruch über Italien ermöglichte, sondern auch den Blick auf den Erwerb der Kaiserkrone richtete. Bis 1806 sollte diese Würde dauerhaft mit dem deutschen Reich verbunden bleiben.

Seinem Sohn und Nachfolger Otto II. gelang es, eine byzantinische Prinzessin als Braut zu gewinnen, was zur Anerkennung des westlichen Kaisertums durch Ostrom führte. Das Jahrhundert der Ottonen zeichnete sich nicht zuletzt durch eine intensive Herrschaftsbeteiligung der Ehefrauen und Töchter der Könige bzw. Kaiser aus, wie sie im deutschen Reich niemals wieder erreicht werden sollte.

Mit dem frühen Tod Ottos III., dem Sohn Ottos II., gelangte mit Heinrich II. schließlich jene ottonische Seitenlinie an die Macht, die zuvor schon mehrfach vergeblich nach der Krone gegriffen hatte. Tragischerweise war der letzte Ottone »lendenlahm«, sodass mit ihm die Dynastie ausstarb. Dieses Defizit kompensierte er mit einer bisher nicht gekannten Sakralisierung des deutschen Königtums, was die Salier fortsetzten, bis das erstarkte Papsttum seinen Alleinvertretungsanspruch rücksichtslos durchsetzte.

Die Erben der Karolinger – Franken oder Sachsen?

Nachdem mit Ludwig dem Kind 911 der letzte ostfränkische Karolinger mit nur 18 Jahren gestorben war, ergriff Konrad im ostfränkischen Reich die Macht. Der fränkische Graf, der am Mittelrhein und im Lahngau begütert war und der Familie der Konradiner entstammte, führte nach dem Tod Kaiser Arnulfs 899 faktisch für den unmündigen Kinderkönig Ludwig die Regentschaft. Ludwigs Mutter Oda stammte ebenfalls aus der Familie der Konradiner.

Dass nicht einmal daran gedacht wurde, das Reich Karls des Großen wiederauferstehen zu lassen, indem sich das ostfränkische Reich unter die Herrschaft des noch im Westfrankenreich regierenden Karolingers Karl dem Einfältigen begab, war wohl äußeren Einflüssen geschuldet. Denn zusätzlich zu den plündernden Normannen zogen nun ab 900 auch Reiterscharen der Ungarn durch Süddeutschland. Allgegenwärtig war daher der Wunsch, lieber einen starken regionalen Heerführer ohne dynastische Legitimation als einen weit entfernten Karolinger als König anzuerkennen. Nur Lothringen fühlte sich der karolingischen Tradition verpflichtet und schloss sich wieder dem Westfrankenreich an. So wählten die wichtigsten Adeligen der Franken, Sachsen, Alemannen und Bayern zwischen dem 7. und 10. November 911 in Forchheim den durch seine Regentschaft bewährten Konrad zum König.

Doch der neue Herrscher konnte den hohen Erwartungen, die in ihn gesetzt wurden, nicht entsprechen. Denn anstatt die immer häufiger plündernd und mordbrennend durch das Land ziehenden Ungarn zu bekämpfen, verzettelte er sich heillos in eskalierende Macht-

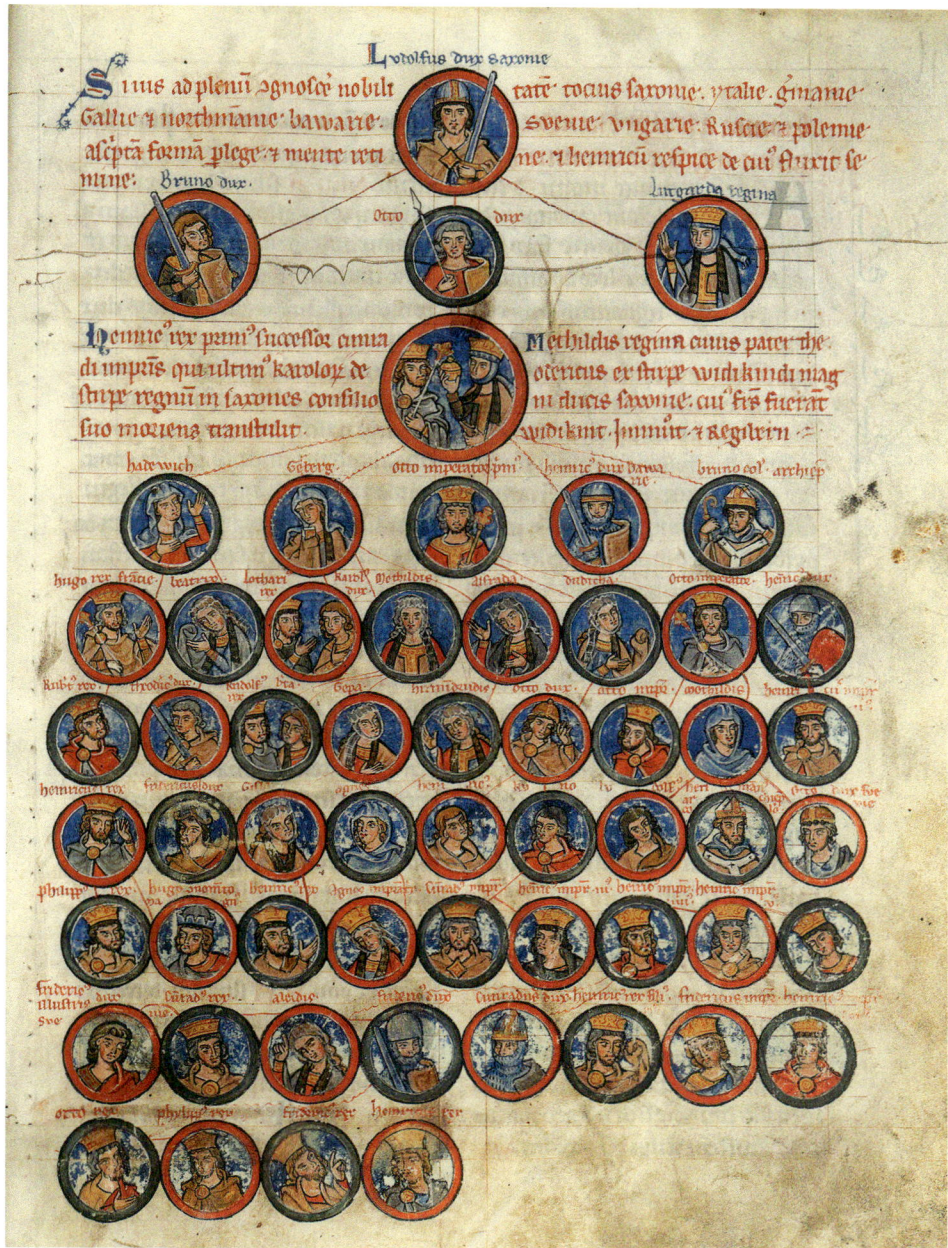

Erzbischof Brun, Bruder Kaiser Ottos I., gründete in Köln die Abtei St. Pantaleon, in der er 965 sein Grab fand. Daher bewahrten die Benediktiner stets das Gedenken an dessen Familie, wie der im frühen 13. Jh. dort angefertigte Stammbaum in den Annales Sancti Pantaleonis Coloniensis der Ottonen zeigt.

kämpfe mit den immer selbstbewusster auftretenden herzoglichen Regionalgewalten. Konrad schreckte dabei nicht einmal davor zurück, die beiden aufständischen Brüder seiner Gemahlin hinzurichten. Am 23. Dezember 918 starb er an jenen Wunden, die er bei einer Belagerung der bayerischen Hauptstadt Regensburg wenige Wochen zuvor erhalten hatte. Sein Grab fand er in der Abtei Fulda. Angeblich bat der kinderlose Konrad auf dem Sterbebett angesichts der schwierigen Gesamtsituation seinen Bruder Eberhard, auf die Krone zu verzichten und sie vielmehr seinem erbitterten Feind, dem sächsischen Herzog Heinrich anzutragen. So zumindest die spätere ottonische Überlieferung.

Die Herrschaft Heinrichs I. hob sich glanzvoll von den chaotischen Regierungsjahren Konrads ab, zumal er aus den Fehlern seines glücklosen Vorgängers Lehren gezogen hatte. Doch wer war dieser Sachse, der Mitte Mai 919 von den wichtigsten Vertretern der Franken und Sachsen in Fritzlar zum König gewählt wurde und dessen Dynastie das Reich ein Jahrhundert lang sehr erfolgreich regierte?

Die Familie, aus der Heinrich stammte, ist zwar nur bis zu seinem Großvater Liudolf zurückzuführen, doch besaß dieser schon eine herzogsähnliche Stellung in Sachsen. Sichtbares Zeichen Liudolfs hervorgehobener Stellung ist das von ihm Mitte des 9. Jahrhunderts zusammen mit seiner Gemahlin Oda gegründete Damenstift Gandersheim als zentraler Erinnerungsort der Familie der Liudolfinger, ab Otto I. auch Ottonen genannt. Nacheinander wirkten hier drei Töchter Liudolfs und Odas als Äbtissinnen, was den Charakter eines Hausklosters deutlich zum Ausdruck bringt. Nur eine ihrer vier Töchter, Liudgard, war zur Heirat bestimmt, um das künftige Erbe der Söhne nicht zu schmälern: Durch die geschickte Vermittlung ihrer Eltern konnte sie 876/77 König Ludwig III., Sohn König Ludwigs des Deutschen, heiraten. Doch starb der junge Herrscher des ostfränkischen Reichs schon 882. Allein diese Anknüpfung einer Verwandtschaftsbeziehung mit den Karolingern zeigt deutlich den hohen damaligen Stellenwert der Herkunftssippe König Heinrichs I. Von den beiden Söhnen Liudolfs fiel Brun schon 880 im Kampf gegen die Normannen, sodass nur Otto der Erlauchte die Dynastie fortsetzen konnte. Auch er konnte eine Tochter, Oda, mit einem König verheiraten. Der hochwillkommene Schwiegersohn war der König von Lotharingien Zwentibold, Sohn Kaiser Arnulfs und Bruder König Ludwig des Kindes, der seinen kuriosen Namen seinem Taufpaten, dem Mährenfürsten Swatopluk verdankte. Zwentibold fand allerdings schon als 30-Jähriger im Jahr 900 den Schlachtentod und wurde in der Benediktinerinnenabtei Süsteren an der Maas begraben. Hier traten

Die Ottonen 15

Das 852 vom Großvater König Heinrichs I., Liudolf, als Hauskloster gegründete Damenstift Gandersheim markiert den Aufstieg der Ottonen.

anschließend seine beiden Töchter Benedicta und Cäcilia, die ihm seine Gemahlin Oda als einzige Nachkommen geboren hatte, als Nonnen ein, womit auch dieser ottonisch-karolingische Familienzweig unerwartet früh erlosch.

Mit Skrupellosigkeit und Geschick – Heinrich I.

Beim Tod des sächsischen Herzogs Otto des Erlauchten 912 lebte von seinen Söhnen nur noch Heinrich (876–936), der spätere König. Schon Otto hatte durch seine Ehe mit der Babenbergerin Hadwig seine Herrschaft nach Thüringen ausdehnen können. Daher suchte er auch für seinen Sohn Heinrich eine möglichst wohlhabende Ehefrau aus, die er in der Erbin des Merseburger Grafen fand. Jene Hatheburg war Witwe und hatte bereits ein Gelübde abgelegt, den Schleier zu nehmen. Derartige fromme Entschlüsse interessierten ihren machtbewussten neuen Schwiegervater keineswegs, war sie doch durch ihren Besitz und ihre Schönheit für ihn in der Welt besser aufgehoben und die ideale Gemahlin für seinen Sohn und Erben. Nach nur wenigen Jahren aber befahl der alte Otto seinem Sohn, Hatheburg zu verstoßen, da sich eine weitaus prestigeträchtigere Eheverbindung eröffnete. Um die Ehe aufzulösen, erinnerte sich ihr Schwiegervater nun plötzlich an die früher ignorierte Kritik des Halberstädter Bischofs, Hatheburg wäre durch ihr Nonnengelübde nicht mehr ehefähig. So wurde die Scheidung ausgesprochen, obwohl Hatheburg Heinrich bereits einen Sohn namens Thankmar geboren hatte, der später auf der Eresburg ein so tragisches Ende nahm. Hatheburg wurde ins Kloster abgeschoben, ihr reicher Besitz aber blieb bei ihrem Exmann.

Heinrichs neue Wunschkandidatin war die junge Mathilde (890/95–968), eine westfälische Grafentochter. Doch machte sie weniger ihr Erbe als vielmehr ihre Abkunft vom Sachsenherzog Widukind, der sich einst gegen die dann doch vollzogene Eroberung Sachsens durch Karl den Großen zur Wehr gesetzt hatte, zur begehrten Partie. Denn durch den Heldenmythos um Widukind legitimierte eine Ehe mit ihr zusätzlich Heinrichs Ansprüche auf die herzogliche Führungsposition in diesem Volksstamm. Die hauseigene ottonische Überlieferung verbrämte die Brautwerbung mit einer hübschen Legende, Heinrich habe die viel gerühmte Mathilde erst einmal inkognito in Augenschein nehmen wollen. Da das junge Mädchen noch zur Erziehung bei ihrer gleichnamigen Großmutter im Damenstift Herford weilte und diese als Äbtissin mit Argusaugen über ihre Enkelin wachte, schlich sich Heinrich während des Gottesdienstes heimlich in die Kirche. Dort war er vom Anblick seiner Auserwählten derart entzückt, dass er sofort zur Äbtissin stürmte und mit seinen Bitten nicht eher abließ, bis diese der Vermählung zustimmte, die schon am folgenden Tag vollzogen wurde. Der greise Otto der Erlauchte konnte wenige Tage vor seinem Tod noch erleben, dass Mathilde am 22. November 912 ihren ersten Sohn auf die Welt brachte, dem sie den Namen ihres Schwiegervaters gab. In den nächsten Jahren folgten noch zwei weitere Söhne und Töchter, die alle das Erwachsenenalter erreichen und in bedeutende Positionen gelangen sollten. Damit hatten Heinrich und Mathilde den Grundstock zur Entfaltung der ottonischen Dynastie gelegt.

Als Heinrich I. im Mai 919 in Fritzlar zum König gewählt wurde, verzichtete er bewusst auf eine Salbung und Krönung. Er äußerte, so zumindest die spätere Überlieferung, vor den Herzögen nur den Königstitel, aber nicht mehr, vorauszuhaben zu wollen. Diese ungewöhnliche Bescheidenheit war ein geschickter Schachzug, um seine Gegner nicht unnötig zu provozieren. Denn im Gegensatz zu den Sachsen und Franken dachten Bayern und Alemannen zunächst überhaupt nicht daran, Heinrich als König zu akzeptieren. Doch in den folgenden Jahren erreichte er im Süden des Reichs mit einer klugen und vorsichtigen Ausgleichspolitik immerhin eine nominelle Anerkennung. Mit den Großen beider Herzogtümer schloss er Freundschaftsbündnisse, die auf gegenseitige Hilfe und Achtung gegründet waren und durch die gemeinsame Eintragung in klösterliche Gebetsgedächtnisse eine zusätzliche, sakrale Bekräftigung erhielten. Die Herzöge Bayerns und Sachsens konnten stellvertretend königliche Rechte ausüben. Damit behielten ihre Länder weitgehend ihre Selbstständigkeit. Zudem achtete Heinrich darauf, sich vorwiegend in Sachsen aufzuhalten.

Am 7. November 921 fand bei Bonn auf einem mitten im Rhein verankerten Schiff die Begegnung der beiden Könige des ost- und westfränkischen Reichs statt, die sich damit exakt auf der Grenze ihrer Länder trafen. Sie schlossen ein Friedens- und Freundschaftsbündnis, das für Heinrich die offizielle Anerkennung durch den Karolinger Karl den Einfältigen bedeutete und diesem wiederum Lothringen als Bestandteil seines Reichs garantierte. Nur wenige Jahre später nutzte aber Heinrich die Wirren im Westfrankenreich, um 925 endgültig Lothringen unter seine Oberhoheit zur bringen. Zur Verstärkung seiner Herrschaft verheiratete er den lothringischen Herzog Giselbert 929 mit seiner Tochter Gerberga. Mit dem Anschluss Lothringens hatte er die Einheit des ostfränkischen Reichs wiederhergestellt. Auch im Süden war ihm ein außenpolitischer Erfolg geglückt, unterstellte sich doch König Rudolf II. von Hochburgund seinem Schutz. 926 übergab dieser als sichtbares Zeichen seiner Unterordnung auf dem Wormser Reichstag die sogenannte Heilige Lanze mit einem eingearbeiteten Nagel vom Kreuz Christi, die zum wertvollsten Bestand der Reichskleinodien werden sollte. Heinrich

Um die junge Mathilde zu heiraten, die er angeblich erstmals im Damenstift Herford inspizierte, verstieß Heinrich I. seine bisherige Gemahlin Hatheburg (Holzstich, um 1890, nach Zeichnung von Ferdinand Leeke).

Die Ottonen 17

war an dieser kostbaren Reliquie derart interessiert, dass er Rudolf als Gegenleistung die Stadt Basel übergab.

Hinsichtlich der ungarischen Plünderungszüge hatte König Heinrich 926 immerhin schon einen Teilerfolg erreicht, indem er durch Übergabe eines gefangenen Ungarnfürsten und durch Tributzahlungen eine neunjährige Schonfrist aushandelte. Diese Zeit nutzte er vorausschauend zum Ausbau von Befestigungen und zur Aufstellung einer Reitertruppe, damit das Heer den ausschließlich berittenen Ungarn besser gewachsen war. Danach stellte er die Tributzahlungen ein, worauf die Ungarn erwartungsgemäß wieder ins Reich einfielen. Doch Heinrich besiegte immerhin 933 an der Unstrut ein ungarisches Heer, was er der mitgeführten Heiligen Lanze bzw. der Hilfe des Himmels zuschrieb. Im folgenden Jahr konnte er auch an der dänischen Grenze den Normannen standhalten. Der Erfolg als Feldherr steigerte deutlich sein Ansehen und seine allgemeine Anerkennung. Zudem stärkte der Kampf der Truppen aus den unterschiedlichen Landesteilen das Zusammengehörigkeitsgefühl des noch jungen Königreichs.

Schon recht früh scheint sich Heinrich I. auf seinen ältesten Sohn Otto als alleinigen Nachfolger festgelegt zu haben. Für den 17-Jährigen bemühte er sich daher um eine möglichst ranghohe Gemahlin. Interessanterweise wandte er sich zu diesem Zweck an den englischen König Aethelstan, der gleich zwei seiner Halbschwestern zur Auswahl über den Ärmelkanal schickte. Otto entschied sich für Edgitha, während Edgiva mit dem Bruder König Rudolfs II. von Hochburgund vermählt wurde. Damit orientierte sich Otto am westfränkischen König Karl dem Einfältigen, der schon einige Jahre zuvor eine weitere Schwes-

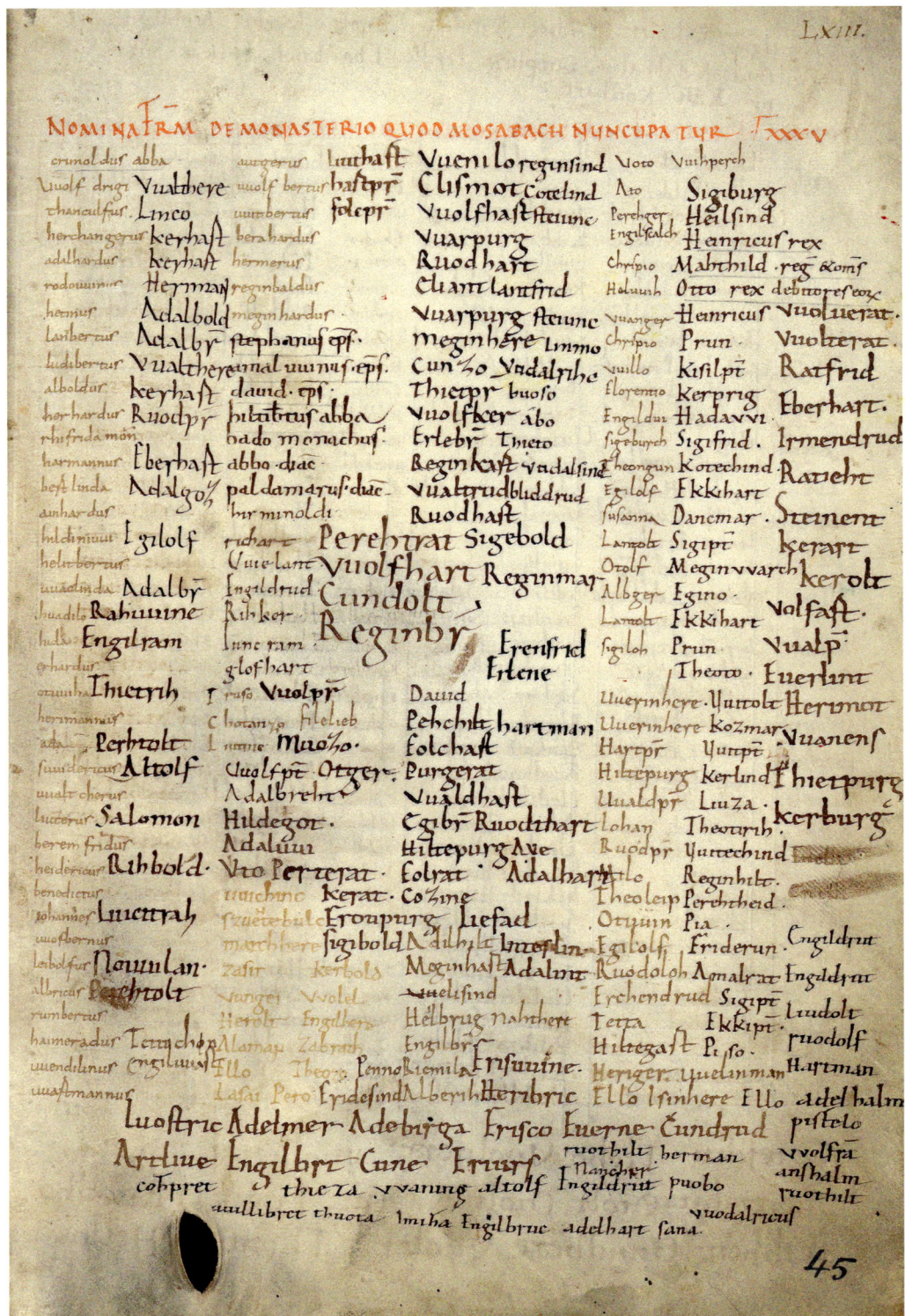

Die Geschichtsforschung hat erkannt, dass sich an Quellen wie dem Verbrüderungsbuch der Abtei Reichenau politische Konstellationen ablesen lassen: Neben dem Namen Ottos I. (oben rechts) sind auf diesem Blatt zahlreiche weitere Adelige eingetragen.

ter Aethelstans namens Edviga geheiratet hatte. Für einen sächsischen Thronfolger war zudem eine Angehörige der Angelsachsen aufgrund gemeinsamer historischer Wurzeln eine passende Partnerin.

Im Herbst 935 erlitt der 60-jährige Heinrich I. bei einem Jagdaufenthalt im Harz einen Schlaganfall, von dessen Folgen er sich nicht mehr erholte. Nach seinem Tod am 2. Juli 936 in der Pfalz Memleben wurde sein Leichnam wunschgemäß nach Quedlinburg überführt und in der dortigen Pfalzkapelle bestattet. Seine Frau Mathilde, die ihn um mehr als drei Jahrzehnte überleben sollte, wandelte die Pfalzanlage in ein Damenstift um. Damit sicherte sie die dauerhafte Vorsorge für Heinrichs Seelenheil und schuf sich selbst einen repräsentativen Rückzugsraum.

Aufstand der verwaisten Königskinder – Der Herrschaftsbeginn Ottos I.

Nur fünf Wochen nach dem Tod seines Vaters trat Otto I. dessen Nachfolge an. Während Heinrich I. noch bewusst auf eine Krönung verzichtet hatte, wählte sein Sohn für diese Zeremonie den symbolträchtigsten Ort des Reichs, die Pfalzkapelle Karls des Großen in Aachen. Dort bestieg er am 7. August 936 dessen Thron und ließ sich von den Großen des Reichs huldigen, bevor ihn im Innern der Kirche der Erzbischof von Mainz als Primas der Reichskirche salbte und krönte. Beim anschließenden Festmahl im Palast Karls des Großen bedienten ihn die vier Herzöge des Reichs als Zeichen ihrer Unterordnung. Mit Aachen als Krönungsort hatte Otto eine Tradition begründet, die bis 1531 andauern sollte. Die Anknüpfung Ottos an Karl den Großen – den bedeutendsten Herrscher der karolingischen Dynastie, der von nun an für alle seine Nachfolger zum Übervater des Reichs wurde – war eine öffentlichkeitswirksame Demonstration seiner neuen Politik. Nicht mehr der vorsichtige Ausgleich seines Vaters mit den Großen des Reichs stand auf dem Programm des 23-jährigen Königs, sondern die kraftvolle Durchsetzung einer festgefügten Staatlichkeit und Rangordnung. Doch Ottos »PR-Erfolg« seiner Aachener Krönung wurde allzu schnell konterkariert durch einen langjährigen Aufstand innerhalb seiner eigenen Familie, die seinen Herrschaftsanspruch, ja sogar sein Leben bedrohte. Schon im ersten Jahr seiner Regierung brüskierte der junge König bei der Neuvergabe bedeutender Ämter einige der wichtigsten Männer des Reichs. Thankmar, der ältere Halbbruder Ottos, und der Frankenherzog Eberhard, einer der wichtigsten Stützen Heinrichs I., forderten die ihnen vorenthaltenen Würden und Rechte gewaltsam ein und begannen einen Aufstand. Otto konnte im Juli 938 allerdings die Eresburg erobern, worin sich Thankmar verschanzt hatte. Dieser flüchtete in aussichtsloser Lage in die Burgkirche und legte Waffen sowie seinen goldenen Halsreif, Zeichen seiner königlichen Abkunft, auf den Altar, um seine Unterwerfung zu demonstrieren. Dennoch kannten die Anhänger seines Halbbruders keine Gnade und ermordeten ihn noch in der Kirche – im mittelalterlichen Verständnis ein doppelter Affront. Herzog Eberhard war es inzwischen gelungen, den 18-jährigen Bruder des Königs, Heinrich, in seine Gewalt zu bekommen und überzeugte diesen, sich dem Aufstand anzuschließen. Die Königinwitwe Mathilde scheint ihren Lieblingssohn Heinrich hierbei unterstützt zu haben, den sie lieber als Otto auf dem Thron sehen wollte, da er innerhalb der Königsherrschaft ihres Mannes gezeugt und geboren worden war. Zudem

Begleitet von Heiligen übergibt Otto I. auf diesem Elfenbeinrelief aus der 2. Hälfte des 10. Jh. ein Modell des von ihm gestifteten Magdeburger Domes an Christus.

entzog ihr Otto gleich nach seinem Herrschaftsantritt wohl die Verfügungsgewalt über ihre Witwengüter. Das Verhältnis von Mutter und Sohn war so nachhaltig vergiftet, dass es erst einige Jahre später durch die Vermittlung Königin Edgithas zu einer dauerhaften Aussöhnung kam. Dem Aufstand Heinrichs und Eberhards schloss sich auch der Schwager des Königs, Herzog Giselbert von Lothringen an, was die Situation zusätzlich verschärfte. Doch Anfang Oktober 939 konnten Ottos Anhänger bei Andernach Eberhard erschlagen, während Giselbert bei der Flucht über den Rhein ertrank. Heinrich unterwarf sich nach diesem Fiasko scheinbar seinem Bruder, plante aber am Osterfest des Jahres 941 sogar einen Mordanschlag auf ihn in Quedlinburg, der aber vereitelt wurde. Der König übte grausame Rache und ließ mit Ausnahme Heinrichs alle Verschwörer umgehend hinrichten. Als Zeichen der von einem mittelalterlichen Herrscher geforderten Milde verzieh er schließlich höchst öffentlichkeitswirksam auf einem Hoftag am Weihnachtsfest 942 seinem jüngeren Bruder, der im Büßergewand zerknirscht vor ihm erschien und nun dauerhaft loyal blieb. Als Ausgleich seiner politischen Ambitionen übergab Otto ihm die Tochter des Herzogs von Bayern, Judith, zur Frau und damit die Anwartschaft auf dieses wichtige und größte Herzogtum, das er 948 schließlich in Besitz nehmen konnte. Das Paar residierte dauerhaft in der Regensburger Herzogspfalz. Heinrich starb 955 und wurde in der benachbarten Damenstiftskirche Niedermünster begraben. Judith übte daraufhin lange Jahre die Regentschaft für den noch minderjährigen Sohn Heinrich den Zänker aus.

Ottos Gemahlin Edgitha verstarb schon recht früh 946 und wurde in Magdeburg begraben. Sie hatte ihrem Mann zwei überlebende Kinder geboren, denen der König 947 Ehepartner auswählte, die seine Herrschaft innerhalb des Reichs stabilisieren sollten. Sohn Liudolf erhielt die Hand Idas, der einzigen Tochter des Herzogs von Schwaben, und damit den dortigen Nachfolgeanspruch, während Liudgard mit dem Salier Konrad dem Roten, Herzog von Lothringen, vermählt wurde. Nach dem Tod Edgithas hatte Otto die Großen des Reichs schwören lassen, seinen Sohn Liudolf als Nachfolger anzuerkennen. Dessen Gemahlin Ida nahm nun schon vorab die verwaiste Funktion der Königin im Reich ein.

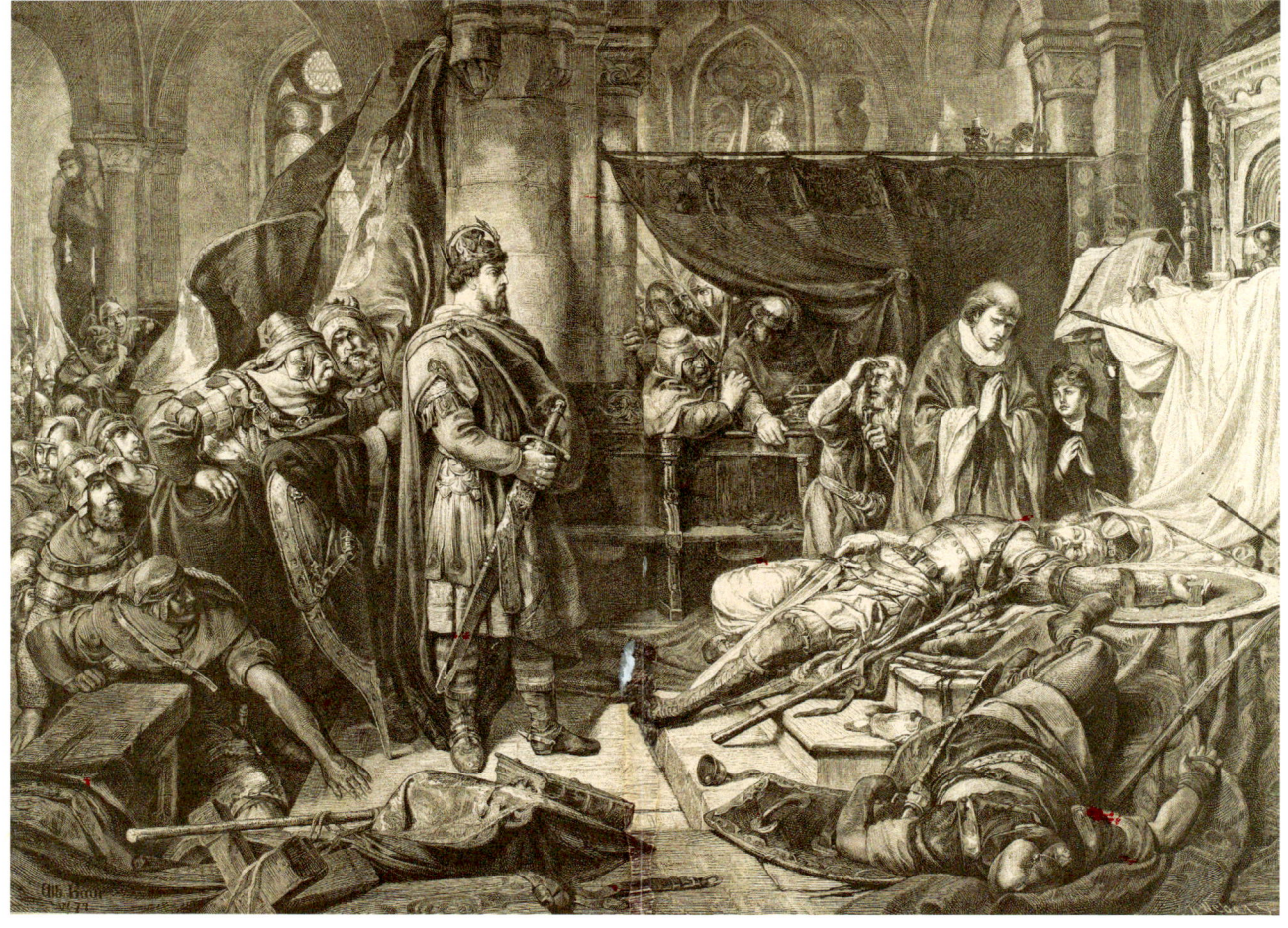

Seinen Aufstand gegen den Halbbruder Otto I. musste Thankmar 938 mit dem Leben bezahlen (Holzstich nach dem Gemälde, 1874, von Albert Baur (1835–1906).

Im Magdeburger Dom erinnert diese Skulptur eines Königspaares aus dem frühen 13. Jh. an den Bistumsgründer Otto I. und seine erste Gemahlin Edgitha, die hier begraben liegen.

Rettung einer Königin – Der Aufstieg Adelheids

Die innerfamiliäre Harmonie wurde jedoch empfindlich gestört, als sich durch einen Zufall der Geschichte für den 39-jährigen Otto I. plötzlich ein in mehrfacher Hinsicht überaus lohnendes Ehebündnis eröffnete, das sich ihm in Gestalt der attraktiven, intelligenten, sehr reichen und halb so alten Königinwitwe Adelheid von Italien bot. Trotz ihrer Jugend konnte sie schon auf ein recht bewegtes Leben zurückblicken: Nach dem Tod ihres Vaters König Rudolf II. von Hochburgund 937 zwang sein Feind König Hugo von Italien ihre verwitwete Mutter Berta, ihn zu heiraten. Gleichzeitig wurde die kleine Adelheid mit dessen Sohn und Nachfolger Lothar verlobt. So glaubte Hugo, seine Herrschaft auch auf dieses Reich ausdehnen zu können. Vor ihrer erzwungenen Abreise in die italienische Hauptstadt Pavia gelang es Berta jedoch, ihren Sohn Konrad zum König von Hochburgund krönen und ihn über die Alpen zum burgundischen Schutzherrn Otto I. bringen zu lassen. Dank dessen Unterstützung konnte Konrad 942 als König nach Hochburgund zurückkehren und sich auch in Niederburgund durchsetzen. Während Hugo bald darauf Berta verstieß, blieb Adelheid in Pavia und wurde nach dem Tod Hugos 947 an der Seite ihres Gemahls Lothar Königin von Italien. Als der junge König nach drei Jahren verstarb, ließ Berengar, sein wichtigster Vasall, Adelheid gefangen setzen und sich selbst zum König Italiens krönen. Nach vier Monaten Haft in der Burg von Garda gelang Adelheid eine spektakuläre Flucht, indem sie zusammen mit ihrem Beichtvater und einer Dienerin einen Tunnel in die Freiheit

Kaiserin Adelheid blieb vor allem dank ihrer Stiftungen und der Heiligsprechung 1097 in der Erinnerung der Menschen lebendig.

grub. Von ihrem Verfolger Berengar beinahe noch entdeckt, konnte sie sich auf abenteuerlichen Wegen zum ihr treu ergebenen Bischof von Reggio retten.

Die Kunde von der Gefangennahme der jungen Königinwitwe war inzwischen auch an den Hof Ottos I. gelangt, der als Schutzherr der burgundischen Königsfamilie nach Konrad auch dessen Schwester Adelheid in ihre angestammten Rechte einsetzen wollte. Zudem war deren Mutter Berta eine Tochter des Herzogs von Schwaben und damit Angehörige der Reichsaristokratie. Nachdem Otto mit seinen Truppen über die Alpen gezogen war, wich Berengar zurück, sodass er ungehindert die Hauptstadt Pavia einnehmen und sich zum König von Italien ausrufen ließ. Wohl von vornherein scheint ihm Adelheid als Gegenleistung für seine Hilfe ihre Hand angeboten zu haben, sie legitimierte so Ottos Herrschaftsanspruch südlich der Alpen. Damit war er seinem Vorbild Karl dem Großen ein großes Stück näher gekommen. Vermutlich war es Adelheid, die ihrem Mann die Chance auf den Erwerb der Kaiserkrone und deren Bedeutung deutlich machte. Überhaupt scheint sie Otto den Blick nach Süden geöffnet zu haben, wie das weitere Leben der beiden zeigen sollte. Doch als Alberich, der Stadtherr Roms, der auch den damaligen Papst fest im Griff hatte, Widerstand gegen diesen Plan erkennen ließ, wurde das Unternehmen vertagt.

Neue Familienkonflikte – Der Aufstand Liudolfs

Ottos einziger Sohn und vorbestimmter Nachfolger Liudolf war von der Neuvermählung seines Vaters alles andere als begeistert, fürchtete er doch um seine Rechte als Thronfolger. Als Adelheid dann auch noch im Frühjahr 953 einem Sohn das Leben schenkte und ihren Mann davon überzeugte, diesem einst die Krone zu hinterlassen, begann Liudolf einen Aufstand, der über ein Jahr lang das Reich und die Königsfamilie zerriss. Dem enttäuschten Königssohn schlossen sich auch seine Schwester Liudgard und ihr Mann Herzog Konrad der Rote sowie der Mainzer Erzbischof als wichtigster Kirchenmann des Reichs an. In zermürbenden Kämpfen, bei denen sie nicht davor zurückschreckten, die heidnischen Ungarn in das Gebiet ihrer Gegner zu führen, um deren Besitz zu schädigen, behielt schließlich Otto die Oberhand. Nach ihrer Unterwerfung beließ er seinem Sohn und Schwiegersohn trotz Hochverrat zwar das Leben, entzog ihnen aber ihre Herzogtümer. Vielleicht war es das schlechte Gewissen Adelheids, das immerhin dazu führte, Liudolf nach Italien zu schicken, um dort gegen Berengar zu kämpfen und selbst als Unterkönig zu herrschen. Doch starb er dort schon 957 an der Malaria. Immerhin ließ Otto seinen Leichnam nach Mainz überführen, um ihn an der Seite seiner Schwester Liudgard in der Abtei St. Alban beizusetzen.

Nach dieser herben Enttäuschung über seinen Erstgeborenen setzte Otto nun zwei andere Familienmitglieder an die Schaltstellen der Macht. 953 bestimmte er seinen jüngeren Bruder Brun, der vorher schon die königliche Kanzlei geleitet hatte, zum Erzbischof von Köln und verlieh ihm eine herzogsgleiche Stellung in Lothringen. Im folgenden Jahr besetzte er den gerade frei gewordenen erzbischöflichen Stuhl von Mainz mit seinem ältesten Sohn Wilhelm, den er noch vor seiner ersten Ehe mit einer gefangenen slawischen Prinzessin gezeugt hatte. Zusammen mit seinem Bruder Heinrich, dessen bayerisches Herzogtum Otto noch um die Marken Verona und Aquileja erweitert hatte, war dies die Kernmannschaft seiner Regierung. Gerade die Besetzung der Bischofsstühle mit eigenen Kandidaten sollte für die ottonische und vor allem die salische Dynastie zu einem der wichtigsten Mittel ihrer Politik werden, waren diese Erzbischöfe und Bischöfe doch die verlässlichsten Stützen der Königsmacht.

Ein Zeichen des Himmels? – Lechfeldschlacht und Aufstieg zum Kaiser

Seinen Ruhm als vom Himmel begünstigter Schlachtenführer erwarb sich Otto I. am 10. August 955, als er auf dem Lechfeld vor Augsburg den Ungarn eine vernichtende Niederlage zufügte. Damit waren die heidnischen Reiterheere endgültig besiegt, die jahrzehntelang mit ihren Plünderungszügen das Reich verwüstet hatten. Als Dank für seine Hilfe versprach Otto dem Tagesheiligen Laurentius die Gründung eines eigenen Bistums, das er später in Merseburg errichtete. Doch war es wohl weniger der Himmel als schlichtweg das Wetter, welches das Kampfgeschehen entschied. Denn während die beiden Heere aufeinander zustürmten, ging ein Wolkenbruch nieder,

Die Lechfeldschlacht von 955 blieb bis ins Spätmittelalter hinein als ein Wendepunkt deutscher Geschichte im Gedächtnis (Buchminiatur, ca. 1457).

der die Verleimung der ungarischen Hornbögen löste und damit diese gefürchtete gegnerische Hauptwaffe unbrauchbar machte.

Innerhalb der ersten vier Jahre ihrer Ehe gebar Adelheid Otto insgesamt vier Kinder. Allerdings verstarben die ersten beiden Söhne noch im Säuglingsalter. Nach der Tochter Mathilde kam Ende 955 endlich ein weiterer, nun überlebender Sohn und Erbe auf die Welt. Um der gewünschten Thronfolge Ausdruck zu verleihen, erhielt er den gleichen Namen wie sein Vater. Im Mai 961 ließ ihn der fast 50-jährige Otto auf einem Hoftag in Worms zum Mitkönig wählen. Hierbei spielte wohl Königin Adelheid die entscheidende Rolle, hatte sie doch das von Byzanz abgeleitete Mitkönigtum bereits durch ihren ersten Ehemann Lothar kennengelernt. Dessen Vater Hugo hatte ihn noch als Kind zum Mitkönig Italiens ernannt. Um ihrem einzigen Sohn sogleich die unumkehrbare Salbung und Krönung zu verschaffen, setzte Adelheid ebenfalls durch, dass die Königsfamilie mit dem kleinen Otto II. nach Aachen reiste, um ihn dort am Pfingstfest auf den Thron Karls des Großen zu setzen. Da die drei zelebrierenden Erzbischöfe von Mainz, Köln und Trier Angehörige der Königsfamilie waren, konnte das Staatsereignis gleichsam familienintern durchgeführt werden.

Die Sicherung der Nachfolge war Teil der Vorbereitung eines gemeinsamen Italienzugs Ottos I. und Adelheids, riefen doch der Papst sowie wichtige Adelige und Bischöfe Oberitaliens das Herrscherpaar um Hilfe. Berengar, ein von Otto geduldeter Unterkönig, hatte sich mit seinem Sohn allzu selbstständig gemacht und strebte vermutlich nach der Kaiserkrone. Die Regentschaft im Reich und den Schutz Ottos II. überließ das Königspaar den Erzbischöfen Wilhelm und Brun. Während ihres dreieinhalbjährigen Italienaufenthalts erreichte Adelheid eine politisch immer wichtigere Funktion an der Seite ihres Mannes. Als Höhepunkt krönte Papst Johannes XII. beide am 2. Februar 962 im Petersdom zu Kaiser und Kaiserin. Ab jetzt führte Adelheid in den Urkunden ihres Mannes den lateinischen Titel »consors regni« (Mitinhaberin des Königtums), was beileibe nicht als hohle Ehrenfloskel gemeint war, wofür diese machtbewusste Herrscherin schon sorgte. Vor seiner Kaiserkrönung musste Otto allerdings alle kaiserlichen Privilegien der vergangenen Jahrhunderte für die römische Kirche dem Papst bestätigen, darunter auch die berühmteste, weil dreisteste und umfangreichste Urkundenfälschung des Mittelalters, die sogenannte Konstantinische Schenkung. Angeblich übertrug Kaiser Konstantin der Große zu Beginn des 4. Jahrhunderts vor seinem Umzug in die neue Hauptstadt Konstantinopel Papst Silvester die Oberherrschaft über Rom, ja sogar über die westliche Reichshälfte, nachdem dieser ihn von der Lepra geheilt hatte. Vor der Krönung Ottos ließ die Kurie eine aufwendige, möglichst alt und prächtig aussehende Urkunde anfertigen, um ja keine Zweifel an diesem päpstlichen Machwerk aufkommen zu lassen.

Christus krönt Otto II. und seine Gemahlin Theophanu auf diesem zeitgenössischen Elfenbeinrelief.

Im kaiserlichen Glanz – Ottos und Adelheids Familienpolitik

Nach seiner Rückkehr präsentierte sich das Paar in seiner neuen Würde auf einem einzigartigen Treffen der gesamten Ottonenfamilie im Mai 965 in Köln. Durch hier geschlossene Ehebündnisse stieg Adelheid gar zur »Mutter der Königreiche« auf: Ihre Tochter Hemma aus ihrer ersten Ehe mit König Lothar von Italien verheiratete sie mit dem gleichnamigen französischen König, Sohn von Ottos Schwester Königin Gerberga. Deren Tochter Mathilde übergab sie ihrem Bruder König Konrad von Burgund. Die Tochter Gisela aus dessen erster Ehe verlobte sie mit dem bayerischen Herzog Heinrich, dem Neffen Kaiser Ottos. Auch für ihre zweite Tochter, Mathilde, sorgte Adelheid. Zu Ostern 966 ließ das Kaiserpaar die gerade einmal Elfjährige zur Äbtissin des Damenstifts Quedlinburg weihen, damit sie das Werk ihrer betagten gleichnamigen Großmutter fortführte, die dann auch zwei Jahre später starb.

Schon im Sommer 966 brach das Kaiserpaar abermals nach Italien auf, wo Otto und Adelheid ganze sechs Jahre verbrachten. Den Kaiser hatte der Ehrgeiz gepackt, südlich des Kirchenstaats ebenfalls seinen Machtanspruch anzumelden, um auch hier das Reich Karls des Großen wiederzubeleben. Allerdings traf er dort auf den erbitterten Widerstand des byzantinischen Kaisers, der Süditalien als Teil seines Reichs ansah. Otto und Adelheid favorisierten als Lösung der verfahrenen Situation ein Ehebündnis ihres Sohnes Otto II. mit einer byzantinischen Kaisertochter, um die strittigen Gebiete als Mitgift zu erhalten. Zudem bedeutete eine solche Ehe zugleich die Anerkennung des westlichen Kaisertums Ottos des Großen durch Byzanz. Um Otto II. für den östlichen Kaiser als künftigen Schwiegersohn

Die prächtigste Dotalurkunde des Mittelalters ist die nach byzantinischem Vorbild gestaltete Auflistung der Morgengabe Kaiserin Theophanus.

aufzuwerten, ließen ihn seine Eltern nach Italien nachkommen und am ersten Weihnachtstag 967, dem Jahrestag der Krönung Karls des Großen, im Petersdom zum Mitkaiser krönen.

Allerdings bedurfte es ganzer drei Gesandtschaften und eines gewaltsamen Thronwechsels in Byzanz, um schließlich doch noch die gewünschte Braut zu erhalten. Kaiser Johannes Tzimiskes sandte aber nur eine angeheiratete Nichte mit Namen Theophanu. Anfang April 972 traf das gerade einmal zwölfjährige Mädchen in Rom mit ihrer neuen Familie zusammen, wo sie dank ihres unermesslich prunkvollen Brautschatzes, ihrer Schönheit und Eloquenz einen tiefen Eindruck hinterließ. Unmittelbar vor ihrer Hochzeit am Weißen Sonntag 972 krönte sie der Papst in der Petersbasilika zur Kaiserin, damit Otto II. eine gleichrangige Partnerin zugeführt werden konnte. Die Feierlichkeiten der Vermählung im Zentrum Roms dürften mit Abstand das bedeutendste Fest der ottonischen Dynastie gewesen sein, die diesen Prestigegewinn gebührend zu feiern wusste. Im frühen 19. Jahrhundert wurde im Stiftsarchiv von Gandersheim die prächtigste Urkunde des deutschen Mittelalters wiederentdeckt, die Theophanus gewaltige Morgengabe festhielt.

Nun war es Zeit, wieder ins Reich zurückzukehren. Um der auf ihren neuen Wirkungskreis völlig unvorbereiteten Theophanu den Übergang etwas zu erleichtern, zog der Hof bei seiner Heimreise über das Kloster Reichenau im Bodensee, wo einige Mönche die griechische Sprache beherrschten, was das an Heimweh leidende Mädchen sicherlich etwas tröstete.

Nachdem sich Otto der Große an Ostern 973 noch auf einem prächtigen und von vielen Gesandten besuchten Hoftag in Quedlinburg auf der Höhe seiner Macht gezeigt hatte, schwächte ihn eine Darminfektion zusehends. Als er seinen Tod nahen fühlte, zog er sich in die Pfalz Memleben zurück, dem Sterbeort seines Vaters. Dort erlag er am 7. Mai 973 seiner Krankheit. Mit großem Einsatz hatte der Kaiser das Magdeburger Mauritiuskloster, wo seine erste Gemahlin Edgitha begraben lag, zeitlebens gefördert. Doch erst 968 hatte er sein schon lang verfolgtes Ziel erreicht, dieses Kloster zum Sitz einer neuen Erzdiözese zu erheben, der mit Brandenburg, Havelberg, Merseburg, Meißen und Zeitz jene Diözesen unterstellt wurden, die Ottos gewaltige Eroberungen im Osten christianisieren sollten. So hoffte er als Förderer der Heidenmission und mehrfacher Bistumsgründer sein Seelenheil bestmöglich gesichert zu haben. Die Magdeburger Kathedrale, die schließlich sein Grab aufnahm, schmückte er mit antiken Säulen und wertvollen Reliquien, um sich auch nach seinem Tod der Hilfe vieler Heiliger zu versichern.

Rebellion als Familientradition – Der Herrschaftsbeginn Ottos II.

Da Otto II. schon seit vielen Jahren als Mitkönig und -kaiser auftrat, wäre eigentlich ein reibungsloser Herrschaftsübergang zu erwarten gewesen. Einen starken Rückhalt gab ihm an erster Stelle seine Mutter Adelheid, die ohne Unterbrechung die Fäden der Macht in Händen hielt. Doch ein zweifaches Familien- und Politdrama sollte sie bald nachhaltig mit ihrem Sohn entzweien. Der junge bayerische Herzog Heinrich der Zänker, der Neffe Ottos I., fühlte die Ehre seiner Familie angegriffen, als 974 Herzog Burkhard von Schwaben starb und die Nachfolge geregelt werden sollte. Burkhards Ehefrau Hadwig war die Schwester Heinrichs. Ihr Mitspracherecht bei der Neubesetzung des Herzogtums ignorierte Otto II. auf recht schroffe Weise, indem er das wichtige Herzogtum an den Sohn Liudolfs vergab, um diesem Zweig der ottonischen Familie endlich wieder Gerechtigkeit widerfahren zu lassen. Daraufhin begann Heinrich der Zänker einen Aufstand, dem sich die Herzöge von Böhmen und Polen anschlossen, was den Konflikt rasch eskalieren ließ.

Heinrich wollte wohl zunächst nur genügend öffentlichen Druck aufbauen, um den Kaiser zum Einlenken zu bewegen. Doch ging die Rechnung nicht auf. Otto II. klagte seinen Cousin des Hochverrats an, verweigerte ihm die nicht nur unter engen Verwandten übliche Verzeihung nach der Unterwerfung und verurteilte seinen Kontrahenten stattdessen zur Haft in Ingelheim. Zwei Jahre später konnte Heinrich allerdings fliehen und setzte nun alles auf eine Karte. Aber auch diesmal unterlag er auf ganzer Linie, nachdem der Kaiser schließlich die bayerische Hauptstadt Regensburg erobert hatte. Dem Besiegten entzog Otto II. das Herzogtum Bayern und verhängte 978 eine lebenslange Haftstrafe über ihn, die er fern der Heimat in Utrecht absaß. Seine Gemahlin Gisela, immerhin burgundische Königstochter und Nichte der Kaiserin Adelheid, wurde mit ihren Kindern in die entgegengesetzte Richtung nach Merseburg verbannt.

Kaiserin Adelheid verwandte sich immer wieder vergeblich für ihren Lieblingsneffen Heinrich und seine Familie und war zunehmend verbittert über die unverhältnismäßige Härte ihres Sohns. Zur gleichen Zeit geriet sie auch durch ihre Haltung in einem anderen Krisenherd in Gegnerschaft zu ihrem Sohn. König Lothar von Frankreich – ebenfalls ein Cousin Ottos II. und verheiratet mit Adelheids Tochter Hemma aus deren erster Ehe – fühlte sich vom Kaiser in der Machtfrage um Niederlothringen provoziert. Otto II. setzte dort als Herzog ausgerechnet Lothars verhassten Bruder Karl ein, der seine Schwägerin Hemma öffentlich des Ehebruchs mit dem Bischof von Laon bezichtigte. Der französische König ließ sich aus Wut 978 zu einem Überfall auf die Aachener Pfalz hinreißen, aus der Otto II. und die hochschwangere Theophanu nur in letzter Sekunde entkamen. Daraufhin führte Otto II. seine Truppen demonstrativ bis Paris, um Lothar zu demütigen. Kaiserin Adelheid brach nun ihrerseits öffentlich mit ihrem Sohn und verließ mit ihrer Tochter Mathilde das Reich, um die nächsten zwei Jahre am Hof ihres Bruders in Burgund zu leben. Die junge Kaiserin Theophanu, die ihre Schwiegermutter wohl zeitlebens hasste, wuchs ungewöhnlich schnell in deren machtvolle Position hinein. Zudem scharte das Kaiserpaar einen Kreis neuer, junger Berater um sich, die glaubten, wenig Rücksicht auf Adelheid nehmen zu müssen.

Otto erinnerte sich erst wieder seiner schwer gekränkten Mutter, als ein Italienzug anstand. Ihn konnte er erst antreten, nachdem er durch einen Polenfeldzug und einen Ausgleich mit dem französischen König wichtige Krisenherde an der Reichsgrenze befriedet hatte.

Im Sommer 980 hatte Theophanu nach drei Töchtern ihrem Mann endlich einen Sohn geschenkt, der sogleich den Namen Otto erhielt. Allerdings muss die Geburt dramatisch verlaufen sein. Denn Theophanu kam vorzeitig auf ihrer Reise zur Pfalz Nimwegen mit Zwillingen nieder, von denen das Mädchen wohl tot auf die Welt kam. Mit dem nur sechs Monate alten Säugling und Thronerben erreichte das

Regensburg blieb auch unter den drei Heinrichen der ottonischen Seitenlinie im 10. Jahrhundert bayerische Herzogsresidenz.

Kaiser Otto I., Kaiserin Adelheid und der kleine Otto II. huldigen Christus auf einem Elfenbeinrelief des 10. Jh. (Mailand, um 983/84).

Kaiserpaar im Dezember 980 Pavia, wo eine tränenreiche öffentliche Aussöhnung zwischen Mutter und Sohn stattfand. Otto II. kalkulierte recht nüchtern. Denn Adelheid war dank ihres Besitzes und ihrer Kontakte immer noch die mächtigste Frau südlich der Alpen, deren Hilfe und Unterstützung der Kaiser dringend bedurfte. Allerdings musste er einiges an Vermittlern aufbieten, um seine Mutter zum Einlenken zu bewegen, derart tief war ihr Zerwürfnis.

Schlachtenunglück – Früher Tod Ottos II.

In demonstrativ zur Schau gestellter Einigkeit reiste die wiedervereinigte kaiserliche Familie über Ravenna nach Rom. Dort leitete der Kaiser eine Synode, um Missstände innerhalb der Kirche zu beseitigen, und führte den vertriebenen Papst Benedikt VII. wieder in sein Amt ein. Ostern 981 versammelte sich auch die übrige ottonische Verwandtschaft nebst zahlreichen Gesandten zu einem europäischen Spitzentreffen. Ziel des Italienzugs war für Otto, endlich jene Gebiete südlich des Kirchenstaats zu erobern, wie es schon sein Vater versucht hatte. Da der kaiserliche Onkel seiner Gemahlin Theophanu schon einige Jahre zuvor gestorben war, glaubte er, keine Rücksichten auf Byzanz mehr nehmen zu müssen und seinen Machtanspruch auf ganz Süditalien auszudehnen zu können, das von den Sarazenen besetzt war. Otto II. führte das bisher größte Heer gepanzerter Reiter in den Süden, geleitet von den bedeutendsten Adeligen des Reichs. Am 13. Juli 982 fand die Entscheidungsschlacht am Capo Colonna bei Crotone in Kalabrien statt. Die kaiserlichen Truppen glaubten nach dem plötzlichen Rückzug der geschlagenen sarazenischen Gegner schon an einen Sieg und begannen, die Gefallenen auszurauben, als plötzlich nach bewährter arabischer Schlachttaktik ein zweiter Heerteil aus dem Hinterhalt stürmte und die völlig überraschten, schwerfälligen Panzerreiter vernichtend schlug.

Selbst der Kaiser geriet in Lebensgefahr und rettete sich in Panik an einen entfernten Strand. Dort machte er ein byzantinisches Beobachtungsschiff auf sich aufmerksam, doch wollte dessen Besatzung ihren unerwarteten, kostbaren »Fang« nur dann in den sicheren Hafen von Rossano bringen, wenn seine Gemahlin dort ein immenses Lösegeld bereitstellen würde. Durch einen Trick gelang es jedoch Ottos verbliebenen Getreuen, ihn bei der fingierten Lösegeldübergabe zu befreien. Otto hatte buchstäblich nur sein nacktes Leben retten können. Seine Niederlage war verheerend, unzählige Adelige und Bischöfe waren tot oder in Gefangenschaft geraten. Unter den verbliebenen Resten des Heers verbreitete sich zudem in der Sommerhitze der sumpfigen Ebene die Malaria, sodass man gen Westen an die Amalfiküste weiterzog. Den Winter verbrachte das Kaiserpaar in Rom wie paralysiert. Vielleicht machten sich auch schon erste Zeichen von Ottos Malariaerkrankung bemerkbar.

An Pfingsten 983 berief der wieder handlungsfähige Kaiser einen Hoftag nach Verona. Hier ließ er die Großen des Reichs seinen dreijährigen Sohn Otto III. zum König wählen. Das Kind übergab der Herrscher seinem Vertrauten Erzbischof Willigis von Mainz, der es zusammen mit dem Erzbischof von Ravenna, der Vertreter der Reichskirche südlich der Alpen, am Weihnachtstag 983 in der Aachener Pfalzkapelle zum deutschen Mitkönig krönte. In die Feierlichkeiten platzte die niederschmetternde Nachricht, dass Otto II. schon am 7. Dezember in Rom mit nur 28 Jahren an den Folgen einer falschen Malariabehandlung gestorben war. Es ist nicht bekannt, ob der sterbende Kaiser vom Slawenaufstand im Herbst erfahren hat, bei dem Brandenburg und Havelberg niedergebrannt und alle Missions- und Eroberungserfolge seines Vaters östlich der Elbe zunichte gemacht worden waren. Falls ja, könnte diese niederschmetternde Nachricht sein Ende zusätzlich beschleunigt haben. Das deutungsfreudige Mittelalter schrieb die überraschende Niederlage des Kaisers und seinen frühen Tod dem Zorn des Himmels zu, den Otto II. sich durch die Auflösung des Bistums Merseburg zuzog, das sein Vater einst dem hl. Laurentius in der Lechfeldschlacht versprochen hatte.

Zwei Kaiserinnen und ein Kinderkönig – Otto III.

Theophanu ließ ihren Mann im Vorhof der Petersbasilika bestatten. Für allzu große Trauerfeierlichkeiten und eine Überführung des Leichnams ins Reich blieben keine Zeit, brachen doch in Rom nach dem Tod des Kaisers sofort Unruhen aus. Äbtissin Mathilde, die ihrem Bruder beim Sterben beigestanden hatte, verließ mit Theophanu umgehend die Stadt und reiste zu ihrer Mutter Kaiserin Adelheid nach Pavia. Dort schlossen die beiden Kaiserinnen wohl eine Art Burgfrieden, galt es doch jetzt, persönliche Animositäten zurückzustellen, um dem kleinen Otto III. den Thron zu retten. Denn Heinrich der Zänker, der vom Utrechter Bischof nach dem Tod Ottos II. aus seiner Haft entlassen worden war, hatte sich den Kinderkönig, dessen nächster männlicher Verwandter er war, vom Kölner Erzbischof aushändigen lassen. Auf dem Osterfest 984 in Quedlinburg trat Heinrich allerdings selbst wie ein König auf. Allen Anwesenden wurde damit schlagartig klar, dass er im eigenen Namen und nicht als Vormund Ottos III. herrschen wollte. Die Quedlinburger Stiftsdamen überredete er zur Herausgabe der kleinen Prinzessin Adelheid, damit er mit der Schwester des Kinderkönigs noch ein weiteres Faustpfand besaß. Nach überraschenden Anfangserfolgen in Sachsen und Bayern verweigerten ihm aber die Schwaben und Franken die Anerkennung als König, was nicht zuletzt das Verdienst des treuen Erzbischofs Willigis von Mainz war. Nachdem er Heinrich zum Einlenken bewegt hatte, rief er die kaiserlichen Damen ins Reich zurück. Da Adelheid aber an einem ehrenvollen Ausgleich für ihren aufständischen Lieblingsneffen Heinrich sehr gelegen war, den sie nicht wieder so ungerecht wie unter Otto II. behandelt wissen wollte, nahm sie unterwegs auch ihren Bruder Konrad, König von Burgund und Schwager Heinrichs, als gewichtigen Fürsprecher mit. Ende Juni 984 nahm Theophanu ihre beiden Kinder in Thüringen wohlbehalten wieder in Empfang und wurde als Regentin für Otto III. bestätigt.

Kaiserin Adelheid blieb noch ein ganzes Jahr am Hof, um zur Stabilisierung der Regentschaft beizutragen, doch weniger aus Sympathie für ihre Schwiegertochter denn aus Sorge um ihren kleinen Enkel. Zudem setzte sie sich weiterhin für eine völlige Rehabilitierung Heinrichs ein, was ihr auch im Juni 985 auf dem Frankfurter Hoftag gelang. Heinrich musste sich zwar zerknirscht und bußfertig der Öffentlichkeit präsentieren, erhielt dafür aber völlige Verzeihung. Am wichtigsten für Heinrich war jedoch, dass er aus den Händen des Kinderkönigs sein, wenn auch etwas abgespecktes, Herzogtum Bayern zurückerhielt. Die drei kaiserlichen Damen Adelheid, Theophanu und Mathilde demonstrierten den Anwesenden durch betonte Freundlichkeit und ein gemeinsames Festmahl die wiederhergestellte Harmonie – ein im Mittelalter gängiges und für alle zu verstehendes Ritual der Friedensfindung. Nachdem Adelheid ihr Ziel erreicht hatte, überließ sie ihrer Schwiegertochter das Feld und nahm in ihrer alten Hauptstadt Pavia die Interessen ihres Enkels im Reichsteil südlich der Alpen wahr.

Mit Adelheid und Theophanu erreichte die weibliche Machtbeteiligung des Hochmittelalters wohl ihren Höhepunkt. Doch auch die übrigen Damen der weiteren ottonischen Verwandtschaft präsentierten sich auffällig selbst- und machtbewusst. Die nach Frankreich verheirateten Schwestern Ottos I., Königin Gerberga und Herzogin Hadwig, regierten einige Jahre für ihre minderjährigen Söhne, genauso wie Judith, die Gemahlin Herzog Heinrichs I. von Bayern für Heinrich den Zänker. Für den Sommer 985 ist sogar ein »colloquium dominarum« (Konferenz der Herrinnen) in Metz belegt. Auf diesem trafen Adelheid und Theophanu mit ihnen verwandte Ehefrauen von Herrschern und Herzögen, um politische Lösungen in den Konflikten Lothringens und Frankreichs zu finden. Die allzu rasch gekränkten Männer, die als Problemlösung einen Krieg favorisierten, sollten vorsorglich ferngehalten werden.

Kaiserin Theophanu führte ihre siebenjährige Regentschaft höchst erfolgreich, indem sie sich dauerhaft um Ausgleich und Frieden bemühte. Im Osten des Reichs gewann sie mit Herzog Mieszko von Polen einen verlässlichen Verbündeten in ihrem Kampf gegen die Slawen, doch konnten hier die Verluste von 983 nicht wieder wettgemacht werden. Den Grundkonflikt mit ihrer Schwiegermutter Adelheid, der sich immer wieder an der Verfügungsgewalt über deren enorme Witwengüter entzündete, wollte Theophanu endgültig lösen, indem sie Adelheid weitgehende Zugeständnisse machte, diese wohl aber als Gegenleistung zum Verzicht auf ihre faktische Statthalterschaft in Italien nötigte. Adelheids Vertrauter Abt Odilo von Cluny überlieferte in seinem Nachruf auf Adelheid den Satz Theophanus: »Wenn ich noch ein Jahr lebe, so soll Adelheid von der ganzen Erde nicht mehr regieren, als man mit der Hand umspannen kann.« Dies lässt auf ein erneutes Ausbrechen der Streitigkeiten schließen. Ende 989 reiste Theophanu für drei Monate nach Rom. Dabei hatte sie neben politischen Geschäften auch die Sorge um das Seelenheil ihres verstorbenen Gemahls im Sinn, weshalb sie seinen Todestag an dessen Grab begehen wollte. Ein Jahr zuvor musste sie die Romreise aufgrund einer schweren Erkrankung schon am Bodensee abbrechen, was ihr wohl die Vergänglichkeit allen irdischen Glanzes vor Augen geführt hatte. So bereitete sie sich in der Kölner Abtei St. Pantaleon im von ihr errichteten Westbau zu Lebzeiten schon ihr Grab. Tatsächlich verstarb sie mit nur 30 Jahren am 15. Juni 991 in der Pfalz Nimwegen.

Mathilde, Äbtissin des Damenstiftes Essen, erhielt von ihrem Cousin Otto III. vermutlich dessen Kinderkrone von 983, die fortan als Krone der Goldenen Madonna in Essen diente.

Macht in Frauenhand – Die Kaiserinnen

Die mächtigste Frau des deutschen Mittelalters war Kaiserin Adelheid (um 931–999), die als Gemahlin Ottos I., des Großen, die Beteiligung an der Königsherrschaft erfolgreich beanspruchte. Später regierte sie für ihren Enkel, den Kinderkönig Otto III., das Reich und war dessen Statthalterin in Italien. Sie setzte Maßstäbe für die weitgehende Machtbeteiligung der Königsgemahlin, die für alle ihre ottonischen und salischen Nachfolgerinnen gelten sollten. Seit Adelheid zog die Gemahlin des deutschen Königs lebenslang mit diesem durch das hauptstadtlose Reich, sodass sie die Großen des Landes bestens kennenlernen und zur wichtigsten Ratgeberin ihres Mannes werden konnte. Da sie das ranghöchste Mitglied des Hofs war, das ständig ungehindert Zugang zum Herrscher hatte, bekam sie die Rolle der einflussreichsten Fürsprecherin für Bischöfe und Fürsten. So konnte sich die Kaiserin allmählich ein stabiles Netzwerk mit all jenen aufbauen, denen sie geholfen hatte und auf deren Unterstützung sie zählen konnte. Mittelalterliche Herrschaftsausübung war im Reich personal und nicht institutionell geprägt, was einer tatkräftigen und intelligenten Kaiserin allein schon genug Einfluss sicherte.

Da sie wie ihr Gemahl geweiht, gesalbt und gekrönt wurde, hatte sie auch Anteil an seiner sakralen Würde, was besonders bei der Repräsentation an hohen Kirchenfesten zum Tragen kam. Die Bischöfe waren unentbehrliche Stützen der königlichen Politik, ihre Auswahl war folglich von großer Bedeutung. Da die Kaiserin einen eigenen Kreis junger Hofgeistlicher besaß, konnte sie einen ihrer Günstlinge auf eine kirchliche Spitzenposition befördern. Insgesamt war ihre Macht aber immer von derjenigen ihres Gemahls abgeleitet, und trotz aller Herrschaftsbeteiligung war ihre Hauptaufgabe immer noch, der Dynastie einen gesunden, männlichen Erben zu schenken. Mit zwölf Jahren galt ein Mädchen als ehefähig, sodass manche Kaiserinnen fast noch als Kind verheiratet wurden, damit der Zeitrahmen der Gebährfähigkeit möglichst weit ausgeschöpft werden konnte.

Schon in der Stauferzeit schwand der Einfluss und die eigenständige Rolle der Ehefrau des Königs bzw. Kaisers, um im Spätmittelalter mit deren immer geringeren Macht- und Finanzmittel im Reich fast ganz zu erlöschen. Nur auf der Ebene der Landesfürsten konnten energische Frauen mit Durchsetzungskraft vereinzelt noch politisch tätig sein, vor allem als Regentinnen für ihre noch unmündigen Söhne und Thronerben.

Eine Steinfigur aus dem 13. Jh. im Meißener Dom zeigt Kaiserin Adelheid in der Aufmachung einer Herrscherin der Stauferzeit.

Otto III. war beim Tod seiner Mutter erst elf Jahre alt. Für die folgenden drei Jahre, d. h. bis zu seiner Mündigkeit, übte seine Großmutter Adelheid unangefochten die Regentschaft aus. Wie schon Theophanu stützte sie sich hierbei auf das bewährte Regierungsteam aus Erzbischof Willigis von Mainz und Bischof Hildebold von Worms. Die schon betagte Kaiserin nahm aber mehr eine repräsentative als politische Funktion wahr und kümmerte sich verstärkt um ihre Klostergründung Selz im Elsass, wo sie auch begraben werden wollte. Sie drang darauf, dass ihr Enkel rasch nach Rom zog, um dort zum Kaiser gekrönt zu werden. So erhielt Otto III. am 21. Mai 996 aus der Hand des von ihm eingesetzten und mit ihm verwandten Saliers Papst Gregor V. im Petersdom die Kaiserkrone. Am 16. Dezember 999 verstarb Adelheid, die bedeutendste und erfolgreichste Kaiserin des deutschen Mittelalters, in Selz. Da sich an ihrem Grab bald Wunder ereigneten, sprach Papst Urban II. sie 1097 heilig.

Neben seiner Großmutter Adelheid übten auf den jungen Otto III. weitere weibliche Verwandte einen großen Einfluss aus. Seine Schwester Sophia, Stiftsdame in Gandersheim, nahm an der Seite ihres unverheirateten Bruders zunächst die Rolle der ersten Dame am Hof ein und begleitete ihn auch zur Krönung nach Rom. Doch fiel sie schon 997 in Ungnade, da ihr ein allzu nahes Verhältnis mit dem doppelt so alten Erzbischof Willigis von Mainz unterstellt wurde. Seine Tante Mathilde, Äbtissin von Quedlinburg, setzte der Kaiser im Spätjahr 997 sogar während seines zweiten Italienzuges für immerhin anderthalb Jahre als Statthalterin im Reich ein.

Ottos III. sorgfältige Erziehung durch so fähige Lehrer wie Bischof Bernward von Hildesheim und Heribert, den er später zum Kanzler für Italien und Erzbischof von Köln ernannte, scheint reiche Früchte getragen zu haben. Denn trotz aller Zwänge der Realpolitik suchte er die Nähe hervorragender Gelehrter, aber auch als heilig geltender Männer. Zeitweise unterzog er sich sogar demonstrativen frommen Bußübungen. Dennoch schreckte er nicht vor grausamer Bestrafung seiner Gegner zurück, wie sein zweiter Romzug zeigte. Sein Vetter Papst Gregor V. war vom römischen Stadtherren Crescentius vertrieben worden, der nun den griechischen Gelehrten Johannes Philagathos, einst ein besonderer Günstling der Kaiserin Theophanu, zum Gegenpapst erhoben hatte. Otto III. ließ Crescentius enthaupten und seine Leiche öffentlich aufhängen, während der Gegenpapst zwar am Leben blieb, aber entsetzlich verstümmelt wurde: Den schwerverletzten Johannes zerrte man nackt und verkehrt herum auf einem Esel – zum Spott der Römer – durch die Gassen.

Der Kaiser begann nun in den Ruinen des Palatin, der alten römischen Kaiserresidenz, einen neuen Palast zu errichten. Mit seinem zweiten Italienzug hatte er bewiesen, wie ernst es ihm mit seiner Schutzfunktion der Kirche und des Papsttums war, das er aus dem Würgegriff stadtrömischer Adelscliquen befreien wollte. Zurück im nördlichen Reichsteil demonstrierte der 20-Jährige auch hier seine imperialen Vorstellungen. Einen Pilgerzug zum Grab seines kurz zuvor als Missionar erschlagenen Freundes Adalbert in Gnesen nutzte Otto III. zum Abschluss eines Freundschaftsbündnisses mit dem Polenherzog Boleslaw Chrobry, dessen Sohn mit einer Nichte des Kaisers verlobt wurde. Die Grabkirche seines Freundes Adalbert erhöhte Otto zum Sitz eines Erzbistums: Von nun an bildete Polen eine eigenständige Kirchenprovinz. Gleichzeitig übersandte er seinem Patensohn Stephan eine Krone und ließ ihn zum ersten christlichen König Ungarns krönen. Kurze Zeit zuvor hatte er ihm seine Cousine Gisela, Tochter des Bayernherzogs Heinrich des Zänkers, zur Frau gegeben. Auch Ungarn erhielt durch die Erhebung Grans zum Erzbistum eine eigene Kirchenprovinz.

Bevor Otto III. im Spätjahr 1000 wieder nach Rom zurückkehrte, ließ er in Aachen das Grab seines hochverehrten Vorbilds Karl des Großen suchen und öffnen. Eine allzu fantasievolle Schilderung eines Teilnehmers gibt an, dass man Karl thronend und unverwest in seinem Grab vorgefunden und Otto dessen abgebrochene Nasenspitze in Gold ersetzt hätte. Vermutlich lag Karl aber im noch heute erhaltenen römischen Marmorsarkophag unter dem Vorhallenboden der Pfalzkapelle. Die spektakuläre Graböffnung scheint wohl in Vorbereitung einer geplanten Heiligsprechung Karls durch Otto vorgenommen worden zu sein, die durch den frühen Tod des Kaisers dann doch unterblieb. Denn Otto III. starb am 23./24. Januar 1002 mit nur

Im auf der Reichenau angefertigten Evangeliar Ottos III. präsentiert sich der Herrscher thronend zwischen den weltlichen und geistlichen Stützen seiner Macht.

21 Jahren auf der Burg Paterno nördlich von Rom in Vorbereitung einer Rückeroberung der wieder einmal aufständischen Ewigen Stadt. Unter mühevollen Kämpfen brachte ein Teil des Heers seinen Leichnam über die Alpen, da Otto verfügt hatte, in Aachen an der Seite Karls des Großen begraben zu werden. Die byzantinische Kaisertochter, um die sich Otto III. mehrfach bemüht hatte, traf erst im Februar in Bari ein, wo die Braut die traurige Todesnachricht erhielt und wieder in ihre Heimat zurückkehrte. So stand nun für alle unerwartet die Frage über die Nachfolge des kinderlosen Kaisers an.

Die Rache des Zurückgesetzten – Heinrichs II. Griff nach der Krone

Der bayerische Herzog Heinrich IV., Urenkel König Heinrichs I., sah den plötzlichen Tod Ottos III. wie ein Geschenk des Himmels an. Denn nun wollte er nach der Krone greifen, um den vergeblichen Kampf seines gleichnamigen Vaters und Großvaters um den Thron endlich mit Erfolg zu krönen. Im bayerischen Polling empfing er den Leichenzug und geleitete ihn bis Augsburg, wo er die Eingeweide Ottos bestatten ließ und als Verwandter und potenzieller Nachfolger eine großzügige Seelenheilstiftung machte. Den bisherigen Kanzler, Erzbischof Heribert von Köln, zwang Heinrich zur Herausgabe der Reichsinsignien und nahm sogar dessen Bruder in Haft, bis ihm auch die Heilige Lanze ausgehändigt wurde. Doch neben Heinrich traten noch drei weitere Kandidaten auf, die ebenfalls Thronansprüche anmeldeten.

Während der Salier Otto, dessen Mutter Liudgard eine Tochter Ottos des Großen war, aufgrund seines hohen Alters freiwillig verzichtete, musste Heinrich gegen den sächsischen Thronkandidaten Ekkehard von Meißen energischer vorgehen. Seinen Durchbruch in Sachsen verdankte der bayerische Herzog wohl dem Einfluss der beiden Schwestern Ottos III., die er durch geschickte Versprechungen auf seine Seite brachte. Adelheid als Äbtissin des Damenstifts Quedlinburg und Sophia als Anwärterin auf die Leitung des Damenstifts Gandersheim, deren Kanonissen alle dem sächsischen Adel entstammten, waren hier die Meinungsführerinnen. Kurze Zeit später starb Ekkehard durch einen Mordanschlag, über dessen Urheberschaft Unklarheit besteht, nicht aber über dessen Nutznießer.

Bei der Beisetzung Ottos III. in Aachen an Ostern 1002 hatten sich die meisten der anwesenden Reichsfürsten noch für den Herzog Hermann II. von Schwaben als Thronkandidaten ausgesprochen, da aus ihrer Sicht Herzog Heinrich ungeeignet war. Zeigten sich doch anscheinend neben seinen »unköniglichen« charakterlichen Schwächen wie Arroganz und Unversöhnlichkeit auch körperliche Schwächen wie Impotenz. Denn noch zu Lebzeiten bekam er den für einen König wenig schmeichelhaften Beinamen »der Lendenlahme«.

Herzog Heinrich setzte sich jedoch über alle Widerstände hinweg und erreichte, dass ihn Erzbischof Willigis von Mainz in seiner Kathedrale am 7. Juni 1002 zum deutschen König krönte. Am 10. August 1002 ließ Heinrich auch seine Gemahlin Kunigunde, Angehörige eines

Ein Bronzerelief der romanischen Domtür im polnischen Gnesen zeigt die Einsetzung des hl. Adalbert als Missionsbischof durch Otto III.

Der von Heinrich II. für das Aachener Münster gestiftete Ambo präsentiert vermutlich einen Teil des Brautschatzes der Theophanu.

moselländischen Grafengeschlechts, durch Willigis krönen. Für diesen Staatsakt wählte Heinrich Paderborn aus, um die Sachsen zu ehren. Auch das Datum, der Festtag des hl. Laurentius, des großen Helfers in der Schlacht Ottos des Großen gegen die Ungarn, war Programm. Denn tatsächlich versprach Heinrich damit die Wiedererrichtung des Laurentius geweihten Merseburger Bistums, dessen Auflösung für den frühen Tod sowohl Ottos II. als auch Ottos III. verantwortlich gemacht worden war.

Am 8. September 1002 setzte sich König Heinrich II. auf den Thron Karls des Großen in Aachen und stiftete einen Großteil der Schätze Ottos III. und dessen Mutter Theophanu für die Herstellung wertvollster liturgischer Ausstattung wie Ambo, Altarverkleidung und -kreuz, die dort bis heute erhalten geblieben sind.

Im Gegensatz zu seinen ottonischen Vorgängern setzte König Heinrich in seiner Politik weniger auf Konsens als auf Konfrontation. So verstrickte er sich mit den allzu raffgierigen Brüdern seiner Frau in einen jahrelangen Kampf, der fast die Hälfte seiner Regierungszeit andauerte. Gegenüber Herzog Boleslaw Chrobry von Polen, den Kaiserin Theophanu und ihr Sohn Otto III. hoch geschätzt hatten, verhielt er sich gar lebenslang feindselig. Frei werdende Herzogtümer besetzte Heinrich II. mit Angehörigen weniger mächtiger Adelssippen, Kandidaten für Bischofssitze stammten nun fast ausschließlich aus dem Kreis seiner Hofkapläne. Weitaus deutlicher als bei Otto III. war bei seinem Nachfolger Heinrich die Betonung der sakralen Würde und des

Die Ottonen

Die Altstadt von Bamberg wird bis heute durch die beiden wichtigsten Kirchenstiftungen Heinrichs II. dominiert, dem Dom und der Abtei auf dem Michaelsberg.

In dieser Buchmalerei des frühen 11. Jh. krönt Christus Heinrich II. und Kunigunde (Buchmalerei, Reichenau, 1007 oder 1014. Aus dem Bamberger Evangeliar).

unangreifbaren Vorrangs des Königtums. Ausdruck seines überhöhten Selbstwertgefühls, aber wohl auch seiner Verzweiflung über einen fehlenden Erben war die frühe Vorsorge für sein Seelenheil. Nicht ein einzelnes Kloster, nein, gleich ein ganzes Bistum wollte er dafür gründen. Mit einer Mischung aus Brachialgewalt und demonstrativer Selbsterniedrigung zwang er 1007 die Bischöfe von Würzburg und Eichstätt, Teile ihrer Diözesen zur Schaffung des Bistums Bamberg abzutreten. Die Domweihe, an der fast alle Bischöfe, Äbte und Äbtissinnen des Reichs teilnahmen, ließ er demonstrativ 1012 an seinem Geburtstag, dem 6. Mai, vollziehen.

Obwohl sich Heinrich II. schon im Mai 1004 in Pavia zum König von Italien krönen ließ und die anschließenden Feierlichkeiten sogar in einem Blutbad endeten, zeigte er an Reichsitalien – im Gegensatz zu seinen drei Vorgängern – ein auffälliges Desinteresse. Immerhin erreichte er am 14. Februar 1014 die Kaiserkrönung in Rom, und er versuchte während seines achtmonatigen Aufenthalts, die Reichsinteressen durchzusetzen. Um ihn zu seinem dritten Italienzug zu überreden, musste sich Papst Benedikt VIII. zum Osterfest 1020 persönlich nach Bamberg aufmachen und Heinrich II. die Unterstützung gegen die in Süditalien vorrückenden Byzantiner abringen. Deutlich mehr Interesse zeigte Heinrich II. am burgundischen Königreich. Denn der Halbbruder seiner Mutter Gisela, König Rudolf III. von Burgund, war wie Heinrich kinderlos. Schon 1006 und nochmals einige Jahre später ließ sich Heinrich II. vertraglich sein Nachfolgerecht von Rudolf zusichern, um die Ansprüche König Roberts II. von Frankreich abzuwehren, der eine jüngere Stiefschwester von Heinrichs Mutter im Hinblick auf das burgundische Erbe geheiratet hatte. Doch verstarb der Kaiser lange vor Rudolf III.

Heinrich II. erlag am 13. Juli 1024 in der Königspfalz Grone einer längeren Krankheit. Mit ihm erlosch die Dynastie der Ottonen. Obwohl der kinderlose Kaiser zeitlebens seine Herrschaft, die er sich so zielstrebig wie energisch erkämpft hatte, fest im Griff hatte, vermied er es seltsamerweise, eine Vorbestimmung für seine Nachfolge zu treffen. Er übergab die Reichsinsignien samt Kronschatz auf dem Sterbebett seiner Gemahlin Kunigunde, die nun den möglichst reibungslosen Übergang zu einem neuen Herrscher und einer neuen Dynastie zu organisieren hatte.

Nur sechs Wochen nach dem Tod des Kaisers einigte sich die Wahlversammlung in Kamba bei Oppenheim auf den Salier Konrad (II.) als neuen König. Die Kaiserin übergab ihm die Reichsinsignien und »stärkte ihn dadurch in der Herrschaft, soweit ihr Geschlecht dazu ermächtigt war«, wie später der Hofchronist Konrads schrieb. Der Dank des neuen Herrschers für Kunigunde hielt sich sehr in Grenzen. Denn die Kaiserin, die für ihren Mann zeitweise als Statthalterin in Sachsen und Bayern erfolgreich politisch tätig war, verschwand bald in ihrer Klosterstiftung Kaufungen bei Kassel. Ihr Rückzug aus der Welt scheint eher unfreiwillig gewesen zu sein. Ursprünglich plante sie wohl, ihre bayerischen Güter an die dortigen Bistümer zu verschenken, aber lebenslang noch deren Einkünfte als reiche und unabhängige Witwe nutzen zu können. Konrad II. kassierte rigoros ihre Verfügungen und zwang sie damit zu einem Leben als einfache Nonne.

Die spätere Stilisierung Heinrichs II. und Kunigunde zum strahlenden heiligen Kaiserpaar (Heiligsprechung 1146 bzw. 1200), wie es bis heute der spätgotische Sarkophag Tilman Riemenschneiders im Bamberger Dom zeigt, ist eine Neuerfindung der Stauferzeit, die fast nichts mit dem tatsächlichen Leben der beiden zu tun hat.

Im Bamberger Domschatz blieb bis heute der prachtvolle Sternenmantel Heinrichs II. als Erinnerung und Berührungsreliquie des 1146 heilig gesprochenen Bistumsgründers erhalten.

In der Speyerer Domkrypta präsentiert ein spätgotisches Relief die vier hier bestatteten Salierkaiser.

Die Salier

Der rheinfränkischen Grafenfamilie gelang durch die Einheirat in das ottonische Herrscherhaus ein einzigartiger Aufstieg: Ein Mitglied wurde als Gregor V. erster deutscher Papst, sein Neffe Konrad II. Nachfolger des kinderlosen Ottonen Heinrich II. Die letzten beiden Salier gerieten mit dem erneuerten Papsttum in einen Grundkonflikt, der immer stärker eskalierte.

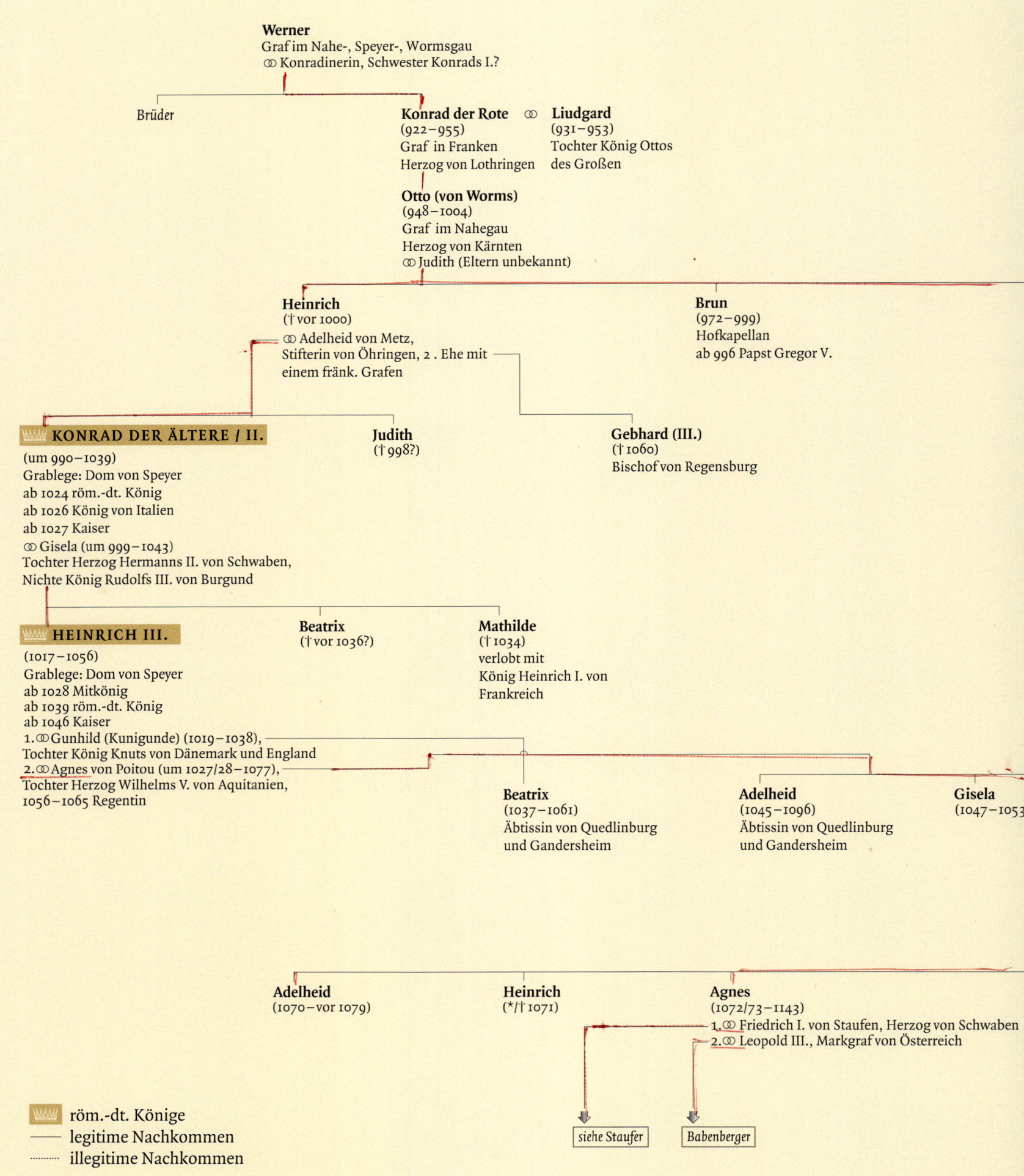

Konrad
(um 975–1011)
Herzog von Kärnten
⚭ Mathilde, Tochter des
Herzogs Hermann II. von Schwaben

Wilhelm
(† 1046)
Erzkaplan der Kaiserin
Gisela
Bischof von Straßburg

Konrad der Jüngere
(† 1039)
Herzog von Kärnten

⚭ Hezzelin, ~~~~~

Bruno
(† 1045)
Hofkaplan
ital. Kanzler
Bischof von
Würzburg

Mathilde
(1048–1060)
⚭ Rudolf von Rheinfelden,
Herzog von Schwaben

HEINRICH IV.
(1050–1106)
Grablege: Dom von Speyer
1054 Mitkönig
ab 1056 röm.-dt. König
ab 1084 Kaiser
1. ⚭ Bertha († 1087), Tochter Ottos von Savoyen
2. ⚭ Praxedis (Eupraxia, Adelheid) (1067/70–1109),
Tochter des Großfürsten Wsewolod vom Kiew

Konrad
(1052–1055)
Herzog von Bayern

Judith
(1054?–vor 1096)
1. ⚭ König Salomon von Ungarn
2. ⚭ Herzog Wladislaw-Hermann
von Polen

Konrad
(1074–1101)
Herzog von Niederlothringen
1087 Mitkönig; König von Italien
⚭ Maximilla, Tochter des
Grafen Roger I. von Sizilien

HEINRICH V.
(1086–1125)
Grablege: Dom von Speyer
ab 1106 röm.-dt. König
1111 Kaiser

⚭

Mathilde
(1102–1167)
Tochter König Heinrichs I.
von England
2. ⚭ mit Graf Gottfried
von Anjou

→ Plantagenet

Bertha
uneheliche Tochter?
⚭ Graf Ptolemeus II.
von Tusculum

Bannfluch der Stellvertreter

Genau ein Jahrhundert (1024–1125) lang bestimmten vier salische Herrscher nacheinander die Geschicke des Reichs: Konrad II., Heinrich III., Heinrich IV. und Heinrich V. Mit ihnen ging das Königtum von den Sachsen zu den Franken über.

Während Konrad II. zusammen mit seiner Frau Gisela tatkräftig und zielstrebig seine Herrschaft etablierte, erweiterte ihr gemeinsamer Sohn Heinrich III. das Aufgabenspektrum noch um die Einsetzung und Förderung des Reformpapsttums. Nach dem plötzlichen Tod Heinrichs III. sicherte seine Frau Agnes als Regentin zunächst erfolgreich Heinrich IV. den Thron, bis sie entmachtet wurde und der Kinderkönig in die Fänge einer korrupten Machtclique geriet. Das tragische Schicksal Heinrichs IV. erklärt sich zum einen aus den Traumata seiner Kindheit, zum anderen aus dem immer mächtiger auftrumpfenden Reformpapsttum, was zum Investiturstreit führte. Der berühmte Gang nach Canossa verschaffte dem König nur eine Atempause, bis Papst Gregor VII. zum Vernichtungsschlag ausholte. Als bittere Ironie des Schicksals stieß ihn aber letztendlich nicht der im universalen Machtrausch agierende Papst vom Thron, sondern sein eigener Sohn, der ihm als Heinrich V. nachfolgte. Doch auch er verstrickte sich schließlich in den Grundkonflikt um die strittige Stellvertreterschaft Christi auf Erden, die jetzt allein der Papst für sich beanspruchte, der zudem die völlige Unterordnung des Kaisers unter seine Beschlüsse forderte. Die Todfeindschaft seines einstigen Freundes, des Mainzer Erzbischofs Adalbert, sorgte schließlich nach dem frühen Tod Heinrichs V. noch dafür, dass die gewünschte Nachfolge seines staufischen Neffen unterblieb. Unter Konrad II. und Heinrich III. erreichte das mittelalterliche Königtum seine größte Macht. Die Erweiterung des Reichs um Burgund und die Erneuerung des Papsttums sind einige ihrer großen Verdienste.

Unter dem Schutz der Himmelskönigin – Der Aufstieg der Salier

Die rheinfränkische Familie der Salier, was genau wie die Franken »Freie« bedeutet, sind seit dem frühen 10. Jahrhundert als Grafen im Nahe-, Worms- und Speyergau nachgewiesen. Graf Werner scheint in dieser Zeit eine Tochter oder Schwester König Konrads I. geheiratet zu haben, was nicht nur zum Aufstieg der Salier beitrug, sondern auch den Namen Konrad als ruhmvolle Erinnerung an den königlichen Verwandten in die Dynastie brachte. Beider Sohn Konrad der Rote heiratete Liudgard, eine Tochter König Ottos des Großen. Diese Eheschließung und die Verleihung des Herzogtums Lothringen 944 durch Otto führte zu einem großen Prestige- und Machtgewinn der salischen Familie. Leider verspielte Konrad der Rote dies alles schon ein Jahrzehnt später, als er sich dem Aufstand seines Schwagers Liudolf gegen dessen Vater Otto den Großen anschloss, was zum Verlust des Herzogtums führte. 955 kämpfte der wieder rehabilitierte Konrad der Rote an der Seite Ottos in der Lechfeldschlacht gegen die Ungarn, verlor jedoch dabei sein Leben. Als besondere Ehrbezeugung ließ ihn sein Schwiegervater in Worms, dem damaligen Hauptsitz der Salier, im Dom begraben, der nun zur exklusiven Familiengrablege wurde.

Konrads Sohn, nach seinem königlichen Großvater Otto genannt, erhielt schließlich 978 durch Kaiser Otto II. das Herzogtum Kärnten, das dem aufständischen bayerischen Herzog Heinrich dem Zänker entzogen wurde. 985 verzichtete der Salier allerdings auf Kärnten, nachdem Heinrich der Zänker wieder in Gnaden durch die Regentinnen Adelheid und Theophanu aufgenommen worden war. Den Herzogstitel durfte er jedoch weiterhin führen. Inzwischen hatte Herzog Otto auch auf die Stadtherrschaft von Worms weitgehend verzichten müssten, da Bischof Hildebold von Worms, Kanzler Ottos II. und der Regentinnen, sie für sich beanspruchte. Die allein verbliebene Wormser Stadtburg verlor der Salier auch noch, da König Heinrich II. sie 1002 als Gegenleistung für die Zustimmung zu seiner Wahl an den Wormser Bischof Burchard übergab. Dieser ließ umgehend die Mauern niederreißen und gründete das Stift St. Paul anstelle der Burg, um unumkehrbare Fakten zu schaffen. Der Verzicht auf Worms wurde Herzog Otto immerhin mit einer großzügigen Erweiterung seines Machtbereichs auf Bruchsal und Kaiserslautern schmackhaft gemacht. Als neues Hauskloster der Familie gründete er 987 die Benediktinerabtei St. Lambrecht im Speyerbachtal.

König Otto III. schätzte seinen gleichnamigen salischen Cousin und dessen ältesten Sohn Heinrich sehr, die ihn bei seinen Italienzügen unterstützten. Einen weiteren Prestigegewinn erfuhr die salische Familie 996, als Otto III. dafür sorgte, dass Brun, der zweitälteste Sohn Herzog Ottos, zum Papst gewählt wurde. Brun, der sich Gregor V. nannte und der erste Deutsche auf dem Stuhl Petri war, krönte danach König Otto III. zum Kaiser. Durch seinen Verwandten wollte Otto III. das höchste Kirchenamt endlich aus den macht- und geldgierigen Fängen stadtrömischer Adelscliquen befreien. Doch Gregor V. verstarb schon nach dreijähriger Amtszeit. Auch sein Bruder Heinrich, der Vater des späteren Königs Konrad II., erlebte die Jahrtausendwende nicht mehr. Damit erbte nach dem Tod Herzog Ottos 1004 Konrad, ein Bruder der beiden, die salischen Besitzungen. Auf ihn folgte 1011 sein Sohn Konrad der Jüngere, der unterlegene Kandidat der Königswahl von 1024.

Der spätere König Konrad II. war nach dem frühen Tod des Vaters mit knapp zehn Jahren Halbwaise. Anfangs kümmerte sich Bischof Burchard von Worms um die Erziehung Konrads, dann sein gleichnamiger Onkel, der zugleich Herzog von Kärnten war. Nach dessen Tod 1011 sah die Zukunft des jungen Saliers keineswegs glänzend aus, hatte doch sein Cousin Konrad der Jüngere die salischen Besitzungen geerbt. Zudem war König Heinrich II. ein Feind der Salier, sodass Konrad der Ältere unter ihm keinen Aufstieg erhoffen konnte. Erst die 1016 geschlossene Ehe mit der schwäbischen Herzogstochter Gisela leitete seine späte Karriere ein. Konrad II. empfand seine Jugend im Rückblick als Zeit der

In der Chronik des Ekkehard von Aura findet sich diese Darstellung Konrads II. mit seinen Nachkommen (Chronicon universale, fol. 81v.).

Die Salier 45

rechts: Als Dankesgabe an Gott für den Aufstieg zum Thron ließen Konrad II. und seine Gemahlin Gisela über den Mauern der salischen Stammburg Limburg an der Haardt eine Benediktinerabtei erbauen.

links: Nach Übernahme der Stadtherrschaft gründete Bischof Burchard 1002 anstelle der abgerissenen Wormser Salierburg das Stift St. Paul.

Demütigung und Prüfung durch Gott, deren Bestehen dann mit der Königswürde umso reicher belohnt wurde.

Der Dank, den Konrad II. und Gisela Gott, vor allem aber ihrer persönlichen Schutzpatronin Maria abstatteten, war wahrhaft königlich: Die Limburg (eigentlich Lintburg, d. h. Drachenburg) oberhalb des heutigen Bad Dürkheim, einer der Sitze der salischen Familie, wandelten sie 1025 in eine Benediktinerabtei um. Poppo, Reformabt von Stablo, Malmedy und St. Maximin in Trier installierte hier 1034 den Konvent. Die 1042 vollendete monumentale Säulenbasilika besaß mit neuartiger Doppelturmfassade und der Vorhalle eine Gesamtlänge von 85 Metern und damit fast die Ausmaße einer Kathedrale. Der Legende nach legte Konrad II. noch am gleichen Tag wie auf der Limburg auch in Speyer den Grundstein zu einem neuen Mariendom. Er sollte zu einem wahrhaft kaiserlichen Monument der salischen Dynastie werden. Konnte er wie seine Vorgänger Otto der Große und Heinrich II. auch kein neues Bistum mehr stiften, so wollte er dennoch das bescheidene Speyer entsprechend aufwerten, das ein Chronist kurz zuvor noch als Kuhdorf bezeichnet hatte. Da Worms, wo Bischof Burchard gerade einen neuen Dom errichtet hatte, den Saliern entzogen worden war, fiel Konrads Wahl auf den zweiten Bistumssitz im Machtbereich der salischen Familie.

Erfolgreiches Herrschaftsteam – Konrad II. und Gisela

Keine sechs Wochen nach dem Tod des kinderlosen Kaisers Heinrich II., mit dem die ottonische Dynastie ausstarb, versammelten sich Anfang September 1024 in Kamba am Mittelrhein die wichtigsten Bischöfe und Adeligen des Reichs zur Wahl eines Nachfolgers. Überraschenderweise gab es nur zwei Kandidaten. Beide entstammten der rheinfränkischen Familie der Salier, trugen den Leitnamen Konrad und waren als Cousins eng verwandt. Darüber hinaus waren Ehefrau bzw.

Monument der Salierkaiser – Der Speyerer Dom

Wie kein zweites Bauwerk Deutschlands vermittelt der Speyerer Dom eine Vorstellung von Macht und Anspruch des salischen Kaisertums. Begonnen um 1025 von Konrad II. und Gisela als Dankesgabe an die Gottesmutter konnte der damals größte Kirchenbau der Christenheit von der Regentin Agnes 1061 vollendet werden. Nach seinem Sieg über Rudolf von Rheinfelden 1080 – mitten im Investiturstreit – ließ der von seinen zahlreichen Gegnern als Antichrist geschmähte Heinrich IV. dem Dom mit der Einwölbung des Mittelschiffs und dem Neubau der Ostteile jene überragende Gestalt geben, die bis heute zu bewundern sind. Deutlicher konnte er aller Welt nicht sein hohes Selbstverständnis demonstrieren und der Schutzpatronin des salischen Hauses Dank für die Rettung der Krone abstatten. Beim frühen Tod Heinrichs V. war der Umbau des Doms wohl vollendet.

Alle salischen Herrscher fanden ihr Grab in einer damals ebenerdigen Grablege, die fast ein Drittel des Mittelschiffs einnahm. Einige spätere Herrscher wie Rudolf von Habsburg ließen sich ebenfalls hier bestatten. Im hauptstadtlosen mittelalterlichen Reich wurde so der Speyerer Dom neben der Aachener Pfalzkapelle zur zentralen Stätte des Königtums.

Zu Beginn des 11. Jahrhunderts waren gerade in den Nachbarbistümern Mainz, Worms und Straßburg neue Kathedralen entstanden, die völlig neue Maßstäbe setzten, was Größe und Anspruch betraf. Doch den salischen Kaisern gelang es, sie mit dem Speyerer Dom allein mit den Ausmaßen von 134 Meter Länge und 32 Meter Mittelschiffhöhe zu übertreffen. Im Gegensatz zu den Nachbardomen ließen die Salier für ihre Stiftung einen fast reinen Quaderbau errichten, was nicht nur die Kosten deutlich steigerte, sondern insgesamt den technischen Aufwand erhöhte. Um das Baumaterial aus den Rotsandsteinbrüchen des über 30 Kilometer entfernten Haardtrandes nach Speyer zu transportieren, musste über weite Strecken ein Kanal angelegt werden. Geradezu modern mutet die bei den Mittelschiffpfeilern angewandte Skelettbauweise an.

Ansonsten atmet der ganze Dom sowohl in seinen Dimensionen wie auch in seinen Details imperiale, römisch-antike Größe. So haben z. B. die Obergadenfenster, welche die Größe von Stadttoren besitzen, keine Parallele im Kirchenbau, sondern in Staatsgebäuden der Römerzeit wie etwa der Trierer Palastaula Kaiser Konstantins des Großen. Heinrich IV. ließ die Flachdecke des Dommittelschiffs durch Steingewölbe ersetzen, welche die Betongewölbe römischer Basiliken und Thermen zum Vorbild hatte. Erst in der Gotik sollte es wieder gewagt werden, solche Raumweiten- und höhen anzugehen. Der nach innen offene Vierungsturm ahmt auf Wunsch Heinrichs IV. die Aachener Pfalzkapelle Karls des Großen nach. Er sollte das ganze Mittelalter hindurch der höchste Kuppelbau Deutschlands bleiben. Selbst die Hauptstraße Speyers wurde nach antiken Vorbildern als gerader, breiter Triumphweg vom Stadttor hin zum Westbau des Doms geführt. Auch dies sollte in der mittelalterlichen Stadtentwicklung einzigartig bleiben.

Bis heute lässt der gewaltige Bau des Speyerer Domes das hohe Selbstverständnis der salischen Kaiser ahnen.

rechts: 1880 entdeckten Bauarbeiter in Mainz einen Schatz romanischen Frauenschmucks, der den Kaiserinnen Gisela oder Agnes zugeschrieben wird.

ganz rechts: Im Kaisersaal des Frankfurter Römers zeigt ein um 1840 entstandenes Gemälde von Lorenz Clasen Konrad II. in idealisierter Form.

Mutter der beiden Schwestern. Nachdem beide Konkurrenten sich friedlich geeinigt hatten, wählten die Anwesenden unter Führung des Mainzer Erzbischofs Aribo Konrad den Älteren einmütig zum neuen König. Nur vier Tage später, am 8. September 1024, salbte und krönte Aribo Konrad II. im Mainzer Dom zum König. Der reibungslose Wahlakt deutet darauf hin, dass hier nur noch in einem notwendigen öffentlichen Ritual präsentiert wurde, was vorher hinter den Kulissen ausgehandelt worden war. Schließlich hatten die Großen des Reichs auch lange genug Zeit, sich auf eine Nachfolgeregelung vorzubereiten, da der 1024 verstorbene Heinrich II. bereits mit der Gründung des Bistums Bamberg 1007 allgemein kundtat, keine Kinder zeugen zu können.

Mit dem neuen Königspaar Konrad II., Enkel des Saliers Herzog Otto von Worms, und Gisela, Tochter Herzog Hermanns II. von Schwaben, erlangten ausgerechnet die Nachkommen zweier Konkurrenten Heinrichs II. die Krone. Gisela, die als oberste Ratgeberin einen wichtigen Anteil an der späteren Regierung ihres Mannes Konrad II. nahm, scheint das Potenzial des Saliers erkannt zu haben, um mit zäher Energie und großem Ehrgeiz den misslungenen Griff ihres eigenen Vaters nach der Krone erfolgreich zu vollenden. Schon nach dem frühen Tod ihres zweiten Gemahls Ernst, der das Herzogtum Schwaben durch sie erlangte, hatte sie – wohl noch im Trauerjahr 1016 – den Salier Konrad geheiratet. Kaiser Heinrich II. entzog ihr daraufhin die Regentschaft über das Herzogtum Schwaben, die sie für ihren kleinen Sohn Ernst ausübte, um der ehrgeizigen salischen Familie keine Erweiterung ihres Machtbereichs im Südwesten zu ermöglichen. Gisela nahm dies

Die Salier 49

in Kauf, arbeitete doch die Zeit für sie und Konrad mit dem absehbaren Lebensende des kränkelnden und kinderlosen Heinrich II. Als Enkelin des burgundischen Königs Konrad, des Bruders der Kaiserin Adelheid, und Nichte des ebenfalls kinderlosen Königs Rudolf III. von Burgund, konnte sie zudem auf ein großes Erbe hoffen. Über ihre Großmutter Königin Mathilde von Burgund floss sowohl karolingisches als auch ottonisches Blut in ihren Adern. Diese Herkunft machte sie neben ihrer bezeugten Schönheit und Klugheit für Konrad zur idealen Partnerin.

Krönung mit Hindernissen – Der Herrschaftsbeginn Konrads II.

Über die Regierungszeit Konrads II. und seiner Gemahlin Gisela sind wir nicht nur durch eine Vielzahl an Urkunden unterrichtet. Erhalten blieb auch ein ausführlicher Bericht des salischen Hofchronisten Wipo, der natürlich seine Auftraggeber in hellstem Licht erstrahlen lässt. Durch ihn wissen wir, dass Erzbischof Aribo von Mainz zwar die Krönung von Konrad II. vollzog, dessen Wahl er ja forciert hatte, diejenige Giselas aber verweigerte, da ihm kurz vor dem Staatsakt üble Gerüchte über die Königin zugetragen worden waren. Da Wipo leider nicht den Inhalt der Gerüchte nennt, kann nur darüber spekuliert werden. Es dürfte wohl weniger die Verwandtschaft Konrads und Giselas über ihren gemeinsamen Ahnen König Heinrich I. gewesen sein, vielmehr waren es wahrscheinlich Verleumdungen über den plötzlichen Tod der beiden früheren Gatten der Königin. Gisela ließ sich aber nicht so nahe vor dem Ziel ihrer Wünsche durch bloße Gerüchte ausbremsen, denen sie entschlossen entgegentrat und die sie in den Augen der Öffentlichkeit entkräften konnte. Konrad II. ließ daher zwei Wochen nach seiner eigenen Krönung endlich auch diejenige seiner Gemahlin festlich begehen. Ein geschickter Schachzug war es, als Zelebrant nicht Erzbischof Aribo von Mainz, sondern dessen Gegenspieler Erzbischof Pilgrim von Köln zu wählen. Seitdem verblieb das Krönungsrecht insgesamt beim Kölner Erzbischof.

Mit Pilgrim hatte Konrad einen der wichtigsten lothringischen Fürsten für sich gewonnen, die seiner Wahl bisher ablehnend gegenübergestanden hatten. Nach der Krönung Giselas zog Konrad mit ihr nach Aachen und bestieg den Thron Karls des Großen. Damals entstand das Sprichwort »An Konrads Sattel hängen Karls Steigbügel«, was die Nähe zum großen Vorbild zum Ausdruck bringt. Anschließend begann das Königspaar seinen Umritt durch das Reich. Es galt nicht nur, sich bekannt zu machen und das Land persönlich in Besitz zu nehmen, sondern auch weitere Volksgruppen für sich zu gewinnen. Besonderes Augenmerk galt den Sachsen, die mit den Ottonen für mehr als ein Jahrhundert bisher den König gestellt hatten. Auch die Bayern, die unter ihrem Herzog und späteren König Heinrich II. eine bevorzugte Stellung im Reich eingenommen hatten, galt es für sich zu gewinnen. Beides gelang rasch und erfolgreich.

Ende Februar 1026 brachen Konrad und Gisela von Augsburg aus mit einem Heer nach Italien auf. Ihren neunjährigen Sohn Heinrich ließen sie in der Obhut des Augsburger Bischofs Bruno zurück, dem Bruder des verstorbenen Kaisers Heinrich II., der während der Abwesenheit die Reichsregierung leitete. Die Großen des Reichs sprachen sich auf Wunsch Konrads noch in Augsburg für den kleinen Heinrich als Nachfolger aus. Denn die Italienfahrt war als militärisches Unternehmen mit all seinen Gefahren angelegt, sodass Konrad im Falle seines Todes seinem Sohn auf diese Weise die Nachfolge sichern wollte. In Italien angekommen galt es nun, den von den Ottonen so zäh verteidigten südlichen Reichsteil wieder in Besitz zu nehmen. Konrad II. konnte sich vor allem auf Erzbischof Aribert von Mailand, der ihn im März 1026 zum italienischen König krönte, und den Markgrafen Bonifaz von Canossa stützen, dem er Tuszien übertrug. Nach einem Jahr in Italien zogen Konrad und Gisela am 21. März 1027, dem Fest der Verkündigung, in Rom ein und erhielten am 26. März, dem Osterfest, aus der Hand von Papst Johannes XIX. die Kaiserkrone.

Nach einem folgenlosen Abstecher ins süditalienische Grenzgebiet zu Byzanz kehrte das Kaiserpaar ins Reich zurück. Im Sommer 1027 vergab Konrad II. das frei gewordene Herzogtum Bayern an seinen zehnjährigen Sohn Heinrich, um ihn dadurch allmählich auf die Nachfolge vorzubereiten. Schon an Ostern des Folgejahrs ließ er ihn in Aachen durch Erzbischof Pilgrim zum Mitkönig krönen.

Ein Sohn wird geopfert, ein Königreich geerbt – Schicksalsjahre Giselas

Zurück aus Italien musste der bisher so erfolgreiche Konrad II. einen politischen und persönlichen Dämpfer hinnehmen. Der gerade einmal 16-jährige Herzog Ernst II. von Schwaben, Sohn der Kaiserin Gisela aus ihrer früheren Ehe mit Ernst I., hatte sich dem Aufstand Konrads des Jüngeren und Welfs II. gegen den Kaiser angeschlossen. Als er sich auf einem Hoftag in Ulm vor seinem Stiefvater verantworten sollte, vertraute er auf den Rückhalt seiner schwäbischen Grafen. Diese sagten ihm jedoch mit dem Argument die Treue auf, dass der Kaiser oberster Schützer ihrer Freiheit sei, weshalb sie sich nicht gegen ihn erheben könnten. Der Kaiser erkannte dem jungen Ernst II. sein Herzogtum ab und verbannte ihn auf die Burg Giebichenstein bei Halle. Ein Jahr später begnadigte der Kaiser auf Bitten Giselas seinen Stiefsohn und gab ihm auch das schwäbische Herzogtum zurück. Doch was als jugendlicher Aufruhr begann, eskalierte nun zum Familiendrama. Konrad II. verband provokativ den Treueschwur seines Stiefsohns mit der Aufforderung, gegen dessen engsten Freund Werner von Kiburg vorzugehen, dem er fortgesetzten Landfriedensbruch vorwarf. Der völlig isolierte junge Ernst stellte daraufhin seinen Treueschwur gegenüber dem Freund über den für den Kaiser und Stiefvater. Jetzt kannte Konrad II. keine Gnade mehr. Er entzog Ernst aufgrund Hochverrats alle Ämter und Würden und ließ ihn exkommunizieren. Damit erklärte er ihn für vogelfrei. Selbst Kaiserin Gisela gab ihren Sohn vor aller Öffentlichkeit auf, indem sie erklärte, an niemandem Rache üben zu wollen, was immer auch Ernst zustoßen sollte. Verfolgt von zahllosen Häschern zogen sich Ernst und Werner immer tiefer in den Schwarzwald zurück, wo sie am 17. August 1030 nach aussichtslosem Kampf erschlagen wurden. Der Konstanzer Bischof erreichte immerhin die Auflösung des Banns, sodass er wenigstens den Leichnam von Ernst christlich bestatten konnte. Dass Konrad II. unter engen Verwandten bei Hochverrat auch sonst kein Pardon kannte, zeigt der Fall Herzog Adalberos von Kärnten, den er 1035 absetzte. Dieser war mit einer Schwester Kaiserin Giselas verheiratet.

Am 6. September 1032 verstarb König Rudolf III. von Burgund ohne Nachkommen. Schon Kaiser Heinrich II., ein Neffe Rudolfs, hatte sich das Nachfolgerecht vertraglich zusichern lassen, stand Burgund doch seit König Heinrich I. unter dem Schutz des Reichs. Doch Rudolf III. überlebte seinen kaiserlichen Neffen und damit war für ihn die getroffene Vereinbarung nichtig geworden. König Konrad II., dessen Gemahlin Gisela eine Nichte Rudolfs war, erreichte jedoch schon 1027, dass der burgundische König auch ihm den Anschluss an das Reich zusicherte. Gisela wird hierbei ausdrücklich als erfolgreiche Vermittlerin erwähnt. Konrad II. wollte die Übertragung Burgunds jedoch ausdrücklich nicht als Erbrecht verstehen, zumal dann weitere Verwandte ebenfalls Ansprüche hätten erheben können, sondern überpersonal als Reichsrecht. Diese vorausschauende Konstruktion erwies sich als derart erfolgreich, dass Burgund neben Italien zum festen dritten Reichsteil wurde. Das Königreich Burgund erstreckte sich von Basel bis zur Rhônemündung und besaß dank wichtiger Alpenpässe eine große Bedeutung als Bindeglied nach Italien.

Konrad II. ließ sich am 2. Februar 1033 in Peterlingen zum König von Burgund krönen. Doch bedurfte es noch zweier Kriegszüge gegen Graf Odo II. von der Champagne, ein weiterer Neffe Rudolfs III., um diesen von seinen berechtigten Erbansprüchen abzubringen. Konrad II. verbündete sich hierbei mit Odos Lehnsherrn, König Heinrich I. von Frankreich, einem entfernten Verwandten. Zur Bekräftigung des Bündnisses verlobte sich der französische König mit Mathilde, Tochter Kaiser Konrads II., die allerdings bald darauf verstarb und noch im Wormser Dom bestattet wurde. Eine erneute Krönung des Kaisers fand am 1. August 1034 in der Kathedrale von Genf statt. Doch schon vier Jahre später ließ Konrad mit Zustimmung der burgundischen Fürsten seinem Sohn Heinrich III. die Krone übertragen. Kurz zuvor hatte der Kaiser ihm schon das Herzogtum Schwaben anvertraut, nachdem Herzog Hermann IV., jüngster Sohn der Kaiserin Gisela aus ihrer zweiten Ehe und Nachfolger des unglücklichen Ernst, bereits früh verstorben war. Da Heinrich III. seit 1027 zudem Herzog von Bayern war, besaß er jetzt den gesamten Südteil des Heiligen Römischen Reichs, gleichsam als Übungsfeld für seine spätere Aufgabe.

Prächtigster Trauerzug des Mittelalters – Kaiser Konrads Ende

Im Spätjahr 1036 brach der Kaiser zu einem zweiten Italienzug auf, da größere Unruhen sein rasches militärisches Eingreifen notwendig machten. Der bisher so erfolgreiche Herrscher verbrachte dort wohl die schwierigste Zeit seines Lebens, denn die bisherige Hauptstütze der salischen Macht in Oberitalien, Erzbischof Aribert von Mailand, wandelte sich zum entschiedenen Gegner Konrads II. Nachdem der renitente Kirchenfürst aus der Haft fliehen konnte, verschanzte er sich hin-

Auf dem Widmungsblatt des Codex Aureus Escorialensis, 1045/46, knien Konrad II. und Gisela demütig zu Füßen Christi.

ter den Mauern Mailands. Der Kaiser musste die Belagerung erfolglos abbrechen, da durch die beginnende Sommerhitze 1037 Seuchen im Heer drohten. Weitere Bischöfe liefen zu Aribert über, doch konnte Konrad sich ihrer bemächtigen und sie in die Verbannung schicken. Schließlich gelang ihm mit der Unterstützung der aufständischen Untervasallen der Bischöfe ein besonderer Coup: Der Kaiser garantierte den Untervasallen die Erblichkeit ihrer Lehen, die ihnen nur durch ein Gerichtsurteil ihrer Standesgenossen wieder genommen werden konnten. 1038 zog er mit seinem Heer weiter nach Süditalien, um die Oberherrschaft des Reichs über die Fürstentümer Capua, Salerno und Benevent zu sichern. Auf dem Rückweg nach Norden brach in der Sommerhitze eine Seuche im Heer aus, der die junge Gemahlin Heinrichs III., Gunhild, zum Opfer fiel. Sie war die Tochter König Knuts von Dänemark, Schottland, England und Norwegen und hatte den deutschen Thronfolger zwei Jahre zuvor in Nimwegen geheiratet. Die einbalsamierte Leiche wurde von der kaiserlichen Familie in das Hauskloster Limburg an der Haardt überführt, wo sie den eigentlich einer Stifterin zukommenden Ehrenplatz vor dem Mönchschor erhielt. Heinrich III. übergab die gemeinsame Tochter Beatrix anschließend dem Damenstift Gandersheim, das sie später als Äbtissin leitete.

Ein knappes Jahr später, am 4. Juni 1039, verstarb der noch nicht einmal 50-jährige Konrad II. in Utrecht, vermutlich an den Auswirkungen der Gicht, die ihn die letzten Monate immer stärker gequält hatte. Nach der Einbalsamierung seines Leichnams setzte sich, angeführt von Kaiserin Gisela und dem neuen König Heinrich III., ein beeindruckender Trauerzug von Utrecht nach Speyer in Bewegung. In den großen Rheinstädten wurde der tote Kaiser in den wichtigsten Kirchen aufgebahrt, damit Kleriker und Gläubige mit ihren Gebeten dem Stellvertreter Christi auf Erden, so das kaiserliche Selbstverständnis, die letzte Ehre erweisen konnten. Am 3. Juli 1039 fand die Beisetzung im Speyerer Dom statt, der allerdings noch eine gigantische Baustelle war. Zum Schutz umgab man daher den Sarkophag mit Eisenbändern, bevor er in den Boden im östlichen Mittelschiff gesenkt wurde. Knapp vier Jahre später ließ Heinrich III. hier auch seine Mutter Gisela begraben. Als im Jahr 1900 deren Gräber geöffnet wurden, die der Plünderung und Zerstörung des Doms 1689 durch die französischen Trup-

Einige Gräber der Salier im Speyerer Dom entgingen der Plünderung durch die Truppen Ludwigs XIV. von Frankreich 1689, sodass bei der Ausgrabung 1900 die kupfernen Grabkronen Konrads II., Giselas und Heinrichs III. gefunden werden konnten.

Karte linke Seite: Um 1100 hatte das Reich unter den Saliern eine gewaltige Ausdehnung, die in der späten Stauferzeit noch um Süditalien und Sizilien erweitert werden konnte.

Die Salier 53

pen Ludwigs XIV. entgangen waren, trugen die unmittelbar danach zu Staub zerfallenen Leichname vergoldete Grabkronen aus Kupfer. Konrad II. war, wie bei der Graböffnung gemessen wurde, fast zwei Meter groß – doch war er auch ein »Großer«, was die Festigung seiner Herrschaft betraf.

Auf dem Höhepunkt der Macht – Heinrich III.

Der 21-jährige Heinrich III. trat unangefochten die Nachfolge seines Vaters an. Dieser hatte ihm noch zu Lebzeiten – dank des Mitkönigtums und der Herrschaft über die süddeutschen Herzogtümer nebst Burgund – eine einzigartige Machtfülle übertragen. War Konrad II. mehr ein Pragmatiker der Macht, so betonte sein Sohn nun deutlich seine Rolle als Stellvertreter Christi auf Erden. Darin glich Heinrich III. seinem Vorvorgänger Heinrich II., dessen Bruder, Bischof Bruno von Augsburg, seine Erziehung wesentlich geprägt hatte.

Schon bald nach seinem Herrschaftsantritt sah sich der mächtigste Mann Europas nach einer neuen Gemahlin um. Seine Wahl fiel auf Agnes von Poitou, Tochter des verstorbenen Herzogs Wilhelm V. von Aquitanien, der fast den gesamten Südwesten Frankreichs beherrscht hatte. König Heinrich III. erkannte rasch das Potenzial, das ihm die junge Agnes zur Festigung seiner eigenen burgundischen Ansprüche bot. Demonstrativ holte der 26-Jährige im Herbst 1043 seine nur halb so alte Braut daher in Besançon ab und ehrte damit auch den dortigen Erzbischof Hugo von Salins, ein Verwandter der Braut, den er zum burgundischen Erzkanzler einsetzte.

Gemeinsam reiste das Paar über das oberrheinische Stammland der Salier nach Mainz, wo Heinrich III. Agnes zur Königin krönen ließ, bevor er Ende November die Hochzeit im Ingelheimer Palast Karls des Großen mit ihr feierte. Im Herbst 1045 brachte Königin Agnes in der Goslarer Pfalz, die sich beide in ihrem dauerhaften Reiseleben zu einer Art Residenz ausbauten, Tochter Adelheid zur Welt. Sie kam rasch zu ihrer Halbschwester Beatrix in das Damenstift Gandersheim, da sie ihre Eltern ebenfalls für ein geistliches Leben bestimmten. Nach dem Tod von Beatrix 1061 übernahm Adelheid in Gandersheim und Qued-

In der Krypta des Damenstiftes Quedlinburg blieben einige romanische Grabplatten von Töchtern des salischen Hauses erhalten, die hier als Äbtissinnen wirkten.

linburg deren Äbtissinnenwürde. Nach zwei weiteren Töchtern, denen allerdings kein langes Leben beschieden war, erhielt das Königspaar am 11. November 1050 in Goslar den ersehnten Thronfolger.

Die Taufe des kleinen Heinrich fand Ende März 1051 in Köln statt. Kaiserin Agnes hatte aufgrund der langen Verbindung ihrer Familie zum Reformkloster Cluny dessen Großabt Hugo als Taufpaten gewonnen, der sich im späteren konfliktreichen Leben Heinrichs IV. tatkräftig für seinen Schützling einsetzte. Im folgenden Jahr reiste Agnes hochschwanger nach Regensburg und schenkte dort einem weiteren Sohn das Leben, der als Zweijähriger von seinem Vater das Herzogtum Bayern verliehen bekam, aber noch vor ihm verstarb. Da nur noch eine Tochter namens Judith folgte, ruhte der Fortbestand der salischen Dynastie allein auf den Schultern des kleinen Heinrich. Als die Herrschaft Heinrichs III., die so vielversprechend begonnen hatte, durch sein immer selbstherrlicheres Auftreten zunehmend Kritik und Konflikte hervorrief, ließ er 1053 den dreijährigen Heinrich von einer Versammlung der Reichsfürsten in Trebur zum Nachfolger wählen. Seinem Wunsch wurde zwar stattgegeben, doch mit der bemerkenswerten Einschränkung, dass die Wahl nur gelte, falls Heinrich IV. das Recht achten würde. Im folgenden Jahr setzte der Kaiser noch dessen Krönung in Aachen durch.

Die großen Konflikte des zunehmend autokratischen Herrschaftsstils Heinrichs III. begannen schon 1044 in Lothringen. Der König verhinderte damals die Nachfolge Gottfried des Bärtigen im gesamten Herzogtum, was dieser mit einer langjährigen Fehde beantwortete. Nach seiner völligen Unterwerfung gelang Gottfried jedoch 1054 durch die unerwartete Eheschließung mit Beatrix, Witwe des mächtigen italienischen Markgrafen Bonifaz von Tuszien, ein gewaltiger Überraschungscoup. Heinrich III. war über das Verhalten der mit ihm verwandten Markgräfin und dem plötzlichen Wiederaufstieg seines Feindes derart zornig, dass er sofort ein Heer nach Italien führte. Zwar konnte er Gottfried nicht habhaft werden, doch führte er Beatrix und deren Tochter aus erster Ehe, die später so berühmte Mathilde von Tuszien, als Gefangene über die Alpen. Unterwegs nahmen er und Agnes auch die fünfjährige Bertha von Turin als Verlobte Heinrichs IV. mit an den deutschen Hof. Mathildes und Berthas so unterschiedliche Lebenswege sollten sich erst wieder im Schicksalsjahr 1077 in Canossa kreuzen.

Neben Lothringen entwickelte sich Sachsen zum zweiten Krisenherd für Heinrich III. Die stolzen Sachsen hatten es immer noch nicht verschmerzt, die Krone an die rheinfränkischen Salier verloren zu haben, und fühlten sich unter deren Herrschaft ausgebeutet und ungerecht behandelt. Tatsächlich baute Heinrich III. in Sachsen rücksichtslos das Reichsgut aus und ließ sich die kostspielige Hofhaltung in Goslar finanzieren. In den Silberbergbau am dortigen Rammelsberg investierte er ausschließlich zu seinen Gunsten, auch den Großteil der überreichen Morgengabe für seine Gemahlin Agnes hatte er in Sachsen requiriert. 1047 entging Heinrich in Lesum nur knapp einem Mordanschlag der Sachsen. In den Herzogtümern Bayern und Kärnten indes wuchs sich die Unzufriedenheit mit der fehlgeschlagenen Ungarnabwehr des Kaisers, die beide Länder bedrohte, zu einer Verschwörung aus. Herzog Konrad I. von Bayern beanspruchte als Mitglied der mit dem ottonischen Kaiserhaus verwandten Familie der Ezzonen gar die Krone. Sein plötzlicher Tod wie auch der des Herzogs Welf III. von Kärnten 1055 ließ die Revolte zusammenbrechen. Daraufhin setzte Heinrich III. seine Gemahlin Agnes als Herzogin von Bayern ein, ein einmaliger Vorgang in der mittelalterlichen Geschichte. Der Kaiser konnte sich nicht lange am Ableben seiner Gegner freuen, holte ihn doch selbst am 5. Oktober 1056 in der Pfalz Bodfeld im Harz völlig unerwartet der Tod.

Stellvertreter Christi – Heinrich III. als Erneuerer des Papsttums

Aus der Regierungszeit Heinrich II. sind weniger die Konflikte in Erinnerung geblieben, die aufgrund fortdauernder Verletzung der Machtbeteiligung der Reichsfürsten und damit der Aufkündigung der bisherigen Konsenspolitik entstanden. Vielmehr gilt er als der Erneuerer des Papsttums. Kurz vor seinem Einzug in Rom zur Erlangung der Kaiserwürde 1046 erfuhr Heinrich, dass Papst Gregor VI. sein Amt eineinhalb Jahre zuvor seinem Vorgänger Benedikt IX. abgekauft hatte. Waren noch unter Heinrichs Vater Konrad II. Bischofswürden gegen Bares verliehen worden, so legten Heinrich und seine ebenfalls sehr fromme Ehefrau Agnes hier nun andere Maßstäbe an. Der Kauf geistlicher Ämter (Simonie) galt innerhalb kirchlicher Reformkreise zunehmend als schwere Sünde. Hätten sich beide durch einen solchen ins Amt gekommenen Papst krönen lassen, wäre die aus ihren Augen von Gott verliehene höchste Würde ins Gegenteil verkehrt worden. Nun holte das Königspaar genauere Erkundungen ein und erfuhr, dass auch noch ein Gegenpapst Silvester III. seit 1045 Verwirrung stiftete.

Kurzerhand zitierte Heinrich III. am 20. Dezember 1046 alle drei Päpste auf die eilig einberufene Synode in Sutri, das zwei Tagesreisen nördlich von Rom lag. Allein der König besaß damals die notwendige Autorität und Macht, für Ordnung zu sorgen. Alle Päpste wurden abgesetzt. Gregor VI. ließ der zornige König gar als Gefangenen nach Köln bringen. In Rom angekommen berief Heinrich III. vier Tage später eine Synode zur Papstwahl ein. Um das höchste Kirchenamt aus dem bisherigen fatalen Machtgerangel stadtrömischer Adelscliquen herauszuhalten, bestimmte er einen seiner Vertrauten zum Kandidaten: Bischof Suidger von Bamberg, der als Clemens II. auch gewählt wurde. Schon am folgenden Tag, dem Weihnachtsfest, erhielten Heinrich und Agnes aus seinen Händen die Kaiserkrone, wobei der Termin an die Kaiserkrönung Karls des Großen im Jahr 800 erinnern sollte.

Bis zum Tod Heinrichs III. folgten noch drei weitere Päpste aus dem deutschen Reichsepiskopat. Alle vier behielten weiterhin ihre Bischofssitze bei, blieben also fester Bestandteil der vom Kaiser intensiv betriebenen Kirchenpolitik. Heinrich III. machte hier keinen Unterschied zwischen der Einsetzung der Reichsbischöfe, die meist aus dem Kreis seiner Hofgeistlichen stammten und aus seinen Händen als Zeichen ihre Würde Stab und Ring erhielten, und der des Papstes. Als wahrer Stellvertreter Christi auf Erden – so das damals noch allgemein akzeptierte Selbstverständnis des Königs – verstand er es als eine seiner wichtigsten Aufgaben, über die Kirche zu wachen. In typisch mittelalterlicher Mischung geistlicher und weltlicher Angelegenheiten waren die Reichsbischöfe zugleich die wichtigsten Stützen seiner Macht, was einer sorgfältigen Auswahl bedurfte.

Das erfolgreichste Pontifikat unter diesen vier von Heinrich eingesetzten Päpsten absolvierte Leo IX. 1048/49–1054, Bischof von Toul

Heinrich III. und Agnes überreichen der Speyerer Dompatronin und Schutzherrin des salischen Hauses, Maria, das Goldene Evangelienbuch. Dedikationsbild, um 1050. Codex Vitrinas 17, fol. 3r. Madrid, Escorial.

56 Die Salier

Heinrich III. und Agnes bauten die Goslarer Pfalz zu einem ihrer bevorzugten Aufenthaltsorte aus. Der heutige Bau ist stark durch die wilhelminische Rekonstruktion des späten 19. Jh. geprägt.

und als Egisheimer Grafensohn ein entfernter Verwandter des salischen Hauses. Er war der erste Reisepapst der Geschichte, der nach dem Vorbild des umherziehenden Königs nun selbst den allumfassenden Anspruch seines Amts vor Ort präsentierte. Mehrfach trat er auf den Synoden im Reich zusammen mit dem Kaiser auf – der eine als Nachfolger des Apostelfürsten Petrus, der andere noch unangefochten als Stellvertreter Christi auf Erden. Eines der Hauptanliegen Papst Leos war die Abschaffung der Simonie wie auch der damals noch üblichen Priesterehe. Den verdutzten Gläubigen erklärte er, dass die Sakramente, die verheiratete Priester spendeten, ungültig seien. Leo zentralisierte den päpstlichen Hof, indem er Kurie und Kardinalskollegium reformierte. Den Einfluss der Laien in kirchliche Belange drängte er stark zurück, um die »Reinheit« der Kirche zu sichern. Die Person des Kaisers, der dank seiner Weihe und Salbung eine sakrale Würde besaß, blieb hiervon zunächst ausgeklammert. Unter Leo IX. war das päpstliche Selbstbewusstsein so gestiegen, dass er sogar die Unterordnung der Ostkirche unter sein Primat verlangte. Als sich der Patriarch von Konstantinopel dieser dreisten Aufforderung verweigerte, verfluchte der Papst ihn und dessen Gläubige als Ketzer. Damit war 1054 der bis heute gültige Bruch der beiden Kirchen vollzogen.

Regentin mit großer Kraft – Kaiserin Agnes

Als Heinrich III. 1056 auf dem Sterbebett lag, war es für seine Frau Agnes ein Glücksfall, dass sich Papst Viktor II., zugleich Bischof von Eichstätt, bei ihm befand. Er versprach dem sterbenden Kaiser, der ihn ein Jahr zuvor in das höchste Kirchenamt gebracht hatte, dem Kinderkönig Heinrich IV. den Thron zu erhalten und Agnes als Regentin durchzusetzen. Doch zunächst galt es, dem toten Herrscher ein würdiges Geleit bis nach Speyer zu geben, dessen Mariendom er als größte Kirche der Christenheit fast vollendet hatte. Hier wollte der Kaiser an der Seite seiner Eltern ruhen. Agnes bestimmte den 28. Oktober, den Geburtstag Heinrichs III., als Datum der Beisetzung. Ihr blieb wenig Zeit zur Trauer, war doch nun vor allem beherztes politisches Handeln für ihren sechsjährigen Sohn gefragt. Zusammen mit ihm zog Agnes weiter nach Aachen und ließ ihn dort durch Papst Viktor II. nochmals krönen. Der anschließende Hoftag in Köln sollte die neue Regierung als voll handlungsfähig präsentieren. Zusammen mit dem Erzbischof Anno II. von Köln erreichte Viktor II. die für die Herrschaft des Kindes überlebenswichtige Aussöhnung mit den lothringischen Fürsten.

Agnes machte als Regentin – im Gegensatz zu ihrem verstorbenen Gemahl – die von einem Herrscher erwartete Konsenspolitik zum obersten Maßstab ihres Handelns, was ihren raschen Erfolg erklärt. Ohne Verzögerung steuerte sie mit Bayern einen weiteren Krisenherd an, den ihr Heinrich III. ungelöst hinterlassen hatte. Auf dem Hoftag in Regensburg zu Weihnachten 1056 ließ sie, die seit einem Jahr bayerische Herzogin war, öffentlich erklären, von ihrem verstorbenen Mann schwanger zu sein. Die anwesenden Fürsten bestätigten sie im Herzogsamt, das sie, falls das Neugeborene ein Junge war, bis zu dessen Mündigkeit ausüben sollte. Dabei blieb es auch, nachdem Agnes wohl eine Fehlgeburt erlitten hatte. Anfang Februar 1057 reiste Papst Viktor II. wieder nach Rom, glaubte er doch, alles Nötige für die Regentschaft von Agnes getan zu haben. Leider verstarb er noch im gleichen Jahr. Sein Nachfolger Stephan IX. erlangte ohne Agnes' Beteiligung den päpstlichen Thron. Als Bruder des von Heinrich III. verfolgten lothringischen Herzogs Gottfried des Bärtigen hatte er kein Interesse, das salische Haus zu unterstützen.

Im Gegensatz zur ottonischen Regentin Theophanu setzte Agnes zwei ihrer Töchter für ihre geschickte Heiratspolitik ein. Rudolf von Rheinfelden versprach sie 1057 Mathilde und die Anwartschaft auf das Herzogtum Schwaben. Das neunjährige Mädchen sollte zur Erziehung drei Jahre im Bischofspalast von Konstanz leben, bis sie das damals übliche Mindestalter für eine Eheschließung erreicht hatte. Allerdings entführte der ungeduldige Bräutigam sie zwei Jahre später und verkündete die Verlobung, damit er die Herrschaft über Schwaben antreten konnte. Agnes scheint ihm dieses ungestüme Vorgehen rasch verziehen zu haben, ließ sie doch im Mai 1060 in ihrer Lieblingspfalz Goslar die festliche Hochzeit der beiden ausrichten. Doch nur wenige Tage später verstarb die Braut. Die Kaiserin beließ dennoch Rudolf von Rheinfelden in seinem schwäbischen Amt und übergab ihm sogar die Verwaltung des Königreichs Burgund. Indem sie für ihn Adelheid von Turin, Schwester der Verlobten des Kinderkönigs, als neue Gemahlin bestimmte, nahm Agnes ihn erneut in das salische Haus auf. Ihre vierjährige Tochter Judith verlobte sie 1058 mit dem ungarischen Thronfolger als dauerhafte Bestätigung des Friedensschlusses an der Südostgrenze des Reichs. Auch hier wurde die Hochzeit vollzogen, als die Prinzessin zwölf Jahre alt war. Judith musste mit ihrem Mann allerdings aufgrund eines innerfamiliären Thronstreits Ungarn später verlassen und lebte einige Jahre in Regensburg im Exil, bevor sie in zweiter Ehe den Herzog von Polen heiratete. Ihre Mutter Agnes gab schon 1061 ihr Amt als bayerische Herzogin zugunsten des Sachsen Otto von Northeim auf, damit er für einen dauerhaften militärischen Schutz der Reichsgrenze sorgen konnte.

Genauso wie sie es an der Seite Heinrichs III. getan hatte, zog Agnes in den Jahren ihrer Regentschaft mit dem Kinderköng Heinrich IV. durch das Reich, hielt Hoftage ab, wohnte Gerichtssitzungen bei und beschenkte im Namen ihres Sohns Bistümer, Kirchen und Klöster. Mehreren ihrer Hofgeistlichen verschaffte sie Bischofssitze. Eine fast mütterliche Zuneigung hegte sie für Gundekar, dessen Weihe zum Bischof von Eichstätt sie feierlich begehen ließ. Bischof Gundekar wählte sie auch als Zelebranten für das glanzvollste Ereignis ihrer Regentschaft aus, der Schlussweihe des 1061 unter ihrer Anleitung endlich vollendeten Speyerer Doms. Anschließend reiste sie mit ihrem Sohn und dem Hof weiter nach Basel. Auf der dortigen Reichsversammlung ließ sie am Geburtstag ihres Mannes von den versammelten Bischöfen Cadalus von Parma zum Papst Honorius II. wählen. Wie Heinrich III. in Sutri wollte auch sie die Kirche von einem unwürdigen Papst befreien, der einen Monat zuvor in Rom als Alexander II. aus einer angeblich ungültigen Wahl hervorgegangen war. Leider hatte es Agnes versäumt, ihn offiziell absetzen zu lassen. Zudem war man in Rom in Zeiten des erstarkten Reformpapsttums keinesfalls mehr bereit, einen Eingriff eines Laien, vor allem einer Frau, zu akzeptieren.

Papst Nikolaus II. hatte bereits 1059 festgesetzt, dass allein die Kardinäle einen Papst wählen durften. Der Kaiser sollte nur vom Wahlergebnis unterrichtet werden. Allerdings hatten sich die deutschen Reichsbischöfe mit Nikolaus II. völlig überworfen und seine Beschlüsse für ungültig erklärt. Damit trug nun ausgerechnet die sehr fromme Regentin Agnes Schuld an einem Papstschisma. Als Agnes den Ernst der Lage erkannte, war es bereits zu spät. Die Entwicklung hatte sich verselbstständigt, die Regentin war leichtfertig Opfer der Interessen stadtrömischer Adelscliquen geworden. Diesen wohl größten Fehler ihrer bisher so erfolgreichen Regierungszeit konnte sich Agnes nicht verzeihen, zunehmend verstrickte sie sich in ein Gewirr aus Selbstvorwürfen und Depression. Sie wollte öffentlich Buße für ihr sündiges Verhalten leisten, doch nicht wie bisherige Herrscher nur für einen Moment, sondern dauerhaft. Ende November 1061 legte sie im Speyerer Dom am Grab ihres Mannes alle Zeichen ihrer kaiserlichen Würde ab, streifte ein schlichtes Gewand aus einfacher Wolle samt Schleier über und trat in den Stand einer gottgeweihten Witwe über. Dadurch folgte sie zwar dem Ideal der Keuschheit, Askese und Demut, gab aber im Gegensatz zu einem Klosterleben ihre Verfügungsgewalt über ihr Vermögen und ihre persönliche Bewegungsfreiheit nicht auf. Agnes wollte nur noch nominell der Reichsregierung als Regentin vorstehen und setzte als »Ersatzregenten« Bischof Heinrich von Augsburg ein. Damit hatte sie einen weiteren folgenreichen Fehler gemacht. Denn die Großen des Reichs waren zwar bereit, sich bei ausgeglichener Machtbeteiligung hinter die Kaiserin und Mutter des minderjährigen Königs zu scharen, aber sie wollten sich keinesfalls einem einzigen ihrer Standesgenossen völlig unterordnen.

Drama um den Kinderkönig – Die schwere Jugend Heinrichs IV.

Kaiserin Agnes scheint sich durch die fortdauernde Beschäftigung mit ihrem Seelenheil derart isoliert zu haben, dass sie nichts von dem sich zusammenbrauenden Unheil bemerkte. Das Osterfest 1062 verbrachte sie zusammen mit ihrem Sohn und dem Hof in der Pfalz Kaiserswerth, die sie zusammen mit ihrem Mann auf einer Rheininsel neu errichtet hatte. Aus dem nahen Köln war Erzbischof Anno II. mit einem prächtigen Schiff angereist. In der heiteren Stimmung des Frühlingstages lockte er den elfjährigen Heinrich IV. auf das Schiff, das er ihm zeigen wollte. Doch kaum an Bord, ließ Anno ablegen. Der Kinderkönig sah sich plötzlich umringt und gefangen. Aus Panik vor einem Mordanschlag stürzte er sich in den Fluss, konnte jedoch wieder auf das Schiff gezogen werden, das ihn wie einen Gefangenen nach Köln brachte. Anno hatte vorsorglich auch die Reichsinsignien rauben lassen, denn Ziel des gut vorbereiteten Anschlags, der einmalig in der deutschen Geschichte ist, war es, die faktische Regentschaft in die eigenen Hände zu bekommen. Die Kaiserin sah das unfassbare Geschehen in ihrer damaligen Gemütsverfassung wohl als Gottesurteil für ihre Sünden an. Daher unternahm sie nichts, um ihren Sohn zu befreien, sondern zog sich für zwei Jahre resigniert nach Regensburg zurück.

Dies war ein weiterer schwerer Fehler. Denn ohne die schützende Autorität seiner Mutter war der kleine König nun Spielball machtversessener Intriganten im Bischofsgewand. Neben Anno von Köln konkurrierte vor allem Erzbischof Adalbert von Hamburg-Bremen um den Vorrang. Adalbert machte sich den jungen Heinrich gefügig, indem er

Vor der Pfalz Kaiserswerth, die ursprünglich auf einer Rheininsel lag, fand die spektakuläre Entführung Heinrichs IV. statt. Heute ragen dort die Ruinen der von Kaiser Friedrich I. Barbarossa neu errichteten Pfalzanlage auf, die den königlichen Rheinzoll sichern sollte.

ihm sexuelle Schrankenlosigkeit vorlebte und ermöglichte. Was hier genau geschah, ist nicht überliefert. Doch waren die sexuellen Verfehlungen Heinrichs IV. in seiner Jugend später eines der Hauptargumente seiner Gegner, um zu zeigen, dass ihm die Eignung zum König generell fehle. Was diese »Erziehung«, die reine Manipulation war, neben dem Trauma von Kaiserswerth in der Seele des Heranwachsenden angerichtet haben mag, ist nur zu erahnen. Doch ist wohl in ihr der Grund für Heinrichs extremen Charakter als Erwachsener zu suchen, der ihm lebenslang größte Schwierigkeiten bereitete. Immerhin hatte Anno das Papstschisma gelöst, indem er stellvertretend für das Reich Alexander II. anerkannte. Als dieser 1065 Heinrich IV. zur Kaiserkrönung nach Rom einlud, torpedierte Erzbischof Adalbert aus Eigennutz diesen Plan.

Inzwischen war auch Agnes wieder an den Hof zurückgekehrt, um die Mündigkeit ihres Sohns vorzubereiten. Nach dem Vorbild Ottos III. wäre Heinrich IV. schon mit Vollendung des 14. Lebensjahres mündig geworden, doch hintertrieb dies Anno, um seinen Einfluss und die vielfältigen Bereicherungsmöglichkeiten weiter zu verlängern. Nun trat der Kinderkönig wohl in den Streik und unterzeichnete keine Urkunden mehr. So trotzte er sich den Ostertermin Ende März 1065 für die Erklärung seiner Volljährigkeit ab. Nachdem er mit dem Schwert als Symbol der Mündigkeit umgürtet worden war, ging er mit ihm auf den verhassten Erzbischof Anno los. Nur das Dazwischentreten der Kaiserin verhinderte Schlimmeres. Heinrich IV. blieb noch ein Jahr unter dem alles beherrschenden Einfluss Erzbischof Adalberts, bis dieser endgültig durch die Fürsten gestürzt wurde.

Die Salier

Kaiserin Agnes nahm schon im Sommer 1065 Abschied von ihrem Sohn, sah sie ihre Aufgabe doch als erfüllt. Sie reiste umgehend nach Rom und bot mit ihrem symbolischen Einzug in schlichter Witwentracht auf einem Maulesel ein kurioses Schauspiel. Die einst mächtigste Frau Europas erniedrigte sich demonstrativ, um von Papst Alexander I. Absolution für das von ihr verursachte Schisma zu erhalten. Diese erhielt sie allerdings nur unter der Bedingung, künftig ausschließlich dem Papsttum zu dienen. So reiste sie bis zu ihrem Tod 1077 mehrfach als päpstliche Spitzendiplomatin an den deutschen Hof. Für Papst Gregor VII. war sie neben der Markgräfin Mathilde von Tuszien die wichtigste Unterstützerin. Oft zog sie sich nach Montecassino oder andere Klöster zurück, lebte anscheinend zeitweise aber auch im päpstlichen Lateranpalast. Ihr Grab fand sie schließlich im Petersdom in der Kapelle der hl. Petronilla, der angeblichen Tochter des hl. Petrus, da sie in ihren letzten Jahren dem Papst wie eine treue Tochter gedient hatte.

Normenverstöße eines Königs – Konflikte um Heinrich IV.

1066, im ersten Jahr seiner selbständigen Regierung, erkrankte Heinrich IV. lebensbedrohlich. Kaum genesen zwangen ihn die Fürsten seine Verlobte aus Kindertagen, Bertha von Turin, zu heiraten, um baldmöglichst einen Erben zu zeugen. Der König ließ die Zeremonie zwar über sich ergehen, rührte seine ungeliebte Gemahlin aber nicht an, sondern vergnügte sich weiterhin mit mehreren wechselnden Gespielinnen. Drei Jahre später versuchte er gar, sich von Bertha scheiden zu lassen, da er die Ehe niemals körperlich vollzogen hatte. Er zwang Bertha, dies auf dem Hoftag von Worms öffentlich zu bestätigen. Ihrer Schwester Adelheid erging es nicht besser, da Herzog Rudolf von Rheinfelden damals ebenfalls die Scheidung verlangte, hier sogar wegen angeblichem Ehebruch der Gattin. Doch Papst Alexander verhinderte beide Scheidungen. Wohl auf Wunsch der Kaiserin Agnes sandte er deren charismatischen Seelenführer, den Reformer Petrus Damiani, an den deutschen Hof, der Heinrich IV. den Trennungswunsch mit dem Argument ausreden konnte, der Papst würde ihm sonst die Kaiserkrone verweigern. Der König vollzog daraufhin die Ehe. Schon im Folgejahr kam Tochter Adelheid auf die Welt, im Jahr darauf ein Sohn, der aber unmittelbar nach der Geburt starb. Die 1072 geborene Agnes sollte durch ihre beiden Ehen schließlich den Aufstieg der Staufer und Babenberger ermöglichen, während der 1074 auf die Welt gekommene Thronfolger Konrad später zugunsten des Nachzüglers Heinrich (11. August 1086) auf die Nachfolge seines Vaters verzichten musste. Im Gegensatz zu ihren ottonischen und salischen Vorgängerinnen blieb Bertha jedoch von der bisher üblichen Machtbeteiligung ausgeschlossen. Heinrich reduzierte ihre Rolle bewusst auf die der Mutter, während er seine sexuelle Erfüllung weiterhin andernorts suchte.

Passte diese fehlende Bereitschaft, sich unter die kirchlichen Normen der Sexualität unterzuordnen, schon wenig zu seinem Anspruch, Stellvertreter Christi auf Erden zu sein, so verstieß er mit dem Beginn eigenständiger politischer Aktivitäten bald insgesamt gegen die Spielregeln bisheriger Königsherrschaft. Denn aufgrund der traumatischen Erfahrungen seiner Jugend schloss er die Großen des Reichs, die er als eigennützig, unmoralisch und korrupt erlebt hatte, dauerhaft vom Kreis seiner Ratgeber aus, die er ausschließlich aus Männern niederen Standes rekrutierte.

Wie schon sein Vater geriet auch Heinrich IV. zunehmend in Konflikt mit den Sachsen, die sich über Gebühr durch die Abgaben an Hof und Reich belastet fühlten. Der König heizte die sächsische Kritik noch zusätzlich an, indem er den Sachsen Otto von Northeim nach einem angeblichen Mordanschlag als Herzog von Bayern absetzte und ihn zu einem entwürdigenden Zweikampf zwingen wollte. Heinrich ließ zahlreiche Zwingburgen auf uneinnehmbaren Berghöhen in Sachsen errichten. Die schwäbischen Besatzungen, die

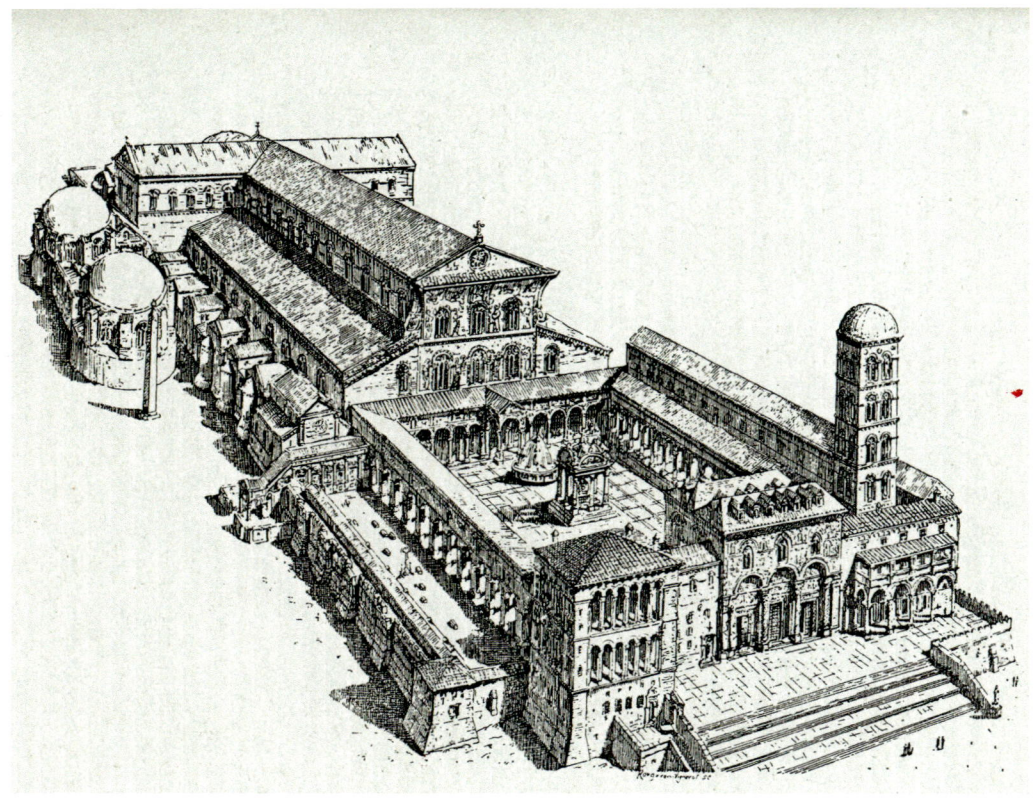

Rekonstruktion von Alt-St. Peter, dem konstantinischen Vorgängerbau des heutigen Petersdomes. In einer der Rundkapellen fand Kaiserin Agnes ihr Grab (Zeichnung von Henry William Brewer).

Die Buchmalerei aus dem Evangeliar der Reichsabtei St. Emmeram in Regensburg huldigt den Saliern wie den verehrten Äbten des Klosters.

er dorthin verlegte, plünderten die Bauern und Kaufleute der Umgebung aus und vergewaltigten deren Frauen und Töchter. Auf dem Goslarer Hoftag Ende Juni 1073 ließ er die sächsischen Fürsten, die dagegen protestieren wollten, den ganzen Tag vor seiner Kammer warten, während er mit seinen Spießgesellen ungerührt zechte, spielte und sich abends unbemerkt durch die Hintertür davonschlich. Damit hatte er das Fass zum Überlaufen gebracht. Noch in derselben Nacht schlossen sich die Fürsten zu einer Verschwörung zusammen, um gegen Heinrich vorzugehen. In ihrer Kritik gegen den sich immer tyrannischer gebärdenden König schreckten sie nicht einmal davor zurück, ihn zu beschuldigen, die Vergewaltigung seiner Schwester Adelheid, der Äbtissin des Damenstifts Quedlinburg, einem seiner Ritter befohlen zu haben. Aus ihrer Sicht war aus dem Stellvertreter Christi ein wahrer Antichrist auf Erden geworden, dem sie das Schrecklichste zutrauten und unterstellten. Da seine Mutter Agnes von Rom aus aber weiterhin zu ihm hielt, ist zumindest der Gewaltakt gegen die eigene Schwester unwahrscheinlich. Zudem sind aus dieser Zeit nur die Quellen der Gegner Heinrichs erhalten, die eine wahre Propagandaschlacht gegen ihren Erzfeind entfachten.

Bevor es zu einer militärischen Auseinandersetzung kam, begannen Verhandlungen, in denen der König versprach, seine sächsischen Burgen wieder abzureißen. Beim Abbruch der Harzburg entlud sich der ganze Hass der so schwer drangsalierten Bauern: Sie zerstörten eigenmächtig die Burgkirche und die dortigen Gräber des Bruders und des Sohns Heinrichs IV. Dieser aus mittelalterlicher Sicht unentschuldbare Frevel brachte dem König plötzlich doch die Unterstützung der meisten Fürsten ein, die ein Reichsheer gegen die Sachsen aufstellten. Im Sommer 1075 gelang Heinrich IV. damit ein entscheidender Sieg. Er verschonte zwar den Adel weitgehend, wütete aber im Fußvolk umso grausamer – und ließ auch hier die von ihm erwartete Herrschertugend der Milde und Verzeihung vermissen.

Im Würgegriff des Papstes – Der Investiturstreit

Heinrich konnte sich an seinem Sieg nicht lange freuen. Noch im gleichen Jahr eskalierte sein Konflikt mit dem Reformpapst Gregor VII., der 1073 die Cathedra Petri bestiegen hatte. Vorrangig ging es hierbei um die Einsetzung (Investitur) von Bischöfen durch den König, der aus päpstlicher Sicht jetzt ein einfacher Laie war, dem dies nicht zustand. Allein die Wahl durch das jeweilige Domkapitel und die anschließende Bestätigung durch den Papst galt für die Kirchenreformer als einzige legitime Bischofserhebung. Zunächst schickte Gregor VII. noch geduldig zahlreiche Mahnschreiben an Heinrich IV., in denen er aber immer stärker den schuldigen Gehorsam und damit die Unterordnung des Königs unter den Papst forderte. Dass es lange Zeit nur bei päpstlichen Ermahnungen blieb, verdankte der König wohl seiner in Rom lebenden Mutter, die Gregor VII. als eine seiner größten Helferinnen rühmte. Sie glaubte, dass ihr Sohn unter dem schlechten Einfluss falscher Ratgeber stand. Deshalb bannte der Papst zunächst auch nur diese Ratgeber.

Als Heinrich nach seinem Erfolg gegen die Sachsen auch in Italien wieder begann,

links: Die bekannteste Darstellung der Ereignisse in Canossa zeigt Heinrich IV. zu Füßen der Markgräfin Mathilde von Tuszien, begleitet von seinem Taufpaten Abt Hugo von Cluny als Fürsprecher.

rechts: Die deutsche Geschichtsschreibung des 19. Jh. empfand den Bußgang Heinrichs IV. nach Canossa als sprichwörtliche nationale Schmach und Demütigung durch den Papst wie das Gemälde von Eduard Schwoiserm (1862) zeigt.

Bischöfe gegen den Willen des Papstes einzusetzen, überbrachten päpstliche Gesandte an Weihnachten 1075 Heinrich die nur mündlich vorgetragene Vorladung auf eine römische Synode und drohten mit dem Kirchenbann, was den König in ungeheure Wut versetzte. Auf dem Wormser Hoftag im Januar 1076 stachelte Heinrich IV. nun seinerseits die versammelten Reichsbischöfe gegen Gregor VII. auf. Er ließ auch einen abgesetzten römischen Kardinal auftreten, der als vermeintlicher Kronzeuge Gregor VII. der schlimmsten Schandtaten beschuldigte. In dieser derart aufgeheizten Stimmung unterschrieben fast alle Reichsbischöfe das vom König vorbereitete Schreiben, das in der Aufforderung an Gregor VII. gipfelte, als Papst zurückzutreten. Der Brief schlug auf der römischen Fastensynode 1076 wie eine Bombe ein. Als Folge wurde Heinrich IV. nicht nur mit dem Kirchenbann belegt, sondern auch seine Königswürde abgesprochen. Man erklärte alle ihm geschworenen Eide für ungültig. Die Unterstützung der Reichsbischöfe für ihn brach rasch zusammen, besonders als der Bischof von Utrecht, der öffentlich über den unwirk-

Als Heinrich diese Grabplatte seines Schwagers, des Gegenkönigs Rudolf von Rheinfelden, im Merseburger Dom sah, soll er gesagt haben »Mögen doch alle meine Gegner so ehrenhaft begraben liegen«.

samen Bann gespottet hatte, unmittelbar darauf starb und seine Kathedrale abbrannte, was allgemein als Zorn Gottes gedeutet wurde.

In dieser unerhörten Situation, die Kirche und Reich zu spalten drohte, handelten nun die deutschen Fürsten. Auf einer Versammlung in Trebur kamen vor allem auf Wunsch der sächsischen Großen alle Schandtaten des Königs zur Sprache, während Heinrich IV. sich nicht dagegen verteidigen konnte, da er im nahen Oppenheim auf der anderen Rheinseite den Beschluss der Fürsten abwarten musste. Sie forderten Heinrich auf, dem Papst den schuldigen Gehorsam zu leisten, bis dieser auf einem Hoftag Anfang Februar 1077 in Augsburg persönlich überprüfen würde, ob er noch König sein dürfe. Bis dahin solle er ohne Abzeichen seines königlichen Rangs zurückgezogen wie ein Privatmann leben.

Der König setzte nun alles auf eine Karte und reiste mit wenigen Getreuen mitten im Winter über die Westalpen Gregor VII. entgegen. Ende Januar 1077 stand er vor der Burg von Canossa, worin sich der Papst zusammen mit Markgräfin Mathilde von Tuszien verschanzt hatte. Doch Heinrich IV. kam nicht als Belagerer, sondern als vermeintlich reuiger Sünder und erreichte in einem dreitägigen Bußritual, bei dem er barfuß vor dem Burgtor in demütiger Haltung verharren musste, die Lösung vom Kirchenbann. Um das Herz des Papstes zu erweichen, bedurfte es allerdings hochrangiger Vermittler wie Heinrichs Taufpaten Hugo von Cluny, der sich ebenfalls eingefunden hatte. Heinrich IV. reiste danach bald wieder über die Alpen zurück, da – unter maßgeblicher Beteiligung einiger Fürsten und Bischöfe – Mitte März 1077 in Forchheim der schwäbische Herzog Rudolf von Rheinfelden zum neuen König gewählt worden war. Drei lange Jahre brachten die ergebnislosen Auseinandersetzungen größte Unruhe ins Reich. Gregor VII. taktierte zwischen beiden Kontrahenten, da er sich in der Rolle eines Richters über die Könige zunehmend gefiel, brachte sie ihm doch enorme Macht ein. Als Heinrich ihm drohte, einen Gegenpapst zu erheben, wenn er nicht Rudolf banne, exkommunizierte Gregor ihn im Februar 1080 erneut. Der Papst verstieg sich gar zu der Prophezeiung, Heinrich werde noch im Sommer endgültig scheitern oder er wolle selbst vom Thron Petri herabsteigen. Doch genau das Gegenteil geschah: Heinrich konnte wieder zunehmend Bischöfe hinter sich versammeln, die im Sommer 1080 in Brixen Gregor VII. als Ausgeburt des Teufels für abgesetzt erklärten und den Gegenpapst Clemens III. wählten. Mitte Oktober des gleichen Jahres fand die Entscheidungsschlacht zwischen den beiden Königen statt, bei der Rudolf seine rechte Hand abgeschlagen wurde. Der Schwerverletzte verstarb kurze Zeit später und wurde von den Sachsen wie ein König im Dom von Merseburg bestattet. Als Heinrich von der aufwendigen Grablege Kunde erhielt, antwortete er mit der sarkastischen Bemerkung, er wünsche sich, dass alle seine Gegner so königlich begraben lägen. Dass Rudolf ausgerechnet seine Schwurhand abgeschlagen worden war, sah nicht nur er selbst als strafendes Zeichen des Himmels für dessen Erhebung zum Gegenkönig an. König Heinrich galt nun allgemein als der durch Gottes Hilfe bestätigte wahre Herrscher.

Im Frühjahr 1081 zog Heinrich IV. über die Alpen, um seinen Erzfeind Gregor zu vernichten und die Kaiserkrone zu erringen. Doch erst im Sommer gelang ihm der Einzug in Rom. Gregor, der sich in der Engelsburg verschanzt hatte, musste tatenlos zusehen, wie sich an

Ostern 1084 Heinrich und Bertha vom Gegenpapst in der Petersbasilika krönen ließen. Gregor VII. hatte inzwischen die mit ihm verbündeten Normannen aus Süditalien zu Hilfe gerufen, die mit einem gewaltigen Heer anrückten. Heinrich IV. zog sich daher mit seinem Heer rasch über die Alpen zurück, während die um ihren Schlachtenerfolg gebrachten Normannen Rom plünderten. Die erbosten Einwohner vertrieben daraufhin Papst Gregor, der im folgenden Jahr in seinem normannischen Exil starb. Doch auch danach spaltete immer noch ein tiefer Riss Gegner und Anhänger Heinrichs im Reich. Das Leben des Kaisers blieb ein dauerhafter Kampf um Anerkennung. Nach dem Tod Berthas 1087, die ihr Grab in Speyer fand, heiratete Heinrich nach einem Trauerjahr in Köln Praxedis, Tochter des Kiewer Großfürsten und Witwe des Markgrafen von Stade als Bestätigung des Friedens mit den Sachsen.

Bitterer Verrat –
Der Niedergang Heinrichs IV.

1088 setzte sich in Rom Papst Urban II. gegen Clemens III. durch. Bald darauf heiratete die 40-jährige Markgräfin Mathilde von Tuszien den jungen Welf IV., wodurch sich die oberitalienischen und süddeutschen Hauptgegner Heinrichs machtvoll verbündeten. Daher zog der Kaiser 1090 erneut nach Italien, wo ihn ein siebenjähriges zähes Ringen festhalten sollte. Hier musste er herbe Rückschläge persönlichster Art einstecken. 1093 lief sein Sohn und Nachfolger Konrad zu seinen Gegnern über und unterwarf sich völlig dem Papst. Ein Jahr später gelang seiner jungen Gemahlin Praxedis die Flucht aus ihrer Gefangenschaft, in der sie Heinrich aus unbekannten Gründen gehalten hatte. Urban II. gewährte ihr persönlich Schutz und ließ sie auf der Synode von Piacenza öffentlich ungeheure Anschuldigungen gegen den Kaiser verkünden, die darin gipfelten, er habe sie mehrfach durch seine Ritter vergewaltigen lassen. Daraufhin sprach Urban II. erneut den Bannfluch über ihn aus. Die Propagandamaschinerie der Gegner des Kaisers hatte durch diesen einmaligen Skandal neue Nahrung bekommen. Vermutlich entsprachen die Anschuldigungen seiner Frau der Wahrheit, und Heinrich rächte auf diese brutale Weise an ihr die Untreue der Sachsen, die den durch die Ehe besiegelten Frieden aufgekündigt hatten.

Der Kaiser geriet durch die Einkreisung seiner Gegner und den Abfall seiner eigenen Familie zunehmend in eine verzweifelte Situation, die ihn lange Zeit fast aktionslos in Verona festhielt. Die Rettung brachte ihm, dass der junge Welf aus seiner Zwangsehe mit Mathilde ausbrach, wodurch auch die starre Front seiner Gegner aufbrach und er Frieden mit den Welfen und Zähringern schließen konnte. Der Kaiser war nach den bitteren Erfahrungen der letzten Jahre wohl etwas geläutert und suchte den Ausgleich mit den Fürsten, denen er ihren Anteil an der Herrschaftsausübung nun bereitwillig einräumte. Auf den Hoftagen konnte er sich daher wieder als allgemein anerkannter Herrscher präsentieren. Die Fürsten stimmten auch 1098 der Aberkennung der Thronfolge Konrads zu, die stattdessen seinem jüngeren Bruder Heinrich übertragen wurde. Am Dreikönigstag 1099 ließ der Kaiser ihn als Heinrich V. im Aachener Münster krönen. Aufgrund der schlechten Erfahrung mit seinem abtrünnigen Sohn Konrad nahm er ihm den Schwur ab, sich zu seinen Lebzeiten nie ohne väterliche Erlaubnis in die Herrschaft des Reichs einzumischen. Doch auch dieser Sohn sollte ihn bitter enttäuschen.

Allerdings gelang es Heinrich IV. nicht, sich mit dem Papst auszusöhnen. Paschalis II. verhängte über ihn 1102 sogar nochmals den Bannfluch, weil er sich angeblich immer noch unzulässig in die Bischofserhebungen einmischte. Da es für den Kaiser an dieser Front nichts mehr zu gewinnen gab, versuchte er sich der Öffentlichkeit als tugendhafter Herrscher zu präsentieren: durch den im folgenden Jahr mit den Fürsten ausgesprochenen allgemeinen Landfrieden und eine angekündigte Pilgerfahrt ins Heilige Land. Doch war die Ruhe im Reich und im Leben des Kaisers trügerisch und zerbrach schon Ende 1105, als sich sein Sohn Heinrich V. plötzlich von ihm abwandte und selbst die alleinige Herrschaft beanspruchte.

Was der Auslöser dieses Familien- und Politdramas war, kann bis heute nicht genau benannt werden. Vermutlich geriet der 18-Jährige unter den Einfluss bayerischer Adeliger, die Anhänger des Reformpapsttums waren. Sie scheinen Heinrich V. eingeredet zu haben, durch den fortwährenden Kontakt mit seinem exkommunizierten Vater sich derart zu versündigen, dass er nie als Nachfolger akzeptiert werden und das salische Haus die Königswürde verlieren würde. Daher nahm Heinrich V. zuerst Kontakt mit Papst Paschalis II. auf, der ihn hocherfreut von seinem dem Vater geschworenen Eid entband und schon vorab die Absolution für die geplante Rebellion erteilte. Den Sachsen, die sich ihm zuerst anschlossen, präsentierte sich der junge König demonstrativ bescheiden: Nicht aus Machtgier handele er gegen den eigenen Vater, sondern aus alleiniger Sorge um die Einheit des Reichs und der Kirche. Die Realität entlarvte diese Worte als hohle Propaganda.

Vater und Sohn sammelten jeweils Truppen und zogen mehrfach gegeneinander, doch verhinderten die Fürsten jeweils, dass es zu einer Schlacht kam. Der Kaiser zog sich schließlich in das ihm noch treu ergebene Köln zurück, von wo ihn sein Sohn und die Fürsten zu einem klärenden Hoftag Weihnachten 1105 nach Mainz einluden. Doch stand Heinrich V. seinem listenreichen Vater in nichts nach. Er zog ihm bis Koblenz entgegen, heuchelte tränenreich Versöhnungsbereitschaft, sodass sein Vater die ihn begleitenden Truppen entließ. Kurz vor Mainz ließ er seine wahre Absicht erkennen und seinen Vater als Gefangenen auf Burg Böckelheim an der Nahe abführen. Der verzweifelte Kaiser wurde dort durch Nahrungsentzug und Drohungen derart unter Druck gesetzt, dass er seinem Sohn die Reichsinsignien aushändigen ließ, die dieser für seine Herrschaftslegitimation benötigte. Derart gefügig gemacht ließ Heinrich V. in die Ingelheimer Pfalz bringen und zwang seinen Vater trotz dessen Bitten und Flehen zur Abdankung. Anschließend verkündete er der Öffentlichkeit, dass sein Vater ihm freiwillig Krone und Reich übergeben habe. Die Demütigung des Kaisers ging noch tiefer. Nicht einmal die Rettung seines Seelenheils gestand man ihm in Ingelheim zu. Die anwesenden päpstlichen Legaten weigerten sich, ihn vom Kirchenbann zu lösen, obwohl er sich in dieser ausweglosen Situation zu allen vorgetragenen Anschuldigungen bekannte. Wenn schon nicht sein Sohn, so scheinen doch wenigstens die Pfalzbediensteten Mitleid mit dem so tief Gefallenen gehabt zu haben. Denn Heinrich IV. gelang die Flucht zurück nach Niederlothringen zu seinen stärksten Anhängern. Sein Sohn belagerte 1106 zweimal vergeblich das mächtige Köln. Bevor es aber zu Verhandlungen zwischen Vater und Sohn kam, verstarb der Kaiser am 7. August 1106 in Lüttich. Noch über den Tod hinaus verfolgte ihn der Hass

Die Salier **65**

Ein Fresko (1879/97, von Hermann Wislicenus) der historischen Ausstattung der Goslarer Kaiserpfalz zeigt den alten Heinrich IV. beim Einzug in Mainz, das ihn gegen seinen Sohn Heinrich V. unterstützt.

vor allem seiner klerikalen Gegner, die den Gebannten aus seinem Grab in der Lütticher Kathedrale rissen. Schließlich erfüllte Heinrich V. dann doch den letzten Wunsch seines Vaters, ihn im Speyerer Dom an der Seite seiner Ahnen zu bestatten. Vermutlich ruhte der Leichnam aber als Kompromiss einige Jahre in der damals noch ungeweihten Afrakapelle des Doms.

Der Fluch des Vaters – Heinrichs V. schwierige Herrschaft

Im dritten Jahr seiner Regierung verlobte sich der 22-jährige Heinrich V. mit der siebenjährigen Mathilde, Tochter des englischen Königs Heinrich I. und damit Enkelin Wilhelms des Eroberers, der 1066 England unterworfen hatte. Die gewaltige Mitgift von 10 000 Mark Silber ließ ihn das dynastische Risiko eingehen, noch fünf Jahre zu warten, bis Mathilde ehefähig war. Er benötigte diese Summe, um seinen geplanten Romzug finanzieren zu können. Dem englischen König war diese Ehe so viel wert, weil sie die in zweiter Generation über England herrschende Normannendynastie aufwertete. Außerdem war sein Vater mit dem Makel der unehelichen Geburt behaftet. Mathilde durfte noch ihren achten Geburtstag mit ihren Eltern feiern, bevor sie im Februar 1110 die Reise über den Ärmelkanal antrat. Ihr Verlobter empfing sie demonstrativ in Lüttich, wo vier Jahre zuvor sein abgesetzter Vater seinen letzten Rückhalt gefunden hatte. In Mainz wurde Mathilde dann sofort zur Königin gekrönt, was sicherlich Bestandteil der Verhandlungen beider Höfe war, konnte es sich Heinrich V. dadurch in den nächsten Jahren nicht noch einmal anders überlegen. Nachdem so eindeutige Fakten geschaffen waren, zahlte der englische König seinem Schwiegersohn die so dringend benötigte

Heinrich V. verlor bei den Verhandlungen zur Lösung des Investiturstreits mit Papst Paschalis II. 1111 die Nerven, ließ diesen kurzerhand gefangen nehmen und erpresste dessen Zugeständnisse (Gemälde, 1840, von Karl Friedrich Lessing).

Mitgift aus. Mathilde wurde dem Erzbischof Bruno von Trier zur weiteren Erziehung übergeben, während der König zu seinem Italienzug aufbrach. Heinrich V. hoffte endlich einen Ausgleich im leidigen Investiturstreit zu finden, der das halbe Leben seines Vaters vergiftet und das Reich gespalten hatte.

Anfang Februar 1111 machte Papst Paschalis II. ihm in Rom einen geradezu revolutionären Lösungsvorschlag, dem der König zunächst zustimmte: Die Bischöfe des Reichs sollten auf sämtliche weltlichen Güter und Rechte verzichten, die ihnen der König bisher bei ihrer Einsetzung gab, und nur noch ein rein geistliches Amt ausüben, das im Gegenzug weder mit Hof- noch Kriegsdienst belastet würde. Fast der gesamte Kirchenbesitz wäre damit wieder ans Reich und unter die Verfügungsgewalt des Königs gefallen. Als Gegenleistung sollte der König auf jede Beteiligung an der Bischofserhebung verzichten. Damit wäre eine saubere Trennung von Kirche und Staat vollzogen worden.

Ausgerechnet unmittelbar vor der Kaiserkrönung am 12. Februar 1111 ließen König und Papst den versammelten Reichsbischöfen das Unerhörte verkünden. In der Peterskirche brach unter ihnen ein gewaltiger Tumult aus. Sie erkannten sofort, dass sie mit einem Schlag ihr politisches Gewicht und ihren ganzen Reichtum verloren hätten. Alle Städte, Grafschaften, Vogteien, Markt-, Münz- und

Die Salier **67**

Die junge Witwe Heinrichs V., Mathilde, versuchte nach dem Tod ihres Vaters Heinrich I. vergeblich, als Königin den Thron Englands zu besteigen (Buchmalerei, 1380. Aus dem Golden Book of St. Albans v. Thomas Walsingham u. William de Wylum).

Zollrechte wären an den König gefallen, und sie selbst, nur noch Vorsteher ihrer Diözese, hätten sich völlig dem Primat des Papstes unterordnen müssen. Dieser unerwartete Schlag war für sie umso inakzeptabler, da sie sich damals schon zu geistlichen Territorialfürsten emporarbeiteten. Auch nach Abbruch der Krönungszeremonie beruhigten sich die Gemüter nicht, sondern es kam zu Unruhen in Rom. Der verhinderte Kaiser verlor wohl in diesem Chaos die Nerven und ließ Papst und Kardinäle gefangen nehmen. Paschalis II. kam erst nach zwei Monaten wieder auf freien Fuß, indem er Heinrich V. die bisherige Investiturpraxis bei der Bischofserhebung weiter erlaubte und ihn am 13. April 1111 krönte. Kaum wieder über die Alpen zurück erhielt der Kaiser die Quittung für sein Verhalten mit dem über ihn ausgesprochenen Kirchenbann. Immerhin konnte er zunächst verhindern, dass seine Exkommunikation im Reich verkündet wurde. Das Laterankonzil von 1112 hob dann die wohl unter Zwang geschlossene Investiturvereinbarung wieder auf.

Da der Kaiser dem gefangenen Papst auch noch die Aufhebung des Kirchenbanns über seinen verstorbenen Vater abgetrotzt hatte, konnte er ihn 1111 wunschgemäß neben seinen Ahnen im Königschor des Speyerer Doms beisetzen. In einer höchst ungewöhnlichen Stiftung für dessen Seelenheil verpflichtete er gegen großzügige Privilegien alle Speyerer Bürger gleich welchen Standes, sich am Sterbetag Heinrichs IV. mit brennenden Kerzen am Dom einzufinden, für ihn zu beten und pro Haushalt je ein Brot an die Armen zu verteilen. Unmittelbar nach der eindrucksvollen Beisetzungszeremonie, die wohl alle Gerüchte über die schmachvolle Absetzung Heinrichs IV. durch seinen Sohn tilgen sollte, setzte der Kaiser seinen Kanzler und wichtigsten Ratgeber Adalbert von Saarbrücken als Erzbischof von Mainz ein.

Doch nach nur einem Jahr verwandelte sich die Freundschaft der beiden in glühenden Hass. Der Kaiser beschuldigte Adalbert des Hochverrats und ließ ihn in strenger Haft halten. Entzündet hatte sich der Streit an den zunehmend unverschämter werdenden Forderungen des Erzbischofs als Entschädigung für seine Dienste. Um seinen einstigen Freund deutlich zu schädigen, verlegte der Kaiser seine Hochzeit mit Mathilde am 7. Januar 1114 nach Mainz. Sie war eine der prunkvollsten Feste des deutschen Mittelalters. Doch hatte Heinrich sich in den vergangenen Jahren immer mehr Feinde geschaffen, die sich ausgerechnet auf seiner Hochzeit gegen ihn verschworen. Offensichtlich hatte er aus den Fehlern seines Vaters nichts gelernt: Er überwarf sich nicht nur mit dem Papst, sondern stützte sich auch zunehmend auf einfache Ministerialen anstatt auf die Fürsten. Weiter betrieb er gegen den lokalen Adel eine rücksichtslose Burgenbaupolitik zur Absicherung des Reichsguts und zeigte Unversöhnlichkeit und Härte. Einzig seine Gemahlin scheint immer wieder vermittelnd eingegriffen zu haben, wie die Anhänglichkeit der Fürsten nach dem frühen Tod Heinrichs zeigen sollte.

Schließlich waren es wie bei seinem Vater die Sachsen, jetzt angeführt vom Herzog Lothar von Supplinburg, die ihm 1115 eine verheerende Niederlage einbrachten. Als Heinrich V. danach noch im gleichen Jahr einen Hoftag in Mainz abhielt, wurde er von den aufgebrachten Ministerialen des gefangenen Erzbischofs Adalbert in der Bischofspfalz am Dom belagert. Der Kaiser fürchtete um sein Leben und sicherte die Freilassung ihres Herrn zu. Als Adalbert in Mainz eintraf, »hing er nur noch an den Knochen«, wie ein damaliger Chronist schrieb. Bis über den Tod seines einstigen Freundes hinaus blieb er nun dessen Erzfeind und setzte sich an die Spitze der immer zahlreicher werdenden Gegner. Diese sorgten dafür, dass die 1112 über den Kaiser verhängte Exkommunikation nun auch im Reich überall publik wurde.

In dieser für Heinrich V. trostlosen Lage gab ihm ausgerechnet der Tod der Markgräfin Mathilde von Tuszien im Sommer 1115 neue Hoffnung. Denn diese große Kämpferin für die Kirchenreform unter Papst Gregor VII. hatte erstaunlicherweise vier Jahre zuvor Heinrich V. als Lehnsherrn anerkannt und ihm anstelle des Papstes ihre reichen Eigengüter vermacht. Dieses Geld benötigte der Kaiser nun dringend für den Kampf gegen seine vielen Gegner, da die Mitgift seiner Frau inzwischen aufgebraucht war. Im März 1116 brach der Kaiser mit seiner Gemahlin und einem kleinen Begleittrupp auf und zog nach Canossa, wo die Königin als »neue Mathilde« begrüßt wurde.

Die Anerkennung in den Gütern der Mathilde von Tuszien wie auch in den oberitalienischen Städten verlief überraschend reibungslos, sodass das Herrscherpaar Anfang 1117 umjubelt in Rom einziehen konnte. Allerdings war Paschalis II. sicherheitshalber ins Kloster Monte Cassino geflohen. So konnte Heinrich V. mit ihm weder über die Aufhebung des Kirchenbanns verhandeln noch seine Gemahlin zur Kaiserin krönen lassen. Beide blieben ein ganzes Jahr in Rom, bevor sie wieder nach Oberitalien aufbrachen. Hier riefen den Kaiser seine staufischen Neffen, denen er die Reichsverwaltung während seiner Abwesenheit übertragen hatte, wieder ins Reich zurück, wollte die erstarkte Fürstenopposition doch auf einem Reichstag über die Verfehlungen Heinrichs beraten oder ihn gleich absetzen, wenn er nicht erschien. Seine Frau Mathilde ließ er in Oberitalien als Statthalterin zurück, wo sie sich ein ganzes Jahr lang bewährte und Heinrich den Rücken freihielt.

Um seinen Gegnern das wichtigste Argument gegen ihn zu nehmen, begann er intensive Verhandlungen mit dem neuen Papst Calixt II. Doch selbst ein persönliches Treffen der beiden 1119 in Mouzon an der Maas nahe der damals weiter westlich verlaufenden Reichsgrenze endete ergebnislos, da die Parteien auf ihren Positionen beharrten. Über Heinrich V. wurde sogar erneut die Exkommunikation ausgesprochen. Im Reich drohte der Konflikt zwischen der Fürstenopposition und dem Kaiser militärisch zu eskalieren. Die Geduld der Fürsten, die sich zunehmend als Wahrer des Reichs verstanden, war am Ende. Auf dem Würzburger Hoftag von 1121 übernahmen jetzt sie es, angeführt durch Erzbischof Adalbert von Mainz, dauerhaften Frieden zwischen Kaiser, Reich und Papst zu stiften. Ergebnis der Verhandlungen, die Heinrich V. vor vollendete Tatsachen stellten, war das am 23. September 1122 vor der Stadt Worms geschlossene Konkordat. Der Kaiser musste auf die Einsetzung der Bischöfe verzichten. Erst nachdem der Kandidat durch das Domkapitel in einer freien Wahl und ohne finanzielle Gegenleistungen zum Bischof bestimmt war, aber noch vor der Weihe, konnte ihm der Kaiser durch das rein weltliche Symbol des Szepters die königlichen Güter und Rechte (Regalien) wie ein Lehen vergeben. Die Exkommunikation über Heinrich V. wurde aufgehoben. Schon wenige Zeit später, am 23. Mai 1125, starb er mit nur 39 Jahren in Utrecht, ohne männliche Nachkommen zu hinterlassen. Sein Todfeind Erzbischof Adalbert von Mainz verhinderte die von Heinrich auf dem Sterbebett gewünschte Nachfolge eines seiner beiden staufischen Neffen durch die von ihm betriebene Wahl des sächsischen Herzogs Lothar von Supplinburg zum neuen König. Doch die Herrschaft des söhnelosen Sachsen Lothar blieb Episode und konnte den Aufstieg der Staufer nur verzögern.

Das 1871 unter Preußens Führung gegründete Deutsche Reich stellte sich ganz in die staufische Tradition, wie die Verherrlichung Barbarossas am Kyffhäuser zeigt.

Die Staufer

Die Hochzeit mit der Tochter Kaiser Heinrichs V. brachte den Staufern nicht nur das Herzogtum Schwaben ein, sondern nach Heinrichs Tod auch das salische Hausgut. Den Weg zum Thron musste sich das Herrschergeschlecht jedoch erst mühsam erkämpfen. Durch die Erweiterung des Stauferreichs um Süditalien und Sizilien entstand das größte mittelalterliche Herrschaftsgebiet Europas.

Die Staufer

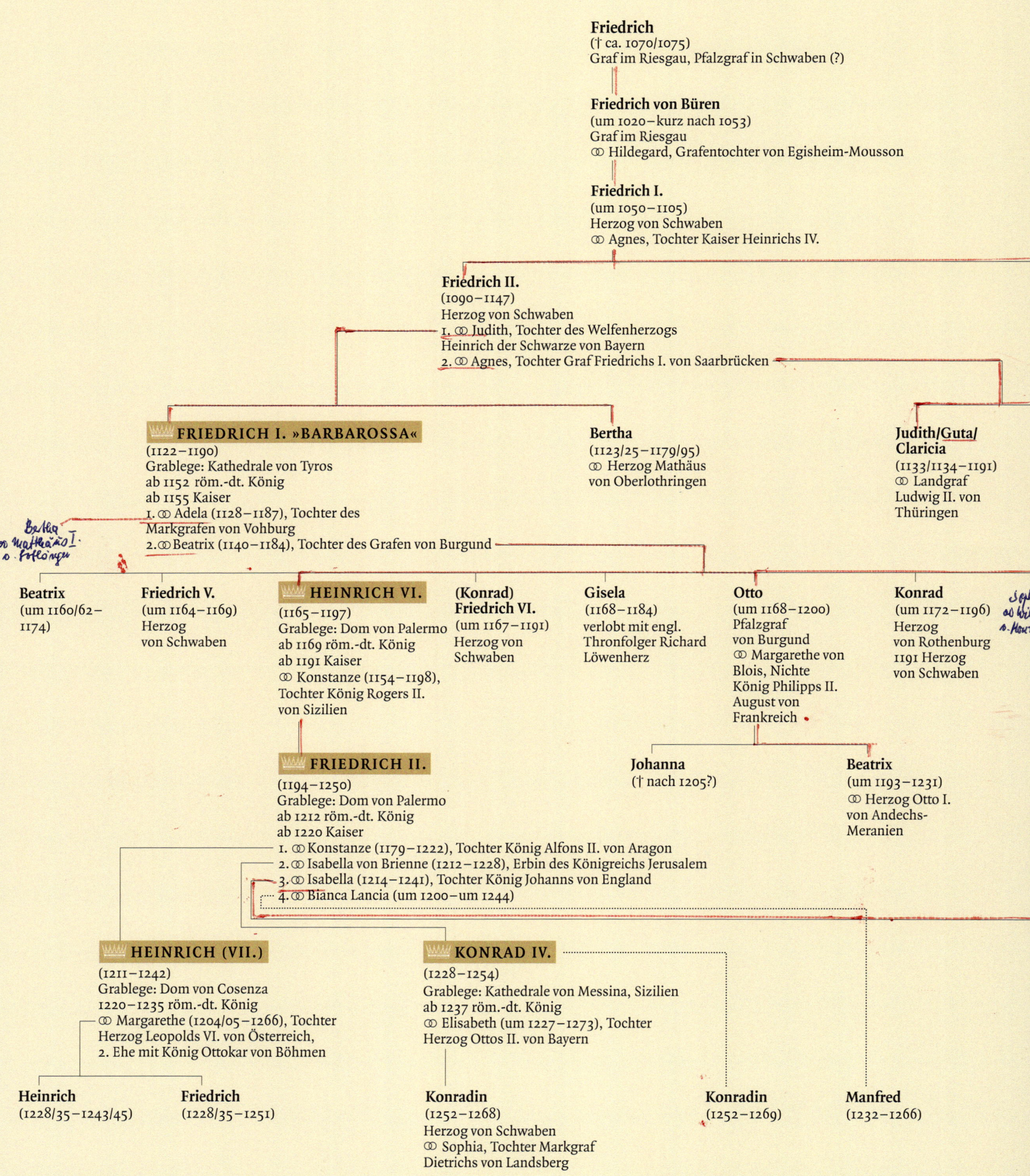

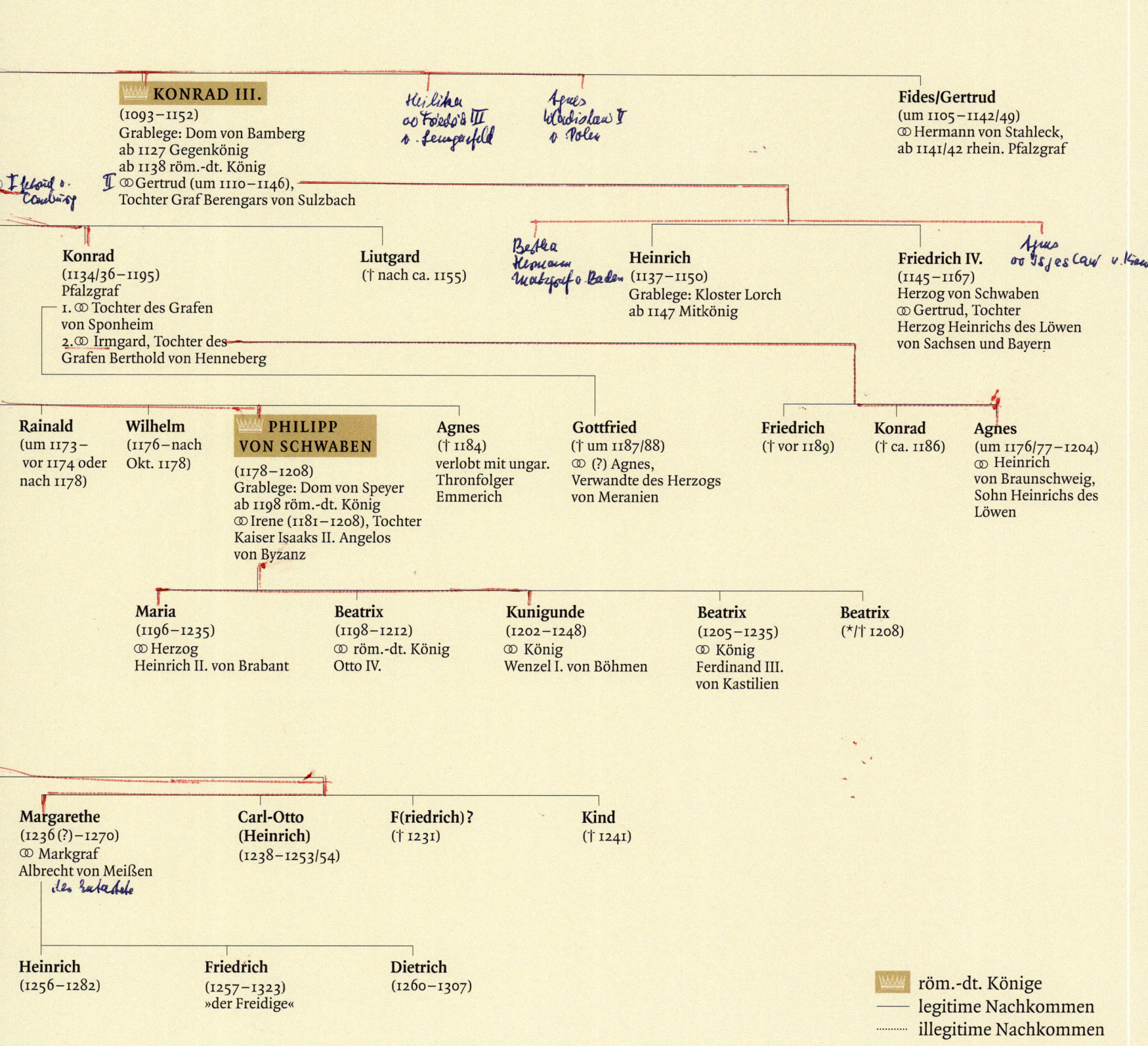

VERKLÄRTES MITTELALTER

Bis heute gilt die Zeit der Stauferherrschaft (1138–1254) als Höhepunkt deutscher Geschichte. Nach dem unrühmlichen Ende des Heiligen Römischen Reichs 1806 und der Niederlage gegen Napoleon begann sich die Sehnsucht nach der verlorenen Einheit und Stärke zu regen, die man im idealisierten Stauferreich vorgebildet sah. Die Vereinigung der deutschen Staaten – unter Ausschluss Österreichs – im Deutschen Reich 1871 legitimierte Preußen mithilfe namhafter Historiker propagandistisch als Neuaufrichtung der verlorenen »Stauferherrlichkeit«. Selbst für den Kirchenkampf Bismarcks lieferten die völlig anders gelagerten Konflikte zwischen den Stauferherrschern und dem Papst den notwendigen pseudohistorischen Unterbau. Kaiser Wilhelm II. ließ wichtige Regierungs- und Kirchenbauten im »staufischen« Stil errichten, der sogenannten rheinischen Spätromanik. Das Denkmal für seinen Großvater Kaiser Wilhelm I. auf dem Kyffhäuser verherrlicht diesen gar als Vollender des Barbarossa-Reichs. Der Wiederaufbau der Burg Trifels als Reichsehrenmal oder das »Unternehmen Barbarossa«, Deckname des brutalen deutschen Angriffskriegs im Osten, zeigen beispielhaft, dass auch später der NS-Staat den Rückbezug auf das Stauferreich für seine Ziele missbrauchte.

Nach Ende des Zweiten Weltkriegs dauerte es Jahrzehnte, bis die so übel instrumentalisierten Staufer wieder für Historiker und ein breites Publikum »hoffähig« waren. Im Fokus stehen heute nicht mehr Eroberer wie Barbarossa oder Heinrich VI., sondern der tolerante Friedrich II., dessen »Modernität« vielleicht auch nur der Art und Weise unseres Rückblicks geschuldet ist.

Doch selbst bei nüchterner Betrachtung bieten die Staufer genug Faszination. Ausgehend von der Einheirat in das salische Kaiserhaus gelang mit Konrad III. der Aufstieg zum Königtum, ja sogar die Verschwägerung mit dem byzantinischen Kaiser. Sein Neffe Friedrich I. Barbarossa versuchte zusammen mit seinem wichtigsten Helfer, dem Kölner Erzbischof Rainald von Dassel, jahrzehntelang vergeblich, die reichen oberitalienischen Städte zu unterwerfen. Auch Barbarossas Kampf gegen Papst Alexander III. endete mit einer Niederlage. Vor allem sein tragischer Tod als Kreuzfahrer rettete seinen Nachruhm und begründete den Barbarossa-Mythos. Seinem Sohn Heinrich VI. gelang durch die Hochzeit mit der Erbin des Königreichs Sizilien die seit Otto dem Großen vergeblich angestrebte Erweiterung des Reichs auf Süditalien. Doch sein früher Tod machte zunächst alles zunichte, bis sein Sohn Friedrich II. nochmals das Riesenreich unter seiner Führung vereinen konnte. Der um die Nachfolge ausbrechende staufisch-welfische Thronstreit lähmte nicht nur fast ein Jahrzehnt das Reich, sondern ermöglichte dem Papst, sich zum Schiedsrichter aufzuschwingen. Kaum hatte sich König Philipp von Schwaben, der Sanftmütigste unter den Stauferherrschern, gegen den Welfen Otto IV. durchgesetzt, fiel er einem Mordanschlag zum Opfer. Der junge Friedrich II. nutzte beherzt die Chance, nach der sizilischen Krone auch die des Reichs zu erringen. Mit Geschick, viel Glück, großen Zugeständnissen und französischem Geld manövrierte er Otto IV. ins Abseits. Das Königreich Sizilien formte er energisch zu einem Zentralstaat um, der seiner Zeit weit voraus zu sein schien. Fast archaisch hingegen ist sein Verhalten gegen den eigenen Sohn und Erben Heinrich zu nennen, den er in Haft nehmen ließ. Schließlich verkämpfte er sich wie Barbarossa gegen die oberitalienischen Städte und den Papst, was ihn finanziell ruinierte und ihm die letzten Jahre vergällte. Der päpstliche Hass war gegen die Staufer derart groß, dass er Friedrichs Sohn Konrad IV. wie seinem Enkel Konradin die Nachfolge im Reich und in Sizilien unmöglich machte. Tra-

In der pfälzischen Reichsburg Trifels können die Nachbildungen der Reichskleinodien des Heiligen Römischen Reichs besichtigt werden.

gisch endete Konradins Leben, der mit 16 Jahren als letzter Stauferherrscher – auf Befehl des päpstlichen Günstlings Karl von Anjou – in Neapel enthauptet wurde.

Ausgebootete Kaiserenkel – Der Aufstand Friedrichs und Konrads

Im Gegensatz etwa zu den Welfen, aus deren Familie schon in karolingischer Zeit zwei Königinnen stammten, tauchen die Staufer ohne lange Ahnenreihe in der Geschichte auf. Die schwäbische Grafenfamilie, die erst für das 11. Jahrhundert nachweisbar ist und den Leitnamen Friedrich führte, hatte zeitweise das schwäbische Pfalzgrafenamt der königlichen Richtergewalt inne. Ihre unerwartete Chance zum Aufstieg kam mitten im Investiturstreit: 1077 ließ sich der schwäbische Herzog Rudolf von Rheinfelden zum Gegenkönig Heinrichs IV. wählen, obwohl beide über ihre Gemahlinnen verschwägert waren. Heinrich entzog daraufhin Rudolf das Herzogtum Schwaben und übergab es Friedrich I. von Staufen, dem er zudem seine Tochter Agnes zur Frau versprach, um das wichtige Herzogtum eng an sich zu binden. Da die Prinzessin damals etwa sieben Jahre alt war, musste Friedrich bis zur Hochzeit noch bis 1085/86 warten. Auch das Herzogtum galt es erst einmal gegen die Anhänger Rudolfs zu erkämpfen. Diese ungeheure Rangerhöhung durch die Einheirat in das salische Königshaus war für die staufische Familie derart einschneidend, dass sie ihren bisherigen, im Vergleich bedeutungslosen Stammbaum künftig völlig vernachlässigte. Deshalb ist trotz intensiver Forschungen fast nichts über die Herkunft der Staufer bekannt. Wohl erst nach der Hochzeit mit Agnes errichtete Herzog Friedrich I. in seinem schwäbischen Territorium die namengebende Stammburg auf dem Hohenstaufen und das nahe Hauskloster Lorch.

Nach dem Tod Herzog Friedrichs I. verheiratete König Heinrich V. zur Sicherung seiner Herrschaftsübernahme 1106 seine Schwester Agnes erneut und zwar mit dem Markgrafen Leopold III. von Österreich. So wurde die letzte Salierin sowohl Stammmutter der Staufer wie der Babenberger. Der älteste Sohn aus ihrer ersten Ehe folgte seinem Vater als Herzog Friedrich II. in Schwaben nach. Er heira-

Die Staufer 75

tete 1119/21 die Welfin Judith, Tochter Herzog Heinrichs des Schwarzen von Bayern. Für die immer umstrittene Herrschaft Heinrichs V. entwickelten sich Friedrich II. und sein jüngerer Bruder Konrad, dem er die Herzogsgewalt in Ostfranken übertrug, immer mehr zu den wichtigsten, weil dauerhaft loyalen Stützen seiner Macht. Als der König 1116 nach Italien aufbrach, um die Güter der verstorbenen Markgräfin Mathilde von Tuszien zu übernehmen, übergab er seinen Neffen Friedrich und Konrad die Statthalterschaft im Reich. Friedrich stürzte sich vor allem in den Kampf mit dem Todfeind des Königs, Erzbischof Adalbert von Mainz. Die Absicherung des salischen Hausguts am Oberrhein betrieb er so energisch, dass es von ihm hieß, er ziehe am Schweif seines Pferdes immer eine Burg hinter sich her.

Als Kaiser Heinrich V. am 23. Mai 1125 kinderlos in Utrecht verstarb, schlug die große Stunde der beiden staufischen Brüder, waren sie doch über ihre Mutter Agnes die beiden ältesten männlichen Angehörigen

oben: Auf dem Hohenstaufen bei Göppingen erinnern nur noch wenige Grundmauern an die namengebende Stammburg der Staufer.

rechts: Der Stammbaum aus der Welfenchronik verdeutlicht die enge Verbindung dieser Familie mit den Staufern.

des salischen Hauses und damit nachfolgeberechtigt. Daher hatte auch der sterbende Kaiser dem anwesenden Herzog Friedrich II. seine junge Gemahlin Mathilde von England und das salische Hausgut anvertraut. Zugleich übergab er ihm den Reichsschatz mit den Kroninsignien, der auf die Reichsburg Trifels gebracht werden sollte.

Doch Erzbischof Adalbert von Mainz hintertrieb die Nachfolge des staufischen Neffen Friedrich. Zunächst brachte er die Kaiserinwitwe durch einen Betrug dazu, ihm die Reichsinsignien auszuhändigen, wodurch sie ihre Möglichkeit, Einfluss auf die anstehende Königswahl zu nehmen, entscheidend geschwächt hatte. Dann berief er drei Monate später eine Versammlung zur Wahl eines neuen Königs ein. Je zehn Fürsten und Bischöfe der Volksstämme Bayern, Schwaben, Franken und Sachsen hatten nun die Wahl zwischen dem Staufer Friedrich II. von Schwaben, dessen Stiefvater Leopold III. von Österreich und dem sächsischen Herzog Lothar von Supplinburg. Adalbert ließ Friedrich in eine Falle tappen. Als er von allen drei Kandidaten einen Schwur verlangte, sich dem Sieger unterzuordnen, verließ der Staufer wütend die Versammlung. Friedrich glaubte wohl, dass die Wahl aufgrund des letzten Wunsches Heinrichs V. für ihn eigentlich eine reine Formsache war, und sah sich in seinen Hoffnungen getäuscht. Die beiden anderen Kandidaten stellten hingegen demonstrative Bescheidenheit zur Schau. Vor den Augen aller Anwesenden hatte Friedrich somit wenig königliches Verhalten an den Tag gelegt. Ein schwerer Schlag war vor allem für ihn, dass sich sein eigener Schwiegervater, Herzog Heinrich der Schwarze von Bayern plötzlich auf die Seite des sächsischen Kandidaten Herzog Lothar von Supplinburg schlug, was die Wahl letztendlich entschied.

Vermutlich stellte Friedrich seine Thronkandidatur stellvertretend für seinen jüngeren Bruder Konrad auf, da dieser beim Tod Heinrichs V. auf einer Pilgerfahrt ins Heilige Land unterwegs war. Vielleicht war es sogar der letzte Wunsch des salischen Kaisers, dass seine junge Witwe seinen Neffen Konrad heiraten sollte, um dessen Thronansprüche zu festigen. Auf jeden Fall ist es bemerkenswert, dass die Kaiserinwitwe Mathilde noch ein ganzes Jahr im Reich blieb, bevor sie ihr Vater zur Regelung seiner eigenen Nachfolge nach England zurückrief.

Nach der Rückkehr von seiner Pilgerreise ließ Konrad sich 1127 zum Gegenkönig ausrufen. Denn damals hatte der schon betagte König Lothar III. seine Erbtochter Gertrud mit Heinrich dem Stolzen, dem Sohn Heinrichs des Schwarzen, verheiratet und diesen Heinrich den Stolzen damit als Nachfolger auserkoren. Den beiden staufischen Brüdern war dabei schlagartig klar geworden, dass sie dauerhaft von der Thronfolge ausgeschlossen blieben. Sie nahmen energisch den Kampf auf. Friedrich besetzte 1128 Speyer, wo ihn die Einwohner der Stadt begeistert als Erbe der Salier begrüßten, während es Konrad noch im gleichen Jahr gelang, sich in Monza zum König Italiens krönen zu lassen. Doch Lothars Herrschaft stabilisierte sich zunehmend. Nach über einem halben Jahr Belagerung ergab sich ihm Ende 1129 Speyer. Am Dreikönigsfest zog Lothar, begleitet von vielen Fürsten, feierlich in die Stadt ein und ließ im Dom der Salier seine fünf Jahre zuvor erfolgte Krönung nochmals in liturgisch verkürzter Form wiederholen.

Auch Konrad hatte sich in Italien nicht dauerhaft durchsetzen können und war 1130 wieder zurückgekehrt. Herzog Friedrich scheint sich sogar mit seinem alten Feind, dem Mainzer Erzbischof Adalbert von Saarbrücken, dessen Macht von König Lothar beschnitten worden war, versöhnt zu haben. Denn nach dem Tod seiner ersten Gemahlin Judith heiratete er die mit Adalbert eng verwandte Agnes von Saarbrücken. Doch Lothars III. Stellung war inzwischen so gesichert, dass er kurz darauf nach Italien ziehen und sich 1133 in Rom von Papst Innozenz II. zum Kaiser krönen ließ. Die beiden Stauferbrüder gaben schließlich 1135 ihren aussichtslosen Kampf auf und unterwarfen sich Lothar öffentlich auf zwei Hoftagen, wo ihnen der Kaiser Verzeihung gewährte. Zum Abschluss des Friedens wählte der Kaiser für Konrad die Gräfin Gertrud von Sulzbach zur Gemahlin aus, Schwägerin des verstorbenen Herzogs Heinrich des Schwarzen. Lothar III. zeichnete nach der Versöhnung Konrad dadurch aus, dass er ihn zum Bannerträger des Italienzuges 1136/37 machte, wo sich der Staufer als mutiger und erfolgreicher Kämpfer unter den Fürsten einen Namen machte.

Die zweite Chance – Konrad III. als erster Stauferkönig

Auf dem Rückweg von Italien verstarb 1137 Kaiser Lothar III. in Breitenwang. Seinem Schwiegersohn, dem bayerischen Herzog Heinrich dem Stolzen aus dem Haus der Welfen, hatte er durch die Übergabe der mathildischen Güter in Italien und des sächsischen Herzogtums bereits eine erdrückende Machtfülle gewährt. Ihm ließ er die Reichsinsignien kurz vor seinem Tod aushändigen, um ihn zum Nachfolger zu bestimmen. Doch Heinrich dem Stolzen scheint sein Herrschaft, die tatsächlich »von Meer zu Meer« reichte, wie er selbstbewusst verkündete, derart zu Kopf gestiegen zu sein, dass er sich durch unerträgliche Arroganz bei den übrigen Fürsten während des Italienzugs unbeliebt gemacht hatte. Heinrich ging in seinem Hochmut davon aus, dass die auf das Pfingstfest 1138 in Mainz angesetzte Wahlversammlung sich nur für ihn entscheiden konnte.

Jetzt nutzte der Staufer Konrad sein auf dem Italienzug geknüpftes Netzwerk zu einem gewagten Coup. Unter Leitung des ihm besonders gewogenen Erzbischofs Albero von Trier versammelte er einige Fürsten, die Heinrich den Stolzen ablehnten, schon am 7. März 1138 in Koblenz und ließ sich erneut zum König wählen. Albero und Konrad hatten zuvor noch den Kardinallegaten auf ihre Seite gebracht, da Heinrich der Stolze in seinem Herrschaftsbereich den Machtanspruch der Bischöfe deutlich in seine Schranken wies. Der päpstliche Legat salbte und krönte Konrad III. anschließend in Aachen, wohin man sofort aufgebrochen war. Gerade diese Anerkennung des staufischen Königtums durch die höchste kirchliche Autorität war für Konrad III. wohl der entscheidende Prestigegewinn, der auch die nicht an der Wahl beteiligten Fürsten und Bischöfe auf seine Seite zog. Nur zu gut erinnerte man sich an die das Reich spaltenden Kämpfe zwischen Kaiser und Papst unter den letzten beiden salischen Herrschern. Der Kardinallegat begleitete den neuen König noch zum anschließenden Regensburger Hoftag, wo ihm Heinrich der Stolze die Reichsinsignien aushändigen musste.

Da Heinrich den König aber nicht durch eine Huldigung öffentlich anerkennen wollte, entzog ihm Konrad III. seine beiden Herzogtümer und vergab sie sofort neu. Nun rüsteten

78 Die Staufer

beide Seiten zum Krieg, der allerdings rasch durch den plötzlichen Tod Heinrichs des Stolzen 1139 entschieden wurde. Die Ansprüche seines kleinen Sohns Heinrich des Löwen verteidigten dessen Großmutter Kaiserin Richenza und ihre Tochter Gertrud, die Witwe Heinrichs des Stolzen. Auch die welfische Familie machte Druck, sodass Konrad III. 1142 dem noch minderjährigen Heinrich dem Löwen Sachsen zusprach. Seine Mutter Gertrud musste allerdings den neuen bayerischen Herzog Heinrich Jasomirgott, einen Halbbruder Konrads III., heiraten, um als Ausgleich dessen Ansprüche auf Bayern zu legitimieren. Sie starb aber schon 1143.

Mittlerweile hatte sich die Lage im Heiligen Land aufgrund der sarazenischen Eroberung der Grafschaft Edessa 1144 dramatisch verschlechtert. Papst Eugen III., ein Zisterzienser, rief daher zum Zweiten Kreuzzug auf. Um das schleppende Unternehmen in Gang zu bringen, konnte er den Zisterzienserabt Bernhard von Clairvaux, eine der charismatischsten Gestalten des 12. Jahrhunderts, als Kreuzzugsprediger gewinnen. Nachdem der französische König Ludwig VII. ein Gelübde abgelegt hatte, gelang es ihm nach einer aufrüttelnden Predigt am 27. Dezember 1146 im Speyerer Dom, auch Konrad III. zur Kreuznahme zu bewegen. Unter den Fürsten, die sich ihm anschlossen, war u. a. sein 24-jähriger Neffe, der spätere Kaiser Friedrich I. Barbarossa. Den Sohn seines Bruders Herzog Friedrich II. von Schwaben lockte die Aussicht auf exotische Abenteuer und Schlachtenruhm

links oben: Weihnachten 1146 gelang es dem charismatischen Zisterzienserabt Bernhard Von Clairvaux in Speyer, Konrad III. zum Kreuzungsgelübde zu bewegen.

links: Siegelabdruck König Konrads III.

Die Staufer

in die Ferne. Bevor das Heer im Mai 1147 aufbrach, ließ Konrad III. noch seinen zehnjährigen Sohn Heinrich zum Mitkönig wählen, damit im Falle seines vorzeitigen Todes die Nachfolge geregelt war. Angesichts der allgemeinen Kreuzzugsbegeisterung gelang dem Staufer überraschend widerspruchslos die Anerkennung der Erbfolge.

Zügig gelangte das Heer über den Landweg durch Ungarn und Bulgarien nach Byzanz. Dort wurde Konrad III. von Bertha von Sulzbach begrüßt, der Schwester seiner 1146 verstorbenen Frau. Die Grafentochter war zur Bestätigung eines Bündnisses der beiden Reiche gegen den expansiven süditalienischen Normannenstaat mit Kaiser Manuel I. Komnenos verheiratet worden. Um die einfache Grafentochter als Braut aufzuwerten, hatte Konrad III. sie wohl zu seiner Adoptivtochter erklärt. Den Spätherbst und Winter 1147/48 verbrachte Konrad III. nochmals in Byzanz. Zusätzlich zu militärischen Misserfolgen im Heiligen Land war er schwer erkrankt. Bertha gelang es zusammen mit erfahrenen oströmischen Ärzten, ihn wieder gesund zu pflegen. Im Frühjahr kehrte der König wieder zu seinem inzwischen durch Niederlagen und Seuchen deutlich dezimierten Heer zurück. Schon bald war die Lage so aussichtslos, dass das mit Überschwang begonnene Unternehmen 1148 ohne größere Erfolge abgebrochen wurde.

Auf dem Rückweg über Byzanz bekräftigte Konrad III. nochmals das gegen die Normannen gerichtete Bündnis, das wiederum mit einer Eheschließung besiegelt wurde: Konrads Halbbruder Heinrich Jasomirgott erhielt Theodora, die Nichte Kaiser Manuels, zur Gemahlin. Da 1150 der vorgesehene deutsche Thronerbe Heinrich plötzlich gestorben war und Konrad III. nur noch einen weiteren minderjährigen Sohn besaß, entschloss sich der mittlerweile fast 60-jährige König, selbst noch einmal zu heiraten und um eine byzantinische Prinzessin zu werben. Bis zu seinem Tod kamen aber die Eheverhandlungen zu keinem Abschluss.

Papst Eugen III., der sich seit 1145 einer starken stadtrömischen Opposition erwehren musste, bot Konrad III. immer wieder die Kaiserkrone an, um ihn zu einem Romzug zu motivieren. Hintergedanke war natürlich, dass der König mit seinen Truppen die päpstliche Stadtherrschaft wieder durchsetzen sollte. Daher war Eugen III. nicht begeistert, als Konrad das Kreuz nahm und fast drei Jahre anderweitig gebunden war. Anfang 1152 sollte es nun endlich so weit sein, doch Konrad verstarb in Vorbereitung des Romzugs am 15. Februar 1152 in Bamberg. Sein Grab fand er nicht wie seine Gemahlin Gertrud in der nahen Zisterzienserabtei Ebrach, die beide sehr gefördert hatten, sondern im Bamberger Dom an der Seite Kaiser Heinrichs II. Denn Konrad hatte 1146 bei Papst Eugen die Heiligsprechung des letzten Ottonenkaisers erreicht, um gleichsam die unter den salischen Herrschern im Investiturstreit bestrittene Amtsheiligkeit des römisch-deutschen Königs und Kaisers wieder zu betonen.

König und Kaiser – Der Herrschaftsbeginn Friedrichs I.

Überraschend schnell trat schon am 4. März 1152 die Wahlversammlung zur Bestimmung eines neuen Königs zusammen. Sie war noch von Konrad III. anberaumt worden, um vor seiner Romfahrt seinen sechsjährigen Sohn Friedrich zum König wählen zu lassen. Auf dem Sterbebett hatte der Herrscher die Reichsinsignien und seinen Sohn Friedrich seinem Neffen Herzog Friedrich III. von Schwaben anvertraut. Als Vormund sollte er die Interessen seines Cousins vertreten. Doch er tat genau das Gegenteil und ließ sich in Frankfurt selbst zum König Friedrich I. wählen sowie in Aachen krönen. Seinem ausgebooteten Cousin übergab er anstelle der Krone das Herzogtum Schwaben. Nachträglich behauptete er, Konrad III. hätte in der Sterbestunde die Aussichtslosigkeit eines Kinderkönigtums erkannt und daher seinen erwachsenen Neffen zum Nachfolger gewünscht.

Die entscheidende Unterstützung bei der Königswahl erhielt der neue staufische Herrscher von seiner mächtigen welfischen Verwandtschaft mütterlicherseits, die von Konrad III. weitgehend entmachtet worden war und von Friedrich I. eine deutlich bessere Behandlung erhoffen konnte. Tatsächlich entzog der König 1154 seinem babenbergischen Onkel Heinrich Jasomirgott das Herzogtum Bayern und übergab es seinem Cousin, dem Welfen Heinrich dem Löwen, Sohn des verstorbenen Bayernherzogs Heinrich des Stolzen.

Da Konrad III. und Papst Eugen III. schon alles für die Kaiserkrönung verabredet hatten, konnte Friedrich I. auch hier nahtlos anknüpfen. Der Papst war zudem dringend auf die militärische Hilfe des Staufers gegen seine Feinde in Rom und Süditalien angewiesen, weshalb er sogar der vom König gewünschten Scheidung von dessen Gemahlin Adela von Vohburg zustimmte. Die noch vor dem Kreuzzug geschlossene Ehe war bisher kinderlos geblieben, obwohl sich Friedrich seiner Zeugungsfähigkeit dank einiger unehelicher Kinder sicher sein konnte. Da er Adela die Krönung zur Königin verweigert hatte, war die Ehe anscheinend schon länger zerrüttet. Das Erbe seiner Gemahlin, Eger mit seinem damals gerade erschlossenen Umland, behielt der König nach der Scheidung als eingezogenes Reichslehen.

Im Herbst 1154 brach Friedrich I. mit einem kleinen Heer nach Italien auf. Doch anstatt erst mit militärischer Gewalt die päpstlichen Interessen in Rom und Süditalien durchzusetzen, wie er es Eugen III. zugesichert hatte, wollte Friedrich I. die Oberherrschaft des Reichs über Ober- und Mittelitalien wieder verstärkt wahrnehmen. Im Gegensatz zu seinen ottonischen und salischen Vorgängern war er aber mit einer völlig veränderten Lage konfrontiert, die er nicht verstehen, geschweige denn akzeptieren wollte. Die oberitalienischen Städte, dank des aufblühenden Fernhandels inzwischen zu ungeheurem Reichtum gelangt, rangen ihren bisherigen bischöflichen Stadtherren zunehmend Freiheits- und Selbstverwaltungsrechte ab, die nördlich der Alpen weitgehend unbekannt waren. Diese Stadtrepubliken versuchten bald, das jeweilige Umland unter ihre Herrschaft zu bringen, gerieten darüber aber in harte Auseinandersetzungen mit ihren konkurrierenden Nachbarstädten.

Friedrich I., der in Italien wegen seines roten Bartes Barbarossa (Rotbart) genannt wurde, versuchte nun, in diesen Auseinandersetzungen als oberster Richter aufzutreten. Doch da er als parteiisch für die kaisertreuen Städte galt, akzeptierte ihn die Gegenseite nicht, was der König wiederum als Provokation auffasste. Besonders Mailand, die größte und reichste Stadt der Lombardei, ließ sich in ihrem Freiheitsdrang nicht einschüchtern.

Die Kaiserkrönung fand am 18. Juni 1155 unter katastrophalen Umständen statt. Nachdem es Barbarossa abgelehnt hatte, die Römer in ihren Unabhängigkeitsbestrebungen gegen den Papst zu unterstützen und aus ihren Händen die Kaiserkrone zu empfangen, verschlossen diese die Stadttore. Dem König blieb nichts anderes übrig, als die Peterskirche zu besetzen, um unter stärkstem militärischen Schutz die Krönung überhaupt durchführen zu können. Fluchtartig verließen Kaiser und Papst nach der eilig durchgeführten Zeremonie die Stadt, bevor die Römer angreifen konnten. Wie wenig Friedrich I. selbst bei den meisten oberitalienischen Städten respektiert wurde, musste er auf seinem Rückweg erfahren, als die Stadtadeligen Veronas ihm und seinem kleinen Heer den Weg durch den Engpass der Veroneser Klause versperrten. Hier tat sich Otto von Wittelsbach rühmlich hervor, dem es mit 200 Rittern gelang, die hoch gelegene Felsenburg der Gegner zu erobern. Im Rückblick ließ Barbarossa durch seinen Onkel Bischof Otto von Freising den Fehlschlag des ersten Italienzugs in seinem Tatenbericht zur reinen Erfolgsgeschichte eines rastlos für die Rechte und Ehre des Reichs kämpfenden Monarchen umstilisieren.

Da die gewünschte Eheverbindung mit dem byzantinischen Kaiserhaus nicht zustande kam, war der mittlerweile schon 34-jährige Kaiser dringend auf der Suche nach einer passenden Partnerin, um möglichst schnell einen legitimen Erben zur Stabilisierung seiner Herrschaft zu zeugen. Seine Wahl fiel auf die 20 Jahre jüngere Beatrix, Erbin der Grafschaft Burgund. So konnte er in diesem bisher von den Staufern vernachlässigten Reichsteil wieder Boden gewinnen und sich die westlichen Alpenpässe nach Italien sichern. Die Hochzeit fand im Juni 1156 auf dem Würzburger Hoftag statt, nachdem Beatrix kurz zuvor im nicht einmal halbvollendeten Wormser Dom zur Königin gekrönt worden war. Der dringende Wunsch des Kaisers nach legitimen Nachkommen ging zunächst nicht in Erfüllung. Erst nach sieben langen Ehejahren gebar Beatrix eine Tochter. Doch dann kamen in dichter Folge noch zehn weitere Söhne und Töchter zur Welt, sodass die staufische Dynastie mehr als gesichert war.

Nach der Hochzeit mit Beatrix war das zweite wichtige Ereignis des Jahres 1156 die Durchsetzung der noch vor dem Italienzug verkündeten Rückgabe des Herzogtums Bayern an den Welfen Heinrich den Löwen. Da aber der Onkel Barbarossas, Heinrich Jasomirgott, und seine Gemahlin Theodora sich weigerten, dies anzuerkennen, bedurfte es zäher Ausgleichsverhandlungen. Auf dem Regensburger Hoftag im September 1156 wurde schließlich das einschneidende Ergebnis verkündet: Heinrich und Theodora erhielten die zum Herzogtum erhobene Markgrafschaft Österreich als erbliches Lehen sowohl in männlicher als auch weiblicher Linie. Bei Kinderlosigkeit konnten sie ihr Herzogtum sogar frei vergeben, das zudem von allen Pflichten gegenüber dem Reich befreit war. Damit begann die Selbstständigkeit Österreichs – ein hoher Preis, den Barbarossa zahlte, um seinen Cousin Heinrich den Löwen zufriedenzustellen.

Das Johannesreliquiar der Cappenberger Stiftskirche verwendet vermutlich eine Portraitbüste Kaiser Friedrich I. Barbarossas.

Die Staufer **81**

links: Die Hochzeit Barbarossas mit Beatrix von Burgund 1156 in Würzburg war eines der wichtigsten Ereignisse in der fränkischen Bischofsstadt, wie der Entwurf Giovanni Battista Tiepolos für das barocke Fresko im Kaisersaal der Würzburger Residenz zeigt.

oben: Büste Erzbischof Rainalds von Dassel auf der Rückseite des Kölner Reliquienschreins der Heiligen Drei Könige, deren Gebeine er als Propagandamittel für die Amtsheiligkeit seines Herrn Barbarossa aus Mailand an den Rhein bringen ließ.

Hochmut kommt vor dem Fall – Die Italienzüge Barbarossas

Nachdem immer mehr Klagen der kaisertreuen oberitalienischen Städte gegen Mailand am Hof eintrafen, startete Friedrich I. im Sommer 1158 erneut einen Italienzug. Er hatte aus seinen Fehlern gelernt und führte nun ein erheblich größeres Heer nach Mailand. Als Handelsstadt konnte es sich keine längere Belagerung leisten und unterwarf sich überraschend schnell. Beflügelt durch diesen unerwarteten Erfolg erließ Barbarossa im November 1158 auf dem Reichstag von Roncaglia Gesetze, die von den besten Juristen der Universität Bologna ausgearbeitet worden waren. Hierin erklärte er sich zum eigentlichen Inhaber aller weltlichen Herrschafts- und Gerichtsrechte in Italien, die nur von ihm allein an die Kommunen verliehen werden konnten. Mit einem Schlag stellte er damit die sich selbstverwaltenden Städte unter seine Oberherrschaft. Die gewählte Stadtspitze galt nur dann als legitim, wenn sie der Kaiser anerkannt und in ihre Ämter eingesetzt hatte. In den Kommunen erhob sich dagegen ein Sturm der Entrüstung. Doch Barbarossa hatte seit 1159 mit Rainald von Dassel, den er zum Erzbischof von Köln und Erzkanzler für Italien erhob, einen Kämpfer an seiner Seite, der jeden Widerstand gegen seinen Herrn brechen wollte.

Rainald hegte einen unversöhnlichen Hass gegen Mailand, wo ihn die Einwohner mit Steinen beworfen hatten, als er die Wahl der Stadtspitze überwachen wollte. Daher setzte er alles daran, den Stolz der reichen lombardischen Metropole zu brechen. Nachdem im Frühjahr 1161 eine Truppenverstärkung aus dem Reich eingetroffen war, begann die Belagerung und die völlige Verwüstung des Umlands. Mailändische Friedensangebote hinterrieb Rainald, weil er die bedingungslose Unterwerfung zum Ziel hatte, die nach fast einem Jahr Belagerung schließlich erreicht war. Die gesamte Einwohnerschaft wurde in Dörfer umgesiedelt und die Großstadt mit Ausnahme der Kirchen zerstört. Sofort brach der Widerstand der verbündeten Städte zusammen, die einer ähnlichen Bestrafung entgehen wollten. Mit den hier geraubten Reliquien der Heiligen Drei Könige, die er 1164 nach Köln bringen ließ, und der von ihm 1165 initiierten Heiligsprechung Karls des Großen begann Rainald eine wahre Propagandaschlacht um die vom Papst bestrittene Amtsheiligkeit seines kaiserlichen Herrn.

Dies war nötig geworden, da ein schwerer Konflikt zwischen Kaiser und Papst ausgebrochen war. Schon auf dem Hoftag von Besançon 1157 überbrachte Kardinal Roland ein Schreiben des Papstes, worin die Kaiserkrone als päpstliches »beneficium« bezeichnet wurde. Rainald von Dassel übersetzte das vom Papst bewusst eingesetzte doppeldeutige Wort nicht als Wohltat, sondern als Lehen. In die empörte Versammlung schrie der Kardinal hinein, von wem denn der Kaiser Rang und Macht habe, wenn nicht vom Papst. Darauf wollte ihn Otto von Wittelsbach erschlagen, was Barbarossa zu verhindern wusste. Ausgerechnet dieser Kardinal Roland wurde 1159 zum Papst Alexander III. gewählt. Einige Kardinäle erhoben allerdings vier Wochen später Viktor IV. zum Gegenpapst, auf den sich verständlicherweise auch der Kaiser festlegte.

Nach der Eroberung Mailands 1162 und der Unterwerfung der Lombardei schien die weitere Entwicklung noch ganz im Sinne des Kaisers zu verlaufen. Nach dem Tod Viktors IV.

Die Staufer **83**

1164 sorgte Rainald von Dassel dafür, dass mit Paschalis III. sofort ein neuer Gegenpapst aufgestellt wurde. Noch im Jahr darauf schwor Barbarossa auf dem Würzburger Hoftag zusammen mit vielen Fürsten des Reichs einen Eid, niemals Alexander III. anzuerkennen. In Ober- und Mittelitalien baute der Kaiser mit seinem Erzkanzler ein neues Herrschaftssystem über die unterworfenen Kommunen auf, die nun deutsche Adelige als Stadtherren vorgesetzt bekamen. Unter dem Vorwand, für die ihnen verliehenen Reichsrechte zahlen zu müssen, begannen sie sofort, die ihnen unterstellten Handelsstädte auszupressen. Ein ungeheurer Geldstrom floss über die Alpen, wobei sich Barbarossa und seine Leute in keiner Weise darum kümmerten, wie diese Handelsstädte ihren Wohlstand halten sollten.

Als Friedrich I. im Herbst 1166 zu seinem dritten Italienzug aufbrach, schlug ihm bereits erheblicher Widerstand einiger Städte entgegen, die er anfangs noch unterwerfen konnte. Doch nun schlossen sich mehrere Kommunen zu Schutzbündnissen zusammen, die es 1167 wagten, die ausgesiedelten Einwohner Mailands wieder zurückzuführen und die Stadt samt ihrer Befestigung wiederaufzubauen. Noch Ende des gleichen Jahres gelang die Gründung des Lombardischen Bundes, dem alle wichtigen Städte Oberitaliens angehörten, die sich gegenseitig Schutz und Waffenhilfe versprachen. Die Fremdherrschaft sollte abgeschüttelt werden, dem Kaiser nur noch das seit Heinrich IV. Übliche an Zahlungen zustehen. Papst Alexander III. unterstützte den Lombardenbund. Die Gründung Alessandrias war sinnfälliger Ausdruck dieser neuen Koalition und zugleich eine deutliche Provokation gegen den Kaiser.

Als sich zusätzlich noch ein Bündnis zwischen Papst und byzantinischem Kaiser abzeichnete, das aber letztendlich nicht zustande kam, zog Barbarossa mit seinen Rittern nach Süden. Es gelang ihm, die Stadt Rom zu erobern, aus der Papst Alexander III. zu den Normannen geflohen war. Am 1. August 1167 krönte der Gegenpapst Paschalis III. Beatrix in der Petersbasilika zur Kaiserin. Wie eine Strafe des Himmels für den kaiserlichen Hochmut musste es erscheinen, als danach eine Seuche im deutschen Heer ausbrach, die binnen weniger Tage Hunderte von Toten forderte, darunter auch Rainald von Dassel, der Sohn Konrads III. und der süddeutsche Welfenerbe Welf VII. Barbarossa blieb zwar noch bis März 1168 im kaisertreuen Pavia, konnte jedoch gegen die Übermacht der Lombardischen Liga nur noch wenig ausrichten und flüchtete schließlich verkleidet über den einzigen nicht gesperrten Alpenpass nach Burgund.

Erst sechseinhalb Jahre später sah sich der Kaiser zu einem erneuten Italienzug in der Lage. Hier erlebte er aber seine tiefste Demütigung ausgerechnet von seinem Cousin Heinrich dem Löwen, dem er eine fast königsgleiche Herrschaft verschafft hatte. Bei einer Zusam-

Die oberitalienische Metropole Mailand war als Anführerin des lombardischen Städtebundes die hartnäckigste Gegnerin Barbarossas in Reichsitalien. Als Spottsymbol ließen die Bürger über einem ihrer Stadttore ein Schmähbild des Kaisers anbringen.

84 Die Staufer

In der Schlacht von Legnano 1176 erlitt Barbarossa seine endgültige Niederlage gegen den lombardischen Städtebund (Gemälde von Amos Cassioli, 19. Jh).

menkunft in Chiavenna im Februar 1176 verweigerte er dem Kaiser, der sich ihm sogar zu Füßen warf, die Waffenhilfe und beging damit Hochverrat. Bei der Schlacht von Legnano am 29. Mai 1176 erlitt das Reichsheer gegen den Lombardenbund eine vernichtende Niederlage. Im Frieden von Venedig 1177 musste daher der geschlagene Herrscher nicht nur Alexander III. anerkennen, sondern auch einen sechsjährigen Frieden mit dem siegreichen Lombardenbund schließen. Es erscheint fast wie eine Trotzreaktion des in seinem Stolz tief gekränkten Monarchen, dass er sich auf dem Rückweg ins Reich 1178 in Arles zum König von Burgund krönen ließ.

Nun kam die Abrechnung mit Heinrich dem Löwen. Schon Ende November 1178 ließ der Kaiser auf dem Hoftag von Speyer erstmals Klagen seiner sächsischen Gegner wegen Landfriedensbruch zu. Da Heinrich alle Vorladungen ignorierte, erkannte ihm der Kaiser 1180 seine beiden Herzogtümer ab und schickte ihn drei Jahre lang ins Exil zu seinem englischen Schwiegervater, König Heinrich II. Plantagenet. Gewinner dieser ungeheuren Machtverschiebung waren Otto von Wittelsbach, der Bayern ohne die abgetrennte Steiermark erhielt, der Kölner Erzbischof Philipp von Heinsberg, dem Westfalen als die westliche Hälfte Sachsens übertragen wurde, und Bernhard von Anhalt mit der Osthälfte des Herzogtums. Diese drei Fürsten dürften es auch gewesen sein, die zusammen mit Barbarossa die Entmachtung Heinrichs vorangetrieben hatten.

Der Kaiser profitierte nicht materiell vom Sturz seines Cousins, da er alle Lehen wieder neu ausgeben musste, um seine Unterstützer zufriedenzustellen. Allerdings war ihm nach dem Tod des Sohns Konrads III. 1167 das Herzogtum Schwaben zugefallen, mit dem er einen seiner Söhne versorgen konnte.

Zwischen seinen sechs Italienaufenthalten versuchte der Kaiser systematisch, das staufische Hausgut auszubauen. Zahlreiche Pfalzen in Verbindungen mit Städten wie Eger, Frankfurt am Main, Gelnhausen, Goslar, Hagenau, Kaiserslautern, Kaiserswerth, Nimwegen, Nürnberg und Ulm wurden von ihm neu erbaut und zu Wirtschaftszentren der verschiedenen Reichsgüter. Noch stärker als die beiden letzten salischen Herrscher stützte er sich auf Ministerialen, deren treue Dienste er mit einem gesellschaftlichen und materiellen Aufstieg belohnte.

Der mittlerweile 62-jährige Kaiser wollte der Ehre seines Hauses besondere Geltung verleihen, indem er an Pfingsten 1184 die Schwertleite seiner Söhne König Heinrich und Herzog Friedrich von Schwaben in Mainz zu einem der bedeutendsten Feste des deutschen Mittelalters machte. Zwei Jahre später inszenierte er den Ruhm der staufischen Dynastie ähnlich prachtvoll, indem er am 27. Januar 1186 seinem Sohn

Die Staufer

PRÄCHTIGE PROVISORIEN – DIE KÖNIGSPFALZEN

Im Gegensatz zu seinen Nachbarländern besaß das mittelalterliche Reich keine Hauptstadt. Die rein personale Herrschaftsausübung erforderte in regelmäßigen Abständen die Präsenz des Herrschers vor Ort. Daher waren der König und sein Hof zu einem lebenslangen Reiseleben gezwungen. Unterkunft boten die innerhalb umfangreicher Reichsgüter gelegenen Pfalzen. Hier war die Versorgung des aus rund 200 Personen bestehenden Hofs sichergestellt. Dienten Pfalzen darüber hinaus noch zur Abhaltung von Reichs- und Hoftagen sowie Synoden, bedeutete die Beschaffung der Lebensmittel eine logistische Herausforderung. Daher war es verständlich, dass besonders die Hoftage vermehrt in zentral gelegenen Bischofsstädten wie Bamberg, Mainz, Speyer oder Worms stattfanden, meist in Verbindung mit einem hohen Kirchenfest. Hier dienten dann die jeweiligen Bischofspfalzen als Königsresidenzen, hochrangige Besucher fanden in Bürgerhäusern und Stadtklöstern Unterkunft. In der Regel glichen die Pfalzen der Salier- und Stauferzeit großen Wirtschaftshöfen, die allerdings einen steinernen Palas mit Saal und Wohnräumen und eine Kapelle besaßen. Das Notwendige an Ausstattung musste der Tross des Königs mitführen. Um im unsteten Reiseleben etwas mehr Bequemlichkeit und so etwas wie ein »Heim« zu haben, kristallisierten sich unter den Herrschern bestimmte Lieblingspfalzen heraus, die sie entsprechend repräsentativer ausbauten. Bei dem Salier Heinrich III. und seiner Gemahlin Agnes war dies z. B. Goslar.

Die meisten in Deutschland erhaltenen Pfalzanlagen gehen jedoch auf Um- oder Neubauten der Stauferzeit zurück, wobei sich Friedrich Barbarossa hier besonders hervortat. Um sein Kaisertum demonstrativ in die Tradition Karls des Großen zu stellen, erneuerte er dessen Pfalzen in Aachen und Ingelheim, die spätantiken Palastvorbildern folgten. Barbarossa achtete wie seine salischen Vorgänger auf ausreichend gute Jagdmöglichkeiten in der Nähe der Pfalzen, wie Kaiserslautern mit eigenem Hirschpark und Hagenau im Heiligen Forst zeigen. Die beste Vorstellung einer Pfalz des Stauferkaisers vermittelt jene in Gelnhausen mit ihren prachtvollen Bildhauerarbeiten. Typisch ist hier die Verbindung mit einer gleichzeitigen Stadtgründung zur Stärkung der Wirtschaftskraft des Reichsguts, aber auch zur Versorgung und Unterbringung der Pfalzbesucher.

Die sakrale Aura des Königs und Kaisers betonen die aufwendigen Pfalzkapellen wie z. B. in Nürnberg. In ihrer Verbindung einer oberen und unteren Kapelle folgen sie wohl byzantinischen Vorbildern. Friedrich II. ließ die Nürnberger Pfalzkapelle seines Großvaters in Eger nochmals wiederholen, wie überhaupt die in seinem kurzen Aufenthalt im Reich erbauten Pfalzen in Wimpfen am Neckar und Seligenstadt am Main sich deutlich auf die Bauten seines Ahnen beziehen.

Die Bischöfe orientierten sich bei ihren Residenzen wiederum an den Königspfalzen, wobei sie teilweise Doppelkapellen errichteten wie die Godehardkapelle am Mainzer Dom. Aufstrebende, mit den Staufern verwandte Landesherren wie die thüringischen Landgrafen ahmten in ihren Burgen die Königspfalzen nach, wie der Palas der Wartburg bei Eisenach zeigt. Der königsgleich herrschende, welfische Dauerkonkurrent der Staufer, Heinrich der Löwe, orientierte sich mit seiner Braunschweiger Burg Dankwarderode und der Blasiusstiftskirche eindeutig am Vorbild Goslar. Auch mächtige staufische Ministeriale wie z. B. die Herren von Münzenberg in ihrer gleichnamigen Burg in der Wetterau lassen erkennen, wie prägend die Architektur ihrer Herren war. Neben den steinernen Hinterlassenschaften der Salier- und Stauferzeit muss mit einem großen Anteil hölzerner Provisorien gerechnet werden. So ließ Barbarossa für den prachtvollen Mainzer Hoftag 1184 einen Palast nebst Kirche aus Holz – als Mittelpunkt einer Zeltstadt – auf den Mainwiesen errichten.

Im stauferbegeisterten wilhelminischen Kaiserreich avancierten die geschichtsträchtigen Ruinen der hessischen Pfalz Gelnhausen zum beliebten Ausflugsort.

rechts oben: *Die Buchmalerei in der Weingartener Welfenchronik zeigt Kaiser Friedrich I. Barbarossa, dessen Mutter eine Welfin war, mit seinen Söhnen Heinrich VI. und Herzog Friedrich.*

rechts unten: *Das Mainzer Hoffest von 1184 fand als eine der größten Prachtentfaltungen der Stauferzeit Eingang in zahlreiche mittelalterliche Geschichtswerke, hier die Sächsische Weltchronik mit der Schwertleite der Barbarossa-Söhne.*

und Erben Heinrich VI. eine prunkvolle Hochzeit mit der sizilianischen Königstochter Konstanze in Mailand ausrichtete. Sowohl Brautals auch Ortswahl verwundern nach den bisherigen Aktivitäten Barbarossas in Italien. Doch nach dem Auslaufen der sechsjährigen Friedensfrist, die 1177 in Venedig vereinbart worden war, verzichtete Friedrich I. auf die nicht durchsetzbaren Roncalischen Gesetze und erkannte den lombardischen Städtebund sowie dessen Forderung nach Rückkehr zur uneingeschränkten Selbstverwaltung an. Als Geste gegenüber dem Ehrgefühl des Kaisers wurde die Stadt Alessandria in Caesarea umbenannt und symbolisch neu gegründet.

Auch die Hochzeit Heinrichs VI. mit der normannischen Prinzessin Konstanze von Hauteville ist das Ergebnis eines völligen Gesinnungswandels des Kaisers. Nun waren die Normannen nicht mehr Gegner, die man möglichst aus dem vom Reich beanspruchten Süditalien vertreiben wollte, sondern Bündnispartner. Zugleich gab es berechtigte Hoffnung, dass Konstanze ihren Neffen König Wilhelm II. von Sizilien beerben könnte. Denn dessen 1177 geschlossene Ehe mit Johanna, Tochter König Heinrichs II. von England, war bisher kinderlos geblieben. Der sizilianische König hatte wohl auch selbst die Hoffnung auf einen Stammhalter aufgegeben, sodass er noch vor der Eheschließung seiner Tante die Großen seines Reichs für diesen Fall auf eine Thronfolge Konstanzes einschwören ließ.

Den Staufern bot sich durch diese Ehe die Chance, auf friedlichem Weg die Herrschaft über Süditalien zu erringen. Die sizilischen Normannen indes erfuhren durch die Einheirat ins Kaiserhaus eine deutliche Aufwertung ihres Rangs, hatten Ruhe vor den Eroberungsgelüsten des Reichs und gewannen einen

Die Staufer **87**

Kaiser Friedrich I. Barbarossa lebte in der Erinnerung der Nachwelt vor allem als heldenhafter Kreuzfahrer weiter.

wichtigen Bundesgenossen gegen Byzanz. Dem alten Kaiser war diese Verbindung so wichtig, dass er sich in den Süden aufmachte, um die jüngste Tochter des ersten sizilianischen Königs Roger II. persönlich abzuholen. Nicht nur die schon 31-jährige, hochgewachsene Braut dürfte Barbarossa beeindruckt haben, sondern auch der mitgeführte Brautschatz, der die immensen Reichtümer des Normannenstaats ahnen ließ.

Ein Mythos entsteht – Barbarossa und der dritte Kreuzzug

Im Sommer 1187 traf an den europäischen Höfen die Hiobsbotschaft ein, dass Jerusalem durch Truppen des Sultan Saladin erobert und die heiligen Stätten geschändet worden wären. Der Papst rief zu einem erneuten Kreuzzug auf. Nachdem der junge englische Thronerbe Richard Löwenherz ohne Erlaubnis seines Vaters mit seinem Kreuzzugsgelübde vorangeprescht war, schlossen die verfeindeten Könige Heinrich II. von England und Philipp II. von Frankreich Frieden und nahmen im Januar 1188 das Kreuz. Der fast 70-jährige Friedrich Barbarossa, der im Gegensatz zu den beiden benachbarten Herrschern durch seine Erfahrungen 1147/48 wusste, auf was er sich einließ, zögerte seine Teilnahme noch etwas hinaus.

Ausgerechnet der von ihm so geförderte Kölner Erzbischof Philipp von Heinsberg drohte Friedrich mit einem Krieg am Niederrhein und hinderte ihn so an der Abreise. Der Kirchenfürst war erbost über das Eingreifen des Kaisers in die bisher von ihm dominierte niederrheinische Territorialpolitik, wobei ihn der Ausbau der Pfalzen Nimwegen und Kaiserswerth besonders provozierte. Als Antwort begann der Erz-

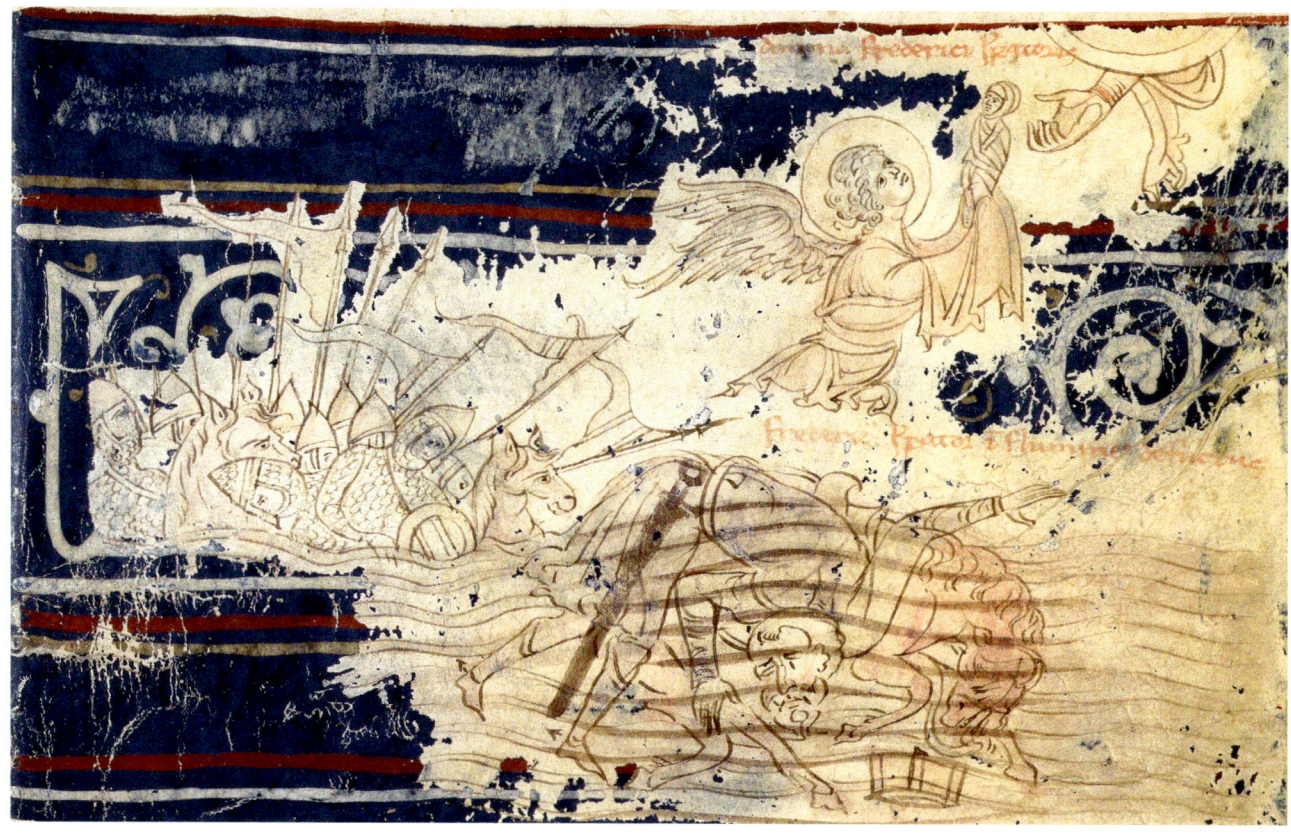

In der Darstellung des tödlichen Badeunfalls Barbarossas auf dem Kreuzzug 1190 trägt ein Engel die reine Seele des Kaisers in Gestalt eines Wickelkindes hinauf zu Gott.

bischof mit dem Bau der gewaltigsten Befestigung der Stauferzeit rund um seine Hauptstadt Köln. Erst auf massiven Druck des Papstes unterwarf sich Philipp von Heinsberg auf dem Mainzer Hoftag Ende März 1188, sodass der Kaiser am Jahrestag seiner Krönung, dem Kirchenfest Laetare Jerusalem (Freue dich Jerusalem), unter großem Jubel das Kreuz nahm. Das symbolhafte Datum sollte aller Welt vor Augen führen, dass sich der alte Kaiser nun die Krone des ewigen Lebens verdienen wollte.

Barbarossa rechnete wohl mit einer Dauer des Kreuzzugs von drei Jahren, denn so lange schickte er Heinrich den Löwen und dessen ältesten Sohn sicherheitshalber wieder ins englische Exil. Die großen Judengemeinden in den rheinischen Städten, die schon bei der Sammlung der beiden ersten Kreuzzüge unter entsetzlichen Pogromen gelitten hatten, stellte er unter seinen Schutz und garantierte ihnen einen tatsächlich eingehaltenen Frieden. Überhaupt wollte er die Fehler von 1147/48 vermeiden und bereitete das Unternehmen höchst sorgfältig vor.

Das Kreuzfahrerheer brach im Mai 1189 in Regensburg auf. Nach einem Jahr waren die Ritter erst in der heißen und trockenen anatolischen Hochebene angekommen. Der Durchmarsch verwandelte sich wegen ständiger Angriffe der Seldschuken aus dem Hinterhalt sowie Nahrungs- und Wassermangel zu einem Alptraum. Um zu überleben, wurden die meisten Pferde notgeschlachtet. Ihre schwere Rüstung konnten die Ritter trotz der Hitze oft nicht ablegen, damit sie die häufigen Überraschungsangriffe parieren konnten. Ihre Rettung war die Stadt Konya, die das Kreuzfahrerheer nach der Eroberung allerdings in

Die Bilderchronik des Petrus von Eboli schildert die Gefangennahme und Auslieferung des englischen Königs Richard Löwenherz an Kaiser Heinrich VI.

einem wahren Blutrausch ausplünderte. Kurz vor Erreichen der Mittelmeerküste ertrank der Kaiser am 10. Juni 1190 im Fluss Saleph. Er hatte sich mit wenigen Begleitern vom Heer getrennt, um nicht wie dieses über die Höhen, sondern auf einem schattigen Pfad am Fluss entlang weiterzureiten. Unterwegs wollte er sich abkühlen und ging schwimmen. Plötzlich rief er um Hilfe und versank in den Fluten. Seine Begleiter konnten nur noch den Leichnam des Kaisers bergen und dem Heer die traurige Mitteilung machen.

Barbarossas Sohn Herzog Friedrich von Schwaben gelang es nicht, das Heer mit ähnlicher Autorität zu führen. Ein Großteil der Ritter trat nach den Strapazen des vergangenen Jahres die Heimreise an. Nur ein kleiner Rest des Heers, das eine Seuche noch zusätzlich schwächte, der auch Herzog Friedrich erlag, kam im Oktober 1190 in Akkon an. Den Leichnam des Kaisers wollte man eigentlich in der Grabeskirche von Jerusalem bestatten. Für den monatelangen Transport durch die Sommerhitze war das Fleisch von den Knochen abgekocht worden. Doch schließlich fanden die Überreste schon in der Kathedrale von Tyros kurz vor Akkon ihr Grab.

Viel Feind, wenig Ehr – Die Niederlage Heinrichs VI. in Sizilien

Die Nachricht vom Tod seines Vaters und seines Bruders erreichte Heinrich VI. erst ein Vierteljahr später in Augsburg, wo er das Heer für seinen Italienzug gesammelt hatte. Daher verschob sich der Aufbruch etwas, bis der König schließlich das Heer unter dem mit den Staufern wieder ausgesöhnten Kölner Erzbischof Philipp von Heinsberg voraus, damit die Alpenüberquerung noch vor Einbruch des Winters gelang. Heinrichs Italienzug hatte zwei Gründe: Zum einen wollte ihn der Papst in Rom zum Kaiser krönen, zum anderen war am 18. November 1189 König Wilhelm II. von Sizilien ohne Nachkommen gestorben. Daher bot sich nun für den Staufer die einmalige Chance, im Namen seiner Gemahlin ganz Süditalien und Sizilien unter die Herrschaft des Reichs zu bringen. Dies schien kein leichtes Unterfangen zu werden, da sich Tankred von Lecce, ein illegitimer Spross des normannischen Königshauses, zum König hatte krönen lassen.

Das erste Halbjahr 1190 musste der Staufer allerdings darauf verwenden, Heinrich den Löwen, der nach dem Tod seiner Gattin Mathilde im Herbst 1189 vorzeitig aus dem englischen Exil zurückgekehrt war, in seine Schranken zu weisen und zu einem Friedensabkommen zu zwingen. In Oberitalien machte sich der 1183 in Konstanz zwischen dem Lombardenbund und seinem Vater geschlossene Friede wohltuend bemerkbar, war Heinrich VI. doch auf die Abgaben der oberitalienischen Städte für den Romzug angewiesen, um sein Heer zu unterhalten.

Am Ostermontag 1191 krönte Papst Coelestin III., ein Mann des Ausgleichs, Heinrich und Konstanze mit der Kaiserkrone. Nach nur wenigen Tagen verließ das Herrscherpaar Rom und zog mit dem Heer nach Süden. Die Abtei Montecassino bereitete ihnen als rechtmäßiges Königspaar einen würdigen Empfang. Schon in Neapel stockte das so hoffnungsvoll begonnene Unternehmen. Sommerhitze und katastrophale hygienische Verhältnisse führten im Belagerungsheer zu einer entsetzlichen Seuche, der der Kölner Erzbischof Philipp von Heinsberg zum Opfer fiel. Selbst der Kaiser erkrankte und zog sich mit den Resten des Heers nach Montecassino zurück.

Die Kaiserin hielt sich im nahen Salerno auf, wo berühmte Ärzte versuchten, ihre Fruchtbarkeit zu stimulieren. Denn nach fünf Ehejahren war die mittlerweile 37-Jährige noch nicht schwanger geworden. Sie wurde von Anhängern Tankreds gefangen genommen und nach Palermo gebracht. Das Schicksal seiner Gemahlin scheint Heinrich nicht allzu sehr bekümmert zu haben, der nach seiner Genesung über Oberitalien ins Reich zurückkehrte. Papst Coelestin gelang es aber, Konstanze im Sommer 1192 auszulösen, indem er im Gegenzug die Herrschaft Tankreds anerkannte.

Kurz vor Weihnachten 1192 wurde der englische König Richard Löwenherz bei seiner Rückkehr vom Kreuzzug durch den österreichischen Herzog Leopold V. gefangen genommen. Leopold war mit dem Rest des Barbarossa-Heers nach der Eroberung der Stadt Akkon von Richard Löwenherz um seinen Anteil an der Beute gebracht und schwer beleidigt worden. Heinrich VI. erkannte nach Erhalt der Nachricht sofort die sich ihm bietende Chance, den wichtigsten Verbündeten der Welfen und Tankreds auszuschalten. Schon Anfang Januar verhandelte er auf dem Regensburger Hoftag mit Leopold über eine Auslieferung des Gefangenen. Beide forderten die ungeheure Summe von 100 000 Mark Silber vom anglonormannischen Staat, die Heinrich und Leopold sich teilen wollten. Das Lösegeld wurde offiziell als Mitgift für Richards Nichte deklariert, die einen der Söhne Leopolds heiraten sollte.

Der Kaiser nahm Richard nach Speyer mit, wo er ihn vor dem Hoftag der Unterstützung Tankreds anklagte, und inhaftierte ihn auf der Burg Trifels. Auf dringenden Wunsch ihres bisherigen Hauptförderers Richard Löwenherz unterwarf sich die niederrheinische Fürstenopposition samt Heinrich dem Löwen dem Kaiser. Dieser hatte Richard im Weigerungsfall mit einer Auslieferung an seinen Hauptfeind, den französischen König, gedroht. Anfang Februar 1194 übergab Heinrich VI. den englischen König seiner Mutter Eleonore von Aquitanien. Die betagte, aber immer noch energische Königin hatte es dank ihres Einflusses erreicht, dass die ungeheure Lösegeldsumme vollständig und rasch zusammenkam. Bevor er aufbrach, musste Richard Löwenherz Heinrich VI. als seinen Lehnsherrn anerkennen.

Der Kaiser wollte das Bündnis mit dem französischen König Philipp II., das einen Schulterschluss mit dem aufmüpfigen niederrheinischen Fürsten verhindern sollte, durch eine Eheschließung bekräftigen. Hierfür bestimmte er seine Cousine Agnes, Erbtochter des rheinischen Pfalzgrafen Konrad, eines Halbbruders Barbarossas. Doch Agnes' Mutter, Pfalzgräfin Irmgard, war wenig begeistert von der Aussicht, einen König als Schwiegersohn zu bekommen, der seine Gemahlin Ingeborg von Dänemark verstoßen hatte und dessen Scheidungswunsch die Kirche ablehnte. Sie durchkreuzte beherzt die Pläne des Herrschers zugunsten des Lebensglücks ihrer Tochter, indem sie die Abwesenheit ihres Mannes ausnutzte, um im November 1193 auf Burg Stahleck oberhalb von Bacharach die Eheschließung von Agnes mit ihrem früheren Verlobten Heinrich von Braunschweig vollziehen zu lassen. Der Bräutigam war ausgerechnet der älteste Sohn Heinrichs des Löwen. Der Kaiser tobte, als er von dieser welfisch-staufischen Ehe erfuhr, fand sich schließlich damit ab und versöhnte sich gar mit Heinrich dem Löwen.

Trügerischer Triumph – Sieg in Sizilien und früher Tod

Nach der päpstlichen Anerkennung schien die Herrschaft Tankreds – auch wenn ihm die von Heinrich VI. in Süditalien zurückgelassenen Truppen zusetzten – zumindest in Sizilien unangefochten zu sein. Tankred gelang es, ein Bündnis mit Byzanz zu schließen und seinen ältesten Sohn Roger III. mit Irene, der Tochter des byzantinischen Kaisers Isaak II. Angelos, zu verheiraten. Doch ein halbes Jahr später verstarb Roger und kurz darauf auch sein Vater Tankred im Februar 1194. Nun versuchte die Königinwitwe Sibylle als Regentin, ihrem minderjährigen Sohn Wilhelm III. den Thron zu sichern.

Noch im Mai brachen Heinrich VI. und Konstanze von der Reichsburg Trifels mit einem großen Heer nach Süden auf, um diese günstige Gelegenheit zur Machtübernahme in Konstanzes Erbreich zu nutzen. Die Kaiserin war zudem Ende März erstmals schwanger geworden, sodass Heinrich VI. in seinen Plänen doppelt beflügelt wurde. Der Himmel schien auf Heinrichs Seite zu sein: Neapel und Messina öffneten freiwillig ihre Tore und am 20. November 1194 bereiteten ihm die Bürger von Palermo einen begeisterten Empfang.

Vier Wochen später ließ er sich im dortigen Normannendom zum König Siziliens krönen und herrschte damit nicht nur über die Insel, sondern über ganz Süditalien. Nicht als Ehemann Konstanzes, sondern aufgrund

der älteren Ansprüche des Reichs wollte er seine Herrschaft antreten. Nur einen Tag später, am 26. Dezember 1194, brachte die 40-jährige Konstanze, die aufgrund ihrer Schwangerschaft in den Marken zurückgeblieben war, in Jesi einen gesunden Jungen zur Welt. Aufgrund des hohen Alters seiner Mutter und ihrer mehr als distanzierten Ehe verfolgte den späteren Friedrich II. zeitlebens das böse Gerücht, Konstanze hätte in Jesi einfach das Neugeborene eines Metzgers als ihr eigenes Kind ausgegeben. Eine spätere Legende will gar wissen, Konstanze hätte ihre Niederkunft in ein Zelt auf dem Marktplatz von Jesi verlegt, damit alle Frauen der Stadt, die sich hier versammelt hatten, Zeugnis von der natürlichen Geburt ihres Sohns geben konnten.

Wie zur Bestätigung, dass der Kaiser unter dem Schutz Gottes stand, entdeckte man Ende Dezember eine Verschwörung der normannischen Oberschicht, die angeblich einen Mordanschlag auf ihn geplant hatte. Daraufhin ließ der Kaiser den abgesetzten Kinderkönig Wilhelm III. blenden und ihn mit seiner Familie und Dutzenden Mitgliedern des normannischen Hochadels über die Alpen bringen: Die Königinwitwe Sibylle verschwand mit ihren drei Töchtern hinter den Mauern des staufischen Nonnenklosters Hohenburg am Odilienberg, während ihr kleiner Sohn bald in seiner Haft auf Burg Hohenems verstarb. Der byzantinischen Kaisertochter Irene, die mit Tankreds und Sibylles bereits 1194 in Sizilien verstorbenen Sohn Roger III. verheiratet war, blieb ein solches Schicksal erspart. Heinrich VI. verheiratete sie mit seinem jüngsten Bruder Philipp, was den Staufern die theoretische Möglichkeit eröffnete, Erbansprüche auf den byzantinischen Thron zu stellen. Denn 1195 war Irenes Vater von dessen eigenem Bruder gestürzt und geblendet worden. Doch blieb die grausame Herrschaft Alexios' III. umstritten. Für diesen dynastischen Plan hatte Heinrich VI. sogar seinen Bruder Philipp, der Propst des Aachener Marienstifts und Kandidat für den Würzburger Bischofsstuhl war, wieder in den Laienstand zurückgeholt. Er erhob ihn zum Herzog der Toskana und Herrn der mathildischen Güter, später noch zum Herzog von Schwaben.

Im Frühjahr 1195 kehrte Heinrich VI. ins Reich zurück. Die Regentschaft im Königreich Sizilien überließ er Konstanze, er engte aber ihre

Mit dem Einzug Kaiser Heinrichs VI. in Palermo wurde das normannische Königreich Sizilien Teil des Reiches, das damit seine größte Ausdehnung erreichte.

Gestaltungsmöglichkeiten durch zahlreiche Ministerialen ein, die er mit wichtigen Ämtern betraute. Zudem musste die Kaiserin mitansehen, wie ihr Gemahl die unermesslichen Schätze ihrer Familie nach Norden abtransportierte.

Vorrangiges Ziel des Kaisers war es, die Nachfolge des kleinen Friedrich sowohl in Sizilien als auch im Reich zu sichern. Denn während im Königreich Sizilien, das den Papst als Lehnsherrn hatte, die Erbfolge galt, wählten im deutschen Reich die Fürsten ihren König. Um sowohl Papst als auch Fürsten unter Druck zu setzen, rief Heinrich VI. zu einem neuen Kreuzzug auf. So hoffte er, eine allgemein anerkannte Begründung zur Regelung seiner Nachfolge vor Antritt dieses lebensgefährlichen Unternehmens gefunden zu haben. Die Fürsten ihrerseits wollten sich nach den schlechten Erfahrungen der jüngeren Vergangenheit dem Kreuzzug nur anschließen, wenn auch die Nachfolge in ihren Besitzungen geregelt war. Nach dem Präzedenzfall Österreich verlangten sie ebenfalls nach der weiblichen Erbfolge und allgemein nach der Erblichkeit ihrer Lehen. Der Kaiser wollte ihnen dieses Anrecht nur unter einer Bedingung bewilligen: Der Umwandlung des Reichs zu einer Erbmonarchie. Obwohl ihm der Kaiser weitgehende Zugeständnisse machte, verweigerte der Papst die Zustimmung zu diesem Plan wie zu einer Krönung des kleinen Friedrich, da er eine dauerhafte Umklammerung des Kirchenstaats durch die Staufer fürchtete.

Immerhin erreichte Heinrich VI. Weihnachten 1196, dass die Fürsten den zweijährigen Friedrich zum König wählten. Kurz zuvor war Heinrich nach Italien aufgebrochen, um den Kreuzzug vorzubereiten. Im Frühjahr 1197 traf er in Sizilien ein und übernahm dort die Regierung wieder mit harter Hand. Alle Barone und Bischöfe des neuen Reichsteils wurden aufgefordert, ihre Privilegien zur Bestätigung dem Herrscher vorzulegen. Sofort erhob sich ein Aufstand, befürchtete man doch zu Recht einen Entzug der Güter. Der Kaiser zerschlug mithilfe der sich zum Kreuzzug sammelnden Truppen die Rebellion mit großer Brutalität. Angeblich ließ er dem Anführer Graf Giordano eine glühende Krone aufs Haupt setzen. Allerdings konnte Heinrich VI. sich nur kurze Zeit an seinem Triumph erfreuen. Am 28. September 1197 erlag er in Messina auf dem Weg ins Heilige Land den Folgen einer Malariainfektion. Mit nicht einmal 32 Jahren endete ein Herrscherleben, das den Gipfelpunkt der Stauferdynastie erreicht hatte: Das Reich und Sizilien waren vereinigt, die Könige von Zypern und Armenien lehensabhängig, unermessliche Schätze angehäuft, ein Thronerbe geboren und zum Nachfolger gewählt, ein viel versprechender Kreuzzug begonnen, ein Anspruch auf Byzanz erheiratet.

Unmittelbar nach dem Tod des Kaisers übernahm Konstanze wieder die Regierung in Sizilien und ließ sofort alle Deutschen ausweisen. Nun holte sie ihren Sohn nach Palermo, der Pfingsten 1198 die Krone des Königreichs Siziliens erhielt. Schon damals gab die Kaiserin offensichtlich die Ansprüche des kleinen Friedrich auf das ungeliebte Reich nördlich der Alpen auf. Vor ihrem Tod am 27. November 1198 vertraute sie den knapp vierjährigen Friedrich seinem Lehnsherrn Papst Innozenz III. an, den sie zum Vormund bestimmte, damit er ihm die Herrschaft über Sizilien erhalte.

Zwei Könige sind einer zu viel – Der staufisch-welfische Thronstreit

Als Heinrich VI. 1197 starb, waren von seinen zehn Geschwistern nur noch zwei Brüder am Leben, Otto und Philipp. Otto, der das burgundische Erbe seiner Mutter, der Kaiserin Beatrix, angetreten hatte, war mit einer Nichte König Philipps II. von Frankreich verheiratet worden. Obwohl älter als Philipp übergingen ihn die Fürsten aufgrund seiner charakterlichen Mängel bei der Königswahl 1198. Beleidigt nannte er sich fortan Otto ohne Land.

Der 1177 geborene Philipp war nun das Haupt der Stauferfamilie. Die Nachricht vom Tod des Kaisers erreichte ihn in Italien. Er hatte sich dorthin aufgemacht, um den kleinen Friedrich nach seiner Wahl zum deutschen König zur geplanten Krönung nach Aachen zu geleiten. Dieses Vorhaben musste er jedoch aufgrund der Wirren, die nach dem Tod Heinrichs VI. in Oberitalien ausbrachen, aufgeben. Mit Mühe konnte er sich selbst nach Norden retten. Dachte er zunächst nur daran, als Vormund die Interessen seines minderjährigen Neffen zu vertreten, so zwangen ihn die sich überschlagenden Ereignisse bald, einen anderen Plan zu fassen.

Die Staufer 93

Kaiserin Konstanze übergibt ihren Sohn Friedrich II. der Herzogin von Spoleto, bevor sie in ihr Erbreich Sizilien zu ihrem Gemahl Heinrich VI. weiter zieht.

Die Nachricht vom Tod des Kaisers führte im ganzen Reich zu chaotischen Verhältnissen. Skrupellose Adelige nutzten die Gunst der Stunde, um sich am scheinbar herren-, vor allem aber schutzlosen Reichsgut zu vergreifen. Viele Ritter und Fürsten waren noch nicht vom Kreuzzug zurück, weshalb auch ihr Besitz gefährdet war. Einige Fürsten und staufische Ministerialen machten Philipp bald klar, dass sie eine lange Vormundschaftsregierung für einen gerade einmal dreijährigen Kinderkönig als zu risikoreich ablehnten. Philipps Bereitschaft, nun alles auf die Karte einer eigenen Thronkandidatur zu setzen, war vor allem eine Reaktion auf die Machenschaften des Kölner Erzbischofs Adolf von Altena. Dieser hatte schon der Wahl des kleinen Friedrich skeptisch gegenübergestanden und betrieb hektisch die Suche nach einem nicht staufischen König. Der von ihm ins Visier genommene Herzog Bernhard von Sachsen winkte aufgrund seines hohen Alters und seiner geringen finanziellen Mittel dankend ab, während Herzog Berthold von Zähringen dem verschuldeten und geldgierigen Erzbischof gar ausrichten ließ, er wolle das Königtum nicht kaufen. Nun mischten sich auch die führenden Bürger der selbstbewussten und reichen Stadt Köln in die Kandidatensuche ihres Herrn ein. Sie lenkten Adolfs Blick recht eigennützig ins benachbarte Reich der Plantagenet, das England und halb Frankreich umfasste und in der rheinischen Metropole seinen wichtigsten Handelspartner im Reich besaß. Hier sprach sich König Richard Löwenherz für seinen welfischen Neffen Otto aus, den zweitältesten Sohn seiner verstorbenen Schwester Mathilde und ihres Gemahls Heinrichs des Löwen. Otto war weitgehend an Richards Hof aufgewachsen und hatte von ihm die Grafschaft Poitou erhalten. Der englische König sicherte Erzbischof Adolf zu, Ottos Kandidatur mit enormen Finanzmitteln zu fördern, was sich in den Ohren des klammen Kirchenfürsten natürlich besonders wohltuend anhörte.

Um weiter das Heft des Handelns in Händen zu halten, ließ sich Philipp am 8. März 1198 im thüringischen Mühlhausen von den zahlreich anwesenden Fürsten und Bischöfen zum König wählen. Besonders der Magdeburger Erzbischof wie auch der Herzog von

Herzog Friedrich von Schwaben und seine Gemahlin Agnes, Schwester Kaiser Heinrichs V., gründeten um 1100 das staufische Hauskloster Lorch im Remstal. Hier wurde Irene von Byzanz 1208 begraben.

94 Die Staufer

Sachsen fürchteten sich vor einer Herrschaft eines Königs aus dem Welfenhaus, da dieser ihnen den einstigen Besitz seiner Familie streitig machen konnte. Daher warben sie besonders eifrig für die Sache des staufischen Kandidaten. Mit der Wahl am Festsonntag Laetare knüpfte Philipp an seine Vorgänger Konrad III. und Friedrich I. an, die an diesem Tag gekrönt worden waren.

Nur drei Monate später fand in Köln die Wahl des Gegenkönigs Otto statt. Der Kölner Erzbischof hatte seinen zögerlichen Trierer Amtskollegen dadurch auf die Seite des Welfen ziehen können, indem er ihm den Kölner Domschatz verpfändete. Da ausschließlich hohe Geistliche an der Wahl teilgenommen hatten, erfand die staufische Propaganda für den Welfen bald den Spottnamen »Pfaffenkönig«. Dieser zeigte sich jedoch überraschend handlungsfähig: Er eroberte Aachen und ließ sich dort von Erzbischof Adolf am 12. Juli 1198 krönen. Bevor er Otto IV. die Krone aufsetzte, musste dieser ihm allerdings schriftlich bestätigen, dass er Westfalen von der Kölner Kirche niemals für die Welfen zurückfordern würde.

Philipp stellt alle Verhandlungen ein und antwortete mit seiner eigenen Krönung am 8. September 1198 in Mainz. Philipp steigerte sein Prestige nicht nur durch die Kroninsignien des Reichs, die in seinem Besitz waren, auch seine Gemahlin, die byzantinische Kaisertochter Irene, verlieh dem Festtag besonderen Glanz. Zudem hatte das Paar schon eine Tochter, wiederum ein Vorteil für Philipp gegenüber dem Gegenkönig Otto, der sich erst am Tag seiner Krönung mit der noch im Kleinkindalter stehenden Tochter des Herzogs von Brabant verlobte.

Niemand konnte zu diesem Zeitpunkt ahnen, dass dieser Thronstreit ein Jahrzehnt andauern und Teile des Reichs immer wieder schwer verwüsten würde. Zunächst schien sich der Staufer durchzusetzen, der über umfangreiche Besitzungen und Schätze seiner Familie verfügte und den erheblich mehr Fürsten und Bischöfe unterstützten. Der Welfe hingegen hatte seinen stärksten Rückhalt in der Stadt Köln samt ihrem Erzbischof sowie in den niederrheinischen Fürsten, insbesondere dem Herzog von Brabant. Was die geringe Zahl seiner Anhänger aber wettmachte, war das Geld seiner englischen Verwandtschaft, das auch nach dem Tod von Richard Löwenherz reichlich floss. Entscheidungsschlachten vermieden beide Seiten, die sich darauf beschränkten, Städte, Dörfer und Felder des Gegners zu schädigen. Durch die dauerhafte Pattsituation im Reich kam dem 1198 gerade ins Amt gekommenen Papst Innozenz III. unweigerlich eine Schiedsrichterfunktion zu, die der ehrgeizige und machtbewusste Jurist genüsslich für seine Zwecke ausnutzte. Beide Seiten appellierten immer wieder an ihn, um ihn mit großen Zugeständnissen zur Bestätigung des jeweiligen Thronanspruchs zu bewegen.

Nach längerem Taktieren gab Innozenz III. Anfang 1201 seine Entscheidung für Otto bekannt, da dessen Vorfahren der Kirche stets treu ergeben gewesen wären, während Philipp, so der Papst, ein Verfolger aus einem Geschlecht von Verfolgern der Kirche sei. Erhebe er den Staufer zum Kaiser, so würde dieser erst recht sich am Kirchenbesitz in Italien vergreifen. Innozenz war der festen Meinung, dass dem Papst als oberstem Priester und Stellvertreter Christi der Vorrang vor aller weltlicher Macht zustünde. Er allein besäße daher das Recht, Könige ein- oder abzusetzen. Der päpstliche Legat verkündete Anfang Juli 1201 in Köln die Anerkennung Ottos durch Innozenz, der wiederum dem Papst bei dessen Wiedererlangung einstiger Besitzungen der Kurie in Mittelitalien Versprechungen machte. Zugleich sprach der Legat den Kirchenbann über Philipp und seine Anhänger aus.

Der Welfe Otto IV. hatte als Gegenkönig seinen stärksten Rückhalt beim Erzbischof und der Bürgerschaft von Köln. Für die Stirnseite des Dreikönigenschreins, auf der er rechts neben den Heiligen Drei Königen dargestellt ist, stiftete er das Gold.

Der Staufer beantwortete diese Anmaßung mit einer höchst effektvollen Inszenierung der Sakralität seines Königtums. Denn auf dem großen Bamberger Hoftag Anfang September 1201 ließ er die Gebeine der Kaiserin Kunigunde, der Gemahlin Heinrichs II., feierlich erheben, die Innozenz anderthalb Jahre zuvor heilig gesprochen hatte. Philipp verlegte diesen Festtag der heiligen Herrscherin ganz bewusst auf den Jahrestag seiner eigenen Krönung, um vor aller Welt zu demonstrieren, wie wenig der ausgesprochene Kirchenbann seiner Amtsheiligkeit anhaben könne.

Im Herbst 1201 erhielten Philipp und Irene unerwarteten Besuch. Irenes Bruder Alexios konnte aus seiner Haft entkommen, in der ihn sein eigener Onkel, der byzantinische Kaiser, gehalten hatte, und an den deutschen Hof fliehen. Damals waren gerade die Truppen des vierten Kreuzzugs aufgebrochen, um sich in Venedig ins Heilige Land einzuschiffen. In der Lagunenstadt sollten die Kreuzfahrer die vorab für eine weit größere Anzahl von Rittern vereinbarte Summe für Transport und Verpflegung zahlen. Der Doge wollte nur dann einen Abschlag gewähren, wenn das Heer bereit wäre, Venedigs lästige Konkurrentin Zara an der kroatischen Küste zu erobern. In der eroberten Stadt Zara erreichte die Kreuzritter eine Botschaft König Philipps, nach Konstantinopel zu ziehen, um seinem Schwager Alexios zum rechtmäßigen Thron zu verhelfen. Wenn dies gelänge, würde Alexios ihnen ihre gesamten Schulden in Venedig begleichen. Philipp versprach dem Papst sogar, ihm wieder die oströmische Kirche zu unterstellen. Da der Anführer des Kreuzzugs, Bonifaz von Montferrat, ein Anhänger und Verwandter des Staufers war, zog das Heer tatsächlich nach Byzanz. Durch die Flucht des byzantinischen Thronräubers gelang rasch die Eroberung der Stadt. Isaak II. wurde befreit und übernahm zusammen mit seinem Sohn Alexios wieder die Macht. Allerdings waren die byzantinischen Kassen leer, weshalb die neuen Herrscher notgedrungen auf Kirchenbesitz zurückgreifen und hohe Steuern erlassen mussten. Die Situation eskalierte draufhin, und ein Aufstand brach los, bei dem die Byzantiner Isaak und Alexios ermordeten. Einige Kreuzfahrer sprachen sich für Philipp und Irene als neues Herrscherpaar aus, doch setzten die Franzosen Balduin von Flandern als byzantinischen Kaiser und die Venezianer einen der Ihren als Patriarchen ein. Als Konstantinopel am 12. April 1204 von den Kreuzfahrern erstürmt wurde, gerieten sie in einen hemmungslosen Rausch aus Plünderung, Mord und Vergewaltigung – einer der Tiefpunkte mittelalterlicher Geschichte. Selbst geistliche Herren griffen gierig zu, deren Beutegut noch heute z. B. im Halberstädter Domschatz besichtigt werden kann. Das byzantinische Reich zerfiel neben dem sogenannten Lateinischen Kaiserreich in weitere Teilstaaten, was letztendlich diesen Vorposten Europas gegen die herannahenden Türken entscheidend schwächte. Nach der Plünderung Konstantinopels endete der vierte Kreuzzug, ohne je das Heilige Land erreicht zu haben.

Fortunas Rad – König Philipps Ermordung und die Folgen

Im Frühjahr 1204 begann sich im seit Jahren festgefahrenen deutschen Thronstreit das Glück eindeutig auf die Seite Philipps zu neigen. Denn König Ottos älterer Bruder, Pfalzgraf Heinrich, wollte für seine Kriegsdienste den welfischen Hauptsitz Braunschweig übertragen bekommen. Otto weigerte sich jedoch, auf diesen Kernbesitz seiner insgesamt recht schmalen Machtbasis zu verzichten. Enttäuscht wechselte Heinrich in das Lager Philipps über, sicherlich auch auf Drängen seiner staufischen Gemahlin Agnes. Die welfische Front zerfiel zusehends. Schließlich schworen im November 1204 sogar Erzbischof Adolf von Köln und Herzog Heinrich von Brabant in Koblenz König Philipp die Treue. Allein die Stadt Köln stand noch auf Ottos Seite. Die allgemeine Anerkennung besiegelte die gemeinsame Krönung von Philipp und Irene am 6. Januar 1205, dem Festtag der Heiligen Drei Könige, in Aachen durch den Kölner Erzbischof.

Nach längeren Friedensverhandlungen bereiteten die Kölner dem Herrscherpaar einen triumphalen Empfang, als es kurz vor Ostern 1207 endlich in die größte und mächtigste Stadt des Reichs einziehen konnte. Philipp demonstrierte königliche Milde und Freigiebigkeit, indem er lukrative Zollbefreiungen und das Befestigungsrecht an Köln vergab.

Zur Besiegelung eines dauerhaften Ausgleichs mit seinen ehemaligen Gegnern griff Philipp auf seine mittlerweile vier kleinen

Die Staufer 97

links: Die Bamberger Bischofspfalz war 1208 Schauplatz des ersten Königsmordes in der deutschen Geschichte.

rechts: Die gotische Buchminiatur zeigt die Ermordung König Philipps von Schwaben durch den in seiner Ehre gekränkten Otto von Wittelsbach.

Töchter zurück. Die älteste, Maria, verlobte er mit dem Sohn des Herzogs von Brabant. Um Otto endlich zum Verzicht auf seine Thronansprüche zu bewegen, bot ihm Philipp im Spätsommer 1207 seine zweitälteste Tochter Beatrix als Gemahlin an, zusätzlich noch das Herzogtum Schwaben und das Königreich Burgund. Obwohl päpstliche Legaten zwischen beiden vermittelten, lehnte Otto ab und stimmte nur einem einjährigen Waffenstillstand zu. Seine dritte Tochter Kunigunde verlobte Philipp mit Wenzel, Sohn des Böhmenkönigs Ottokar. Diese drei Eheschließungen kamen später nach dem Tod des Königs tatsächlich zustande. Nur ein generöser Vorschlag des Staufers blieb allerdings sein Angebot an Innozenz III., dessen Neffen mit seiner vierten Tochter Beatrix der Jüngeren zu verheiraten, um so die gräfliche Herkunftsfamilie des Papstes aufzuwerten. Doch blieb der Stauferprinzessin dieses italienische Abenteuer erspart. Sie wurde später Gemahlin König Ferdinands III. von Kastilien und Léon.

Im Sommer 1208 befand sich Philipp auf dem Höhepunkt seiner Macht. Er war nach langen Jahren des Kampfs allgemein anerkannt, sein Dauerkonkurrent kaltgestellt und selbst Innozenz III. begann ihn allmählich zu akzeptieren. So mutet es fast wie eine bittere Ironie des Schicksals an, dass ausgerechnet der Sanftmütigste unter den Söhnen Barbarossas durch Mörderhand sterben musste. Am 21. Juni 1208 übergab der König in Bamberg seine Nichte Beatrix, Tochter und Erbin seines verstorbenen Bruders Pfalzgraf Otto von Burgund, als Braut Herzog Otto von Andechs-Meranien. Die glanzvolle Hochzeit fand in Bamberg statt, da hier der Bruder des Bräutigams, Ekbert, Bischof war. Nachdem Philipp das Brautpaar nach der Feier aus der Stadt begleitet hatte, zog er sich nachmittags in die Bischofspfalz neben dem Dom zurück. Plötzlich klopfte Pfalzgraf Otto von Wittelsbach an die Tür seiner Kammer. Als er sah, dass der König nur zwei Begleiter bei sich hatte, ließ er sich von seinen Rittern ein Schwert geben und versetzte damit dem völlig überraschten König den Todesstoß. Der Mörder floh in seine bayerische Heimat. Dort konnte er erst ein dreiviertel Jahr später vom treuesten Ministerialen

Die Staufer

Heinrichs VI. und Philipps in einer Scheune bei Regensburg entdeckt werden, der ihn sofort tötete. Philipps Leichnam wurde schon am Folgetag des Mordes im Bamberger Dom bestattet. Erst Friedrich II. ließ 1213 seinen Vorgänger auf Wunsch des Speyerer Bischofs in den Königschor des Salierdoms überführen, wo schon Philipps Mutter Beatrix und Schwester Agnes ruhten. Königin Irene überlebte ihren Gemahl nur um zwei Monate. Die Nachricht vom Tod Philipps, dem sie anscheinend in großer Zuneigung verbunden war, erschütterte die Schwangere so sehr, dass sie auf dem Hohenstaufen eine Fehlgeburt erlitt und starb.

Der jähzornige Wittelsbacher scheint als Einzeltäter gehandelt zu haben. Als Grund für Ottos Gewalttat wird Rache für seine gekränkte Ehre vermutet. Philipp hatte ihm nämlich eine seiner Töchter versprochen, sich dann aber anders entschieden. Auch eine Ehe mit einer Verwandten der Andechs-Meranier scheint auf Philipps Betreiben nicht zustande gekommen zu sein. Da aber schon die Zeitgenossen Bischof Ekbert und seinen Bruder als Drahtzieher des Anschlags vermuteten, die tatsächlich auch für einige Jahre an den ungarischen Hof ihrer Schwester Königin Gertrud flohen, könnten diese den tödlich beleidigten Wittelsbacher für ihre eigenen Pläne instrumentalisiert haben.

Innozenz III. und der Welfe Otto dürften den Tod des Staufers erfreut zur Kenntnis genommen haben, schienen beide nun am Ziel ihrer Wünsche zu sein. Auf dem Frankfurter Hoftag am 11. November 1208 ließ sich Otto erneut zum König wählen. Die Verlobung mit der zehnjährigen Stauferprinzessin Beatrix der Älteren, die er 1212 heiratete, brachte ihm die notwendige Anerkennung durch die zahlreichen staufischen Ministerialen ein. Sie stellten ein Großteil des Heers, mit dem Otto IV. im Sommer 1209 nach Italien zog. Innozenz III. krönte ihn am 4. Oktober 1209 zum Kaiser, bereute aber schon ein Jahr später diesen Schritt und bannte den Welfen. Denn hinter der fügsamen Fassade des Papstschützlings trat ein verschlagener Machtmensch hervor, der sofort nach Süden weitermarschierte, um das Königreich Sizilien zu erobern. Da erreichte Otto die Nachricht, dass von einer rasch angewachsenen Fürstenopposition der Staufer Friedrich II. im September 1211 in Nürnberg zum »anderen Kaiser« gewählt worden war. Ohne den entscheidenden Schlag gegen seinen Gegner zu führen, brach er die Eroberung ab und reiste umgehend nach Norden.

Wie Phönix aus der Asche – Jugend und Aufstieg Friedrichs II.

König Friedrich von Sizilien, 1198 zum Vollwaisen geworden, stand zwar nominell unter der Vormundschaft von Papst Innozenz III., wuchs aber in Palermo auf. Innozenz konnte die ihm von der Kaiserin übertragene Regentschaft trotz ausgesandter Truppen und Befehlshaber nur in Süditalien, aber nicht in Sizilien durchsetzen. So wurde der kleine Friedrich fast ein Jahrzehnt lang zum Spielball jener Kräfte, die stattdessen die Herrschaft beanspruchten. Obwohl Kaiserin Konstanze nach dem Tod ihres Gemahls dessen deutsche Ministerialen aus Sizilien verwiesen hatte, konnten sich einige von ihnen in Süditalien dauerhaft halten und dort die Interessen des Reichs, vor allem aber ihre eigenen, wahren. Höchst erfolgreich war dabei Markward von Annweiler. Der einfache Ministeriale war zum wichtigsten Helfer Heinrichs VI. in Italien geworden und von diesem mit der Markgrafschaft Ancona und dem Herzogtum Ravenna belohnt worden. 1199 begann er mit Genehmigung König Philipps militärische Aktionen in Süditalien, allerdings nur mit mäßigem Erfolg, bis er schließlich 1201 Sizilien erobern und Palermo einnehmen konnte. Der siebenjährige Friedrich versteckte sich zwar in der erstürmten Burg, wurde aber verraten und an Markward ausgeliefert.

Als Markward schon ein Jahr später starb, trat an seine Stelle für vier Jahre ein weiterer Ministeriale aus der Zeit Heinrichs VI., Wilhelm von Capparone. Obwohl beide aus päpstlicher Sicht reine Ausgeburten der Hölle waren, haben sie vermutlich die sorgfältige körperliche und geistige Ausbildung des jungen Staufers unterstützt. Auch wenn jene Jahre weite Teile des Landes in Anarchie stürzten, war der kleine König als Unterpfand und Legitimation aller stellvertretenden Herrschaft immer wohlbehütet. Mit seinem 14. Geburtstag am 26. Dezember 1208 erreichte Friedrich seine Mündigkeit und regierte nun in eigenem Namen. Allerdings musste er ernüchtert feststellen, dass seine Kassen leer und die reichen Krongüter in den vergangenen Jahren vielfach in fremde Hände geraten waren. Seine ersten Maßnahmen galten daher der Rückgewinnung seines Besitzes. Rasch baute er sich einen Kreis fähiger Berater auf, die ihn dabei unterstützten. Mit ihrer Hilfe gelang es ihm sogar, einen Adelsaufstand gegen diesen Entzug von Königsgut weitgehend friedlich zu beenden. Um seinen Herrschaftsanspruch auch in Süditalien durchzusetzen, musste er allerdings erst noch das Eintreffen seiner spanischen Braut mit den versprochenen 500 Rittern abwarten.

Mitte August 1209 traf Konstanze, die Schwester des Königs Peter II. von Aragon, in Palermo ein. Die Verbindung hatte Innozenz eingefädelt, da Aragon ein päpstliches Lehnsreich war und er damit ein Eheprojekt König Philipps torpedieren konnte. Die Braut war fast doppelt so alt wie Friedrich und in erster Ehe bereits mit dem ungarischen König Emmerich verheiratet gewesen, von dem sie auch einen Sohn bekam. Nach dem Tod Emmerichs 1204 setzte sich dessen Bruder Andreas und seine Gemahlin Gertrud von Andechs-Meranien, Eltern der hl. Elisabeth von Thüringen, als neues Herrscherpaar durch. Konstanze floh mit ihrem kleinen Sohn nach Österreich, wo dieser bald darauf starb. Damit endeten ihre Ansprüche als ungarische Regentin. 1205 kehrte sie in ihre Heimat Aragon zurück und wurde von ihrem Bruder als künftige Braut des Königs von Sizilien wieder auf das politische Schachbrett gesetzt.

Die gerade begonnene Herrschaft Friedrichs schien unmittelbar bedroht zu sein, als der Welfe Otto IV. im November 1210 im süditalienischen Reichsteil des Staufers einmarschierte. Sein Ziel war, Friedrich aus Sizilien zu verdrängen und das Land mit dem Reich zu vereinigen. Zahlreiche Adelige Süditaliens unterstützten Otto, weil sie befürchteten, Friedrich würde auch von ihnen wie auf Sizilien den einstigen königlichen Besitz zurückverlangen. Rasch gelangte der Welfe nach Kalabrien. Die Eroberung Siziliens stand nun unmittelbar bevor, als Otto im Oktober 1211 von der Wahl Friedrichs zum Gegenkönig durch die bedeutendsten Fürsten im Reich erfuhr. Noch im November verließ er Süditalien. Für Friedrich, der sich in Messina verschanzt hatte, war dieser plötzliche Abbruch der Invasion wie ein Geschenk des Himmels,

Die Darstellung in der Chronik des Petrus von Eboli zeigt Heinrich VI. mit seinem wichtigsten Ministerialen Markward von Annweiler, der nach dem Tod des Kaisers den kleinen Friedrich II. in seine Gewalt brachte.

das er als Zeichen seiner Auserwähltheit interpretierte.

Innozenz III. war von Otto IV., den er gegen König Philipp einst entscheidend unterstützt hatte, dermaßen enttäuscht, dass er eine 180-Grad-Wendung vollzog. Nun förderte er die Thronansprüche seines vormaligen Mündels im Reich, obwohl dieser aus einem »Geschlecht von Verfolgern« stammte, wie er noch dessen Onkel Philipp entgegengeschleudert hatte. Zudem widersprach die anstehende Verbindung Siziliens mit dem Reich der bisherigen päpstlichen Politik, die eine solche Umklammerung stets zu verhindern suchte. Anfang 1212 traf ein Abgesandter der Reichsfürsten in Palermo ein und forderte Friedrich II. offiziell dazu auf, sein neues Reich in Besitz zu nehmen. Im März verließ der 17-Jährige die Insel und setzte damit alles auf eine Karte. Eine solche Chance wollte er als Sohn Heinrichs VI. nicht ausschlagen, auch wenn seine Herrschaft im Königreich Sizilien alles andere als gesichert war. Zudem war zu befürchten, dass Otto IV. bald wieder nach Süden ziehen würde, gelang es Friedrich II. nicht, diesen vom Thron zu stoßen. Friedrich schlug alle Mahnungen seiner Gemahlin Konstanze in den Wind, die noch ihre ungarischen Erfahrungen als Schreckensbild vor Augen hatte, und bestimmte sie während seiner Abwesenheit zur sizilianischen Regentin für den gerade erst ein Jahr alten, gemeinsamen Sohn Heinrich. Damals konnte noch niemand ahnen, dass Friedrich fast neun Jahre lang seine Heimat nicht wiedersehen sollte.

Mit nur wenigen Begleitern erreichte der junge König im April 1212 Rom, wo er zum ersten und einzigen Mal mit seinem Lehnsherrn und ehemaligen Vormund Innozenz III. zusammentraf. Der Papst sicherte ihm persönlich seine Unterstützung zur Übernahme der Herrschaft im Reich zu, besserte seine Reisekasse auf und versorgte ihn mit Schiffen zur Weiterfahrt nach Genua. Der Landweg durch Oberitalien glich in den staufertreuen Städten wie Pavia einem Triumphzug. Doch der über-

Die Staufer 101

Bei jedem Zug in den italienischen Reichsteil bedeuteten die Alpen eine große Herausforderung für das deutsche Heer. Bis heute blieb der Brenner der wichtigste Pass.

aus feindselige und dauerhafte Gegensatz bestimmter Kommunen brachte Friedrich in höchste Gefahr. Nur knapp konnte er der Gefangennahme durch mailändische Truppen entgehen. Auch der bequemste Alpenübergang über den Brenner wurde ihm von den Anhängern Ottos versperrt, sodass er nach Westen ausweichen musste. Ab Chur gaben ihm der dortige Bischof und der Abt von St. Gallen sicheres Geleit bis zum Bodensee. Hier konnte der König den Konstanzer Bischof wohl dank seiner päpstlichen Empfehlungsschreiben bewegen, ihm die Tore der Stadt zu öffnen. Damit war Friedrich nur wenige Stunden dem schon in Überlingen lagernden Otto IV. zuvorgekommen, der seinem Konkurrenten entgegengezogen war. Hier wurde erstmals der schon zwei Jahre zuvor ausgesprochene Kirchenbann über den Welfen im Reich verkündet. Otto hatte zwar noch im Sommer 1212 seine 14-jährige Verlobte Beatrix von Staufen geheiratet, doch starb sie schon nach vier Wochen Ehe. Damit hatte der Welfe den Rückhalt der staufischen Ministerialen verloren, die nun ins Lager Friedrichs wechselten. Problemlos konnte der König die oberrheinische Kernlandschaft seiner staufischen Vorfahren in Besitz nehmen und zog bis Frankfurt. Dort fand am 5. Dezember 1212 seine offizielle Wahl durch eine Fürstenversammlung statt, der vier Tage später in Mainz die Krönung folgte.

Eine mehr als glückliche Fügung für den jungen Staufer war der dauerhafte Gegensatz zwischen König Johann ohne Land, dem Onkel und Förderer Ottos IV., und König Philipp II. von Frankreich. Letzterer schloss noch vor Friedrichs Wahl mit ihm ein Bündnis und übergab ihm die gewaltige Summe von 20 000 Mark Silber. Damit finanzierte er nicht nur seinen Kampf gegen den gemeinsamen Gegner Otto, sondern übte auch die notwendige königliche Tugend der Freigiebigkeit aus und zog noch zweifelnde Fürsten dank reicher Geschenke auf seine Seite. Doch konnte er seine Herrschaft zunächst nur im süddeutschen Raum ausüben, während der Norden noch zu Otto hielt.

Im Sommer 1214 wagte der englische König Johann ohne Land von seinen südwestfranzösischen Besitzungen einen Angriff auf Philipp II. von Frankreich. Sein Neffe Otto nahm

Aufbruch des siegreichen französischen Königs Philipp II. 1214 in die Schlacht von Bouvines, welche die Geschichte Europas verändern sollte (Gemälde, 1827, von Horace Vernet).

Philipp von Norden in die Zange. Als sich die französischen Truppen auf dem Rückzug befanden und vor einer Brücke nahe Bouvines stauten, nutzte Otto diese scheinbar günstige Gelegenheit zu einem Überraschungsangriff. Allerdings endete diese Schlacht am 27. Juli 1214 mit der völligen Niederlage und heillosen Flucht des Welfen. Da auch Johann den Rückzug angetreten hatte, veränderte dieser Tag die Geschichte Europas: Mit der Annahme der Magna Carta Libertatum durch den englischen König als Folge der Niederlage war die erste konstitutionelle Monarchie entstanden. Der französische König hingegen konnte sein Herrschaftsgebiet auf das Vierfache ausdehnen und den Aufstieg zur europäischen Großmacht einleiten, während Otto IV. als Gegner Friedrichs II. ausgeschaltet war.

Am 25. Juli 1215, dem Festtag des Apostels Jakobus des Älteren, ließ sich Friedrich II. nochmals am rechten Ort zum König krönen: in der Pfalzkapelle Karls des Großen in Aachen, das jetzt seine Toren öffnete. Demonstrativ stellte er sich in die Tradition des von seinem Großvater Friedrich I. geförderten Karlskultes, indem er die letzten Nägel in den gerade vollendeten Schrein einschlug, der die Gebeine des heiligen Karolingers und Gründungsvaters des fränkischen Kaiserreichs enthält. Auf dem bis heute erhaltenen Reliquiar stellen Reliefs Karls Kreuzzug gegen die spanischen Sarazenen und die Befreiung des Jakobus-Grabes in Santiago dar, zu dem er in einer Vision durch den Apostel aufgefordert worden war. Im Anschluss an die Krönungsmesse verkündete Friedrich II. die Kreuznahme zur Rückeroberung des Heiligen Landes. Auf dem stark besuchten vierten Laterankonzil im Herbst 1215 rief Innozenz III. zu diesem Kreuzzug auf und erkannte die Herrschaft Friedrichs II. offiziell an. Otto blieb dagegen weiter im Kirchenbann. Nachdem auch Köln seine Tore geöffnet und Otto nach Braunschweig ausgewichen war, befand sich Friedrich II. in Rekordzeit am Ziel seiner Wünsche.

Friedrich blieb fünf Jahre im Reich und nutzte diese Zeit intensiv, um seine bisherigen Unterstützer noch fester an sich zu binden und neue zu gewinnen. In verschwenderischer Fülle verteilte er Privilegien, Schenkungen und anderweitige Gunsterweisungen an Fürsten, Bischöfe, Städte und Ministerialen. Gleichzeitig versuchte Friedrich aber in die Fußstapfen seines Großvaters Barbarossa zu treten, indem er sich intensiv darum bemühte, verlorenes staufisches Haus- und Reichsgut wieder in seinen Besitz zu bringen. Zugleich sorgte er für eine deutlich effektivere Verwaltung dieser Güter, da er auf Mehreinnahmen dringend angewiesen war. Vor allem im Elsass und in Schwaben förderte er die Gründung von Städten, denen er allerdings keine Selbstverwaltung zubilligte. Handel, Märkte und Gewerbe sollten die Steuerkassen stärker füllen.

Ende 1216 traf Konstanze mit dem kleinen Heinrich in Nürnberg ein. Ziel Friedrichs war es nämlich, die Nachfolge seines bisher einzigen Sohns im Reich zu sichern. Genau wie sein Vater Heinrich VI. setzte er wirkungsvoll seine Kreuzzugsvorbereitungen als Druckmittel gegen die Fürsten ein, vor einem solchen unberechenbaren Unternehmen seinen Sohn zum König zu wählen. Sie ließen sich jedoch ihre Zustimmung auf dem Frankfurter Hoftag im April 1220 teuer bezahlen. Vor allem die geistlichen Fürsten erhielten generell die Zusicherung, dass sich der König nicht mehr in ihre Territorialpolitik einmischen würde.

Das Staunen der Welt – Die Reformpolitik Friedrichs II. im Süden

Friedrich nutzte das Drängen Papst Honorius' III. auf den Aufbruch zum Kreuzzug, um von ihm vorher die Einladung zur Kaiserkrönung zu erhalten. Nachdem der Kölner Erzbischof Engelbert von Berg zum Reichsverweser ernannt und der kleine Heinrich einigen schwäbischen Ministerialen zur weiteren Erziehung übergeben worden war, reiste das Königspaar im August 1220 nach Italien. Am 22. November setzte der Papst Friedrich und Konstanze die Kaiserkrone auf. Auch hier musste der Staufer die Privilegien und Territorien der Kirche anerkennen. Rasch erreichte das Kaiserpaar nun die Grenze zum Königreich Sizilien, die nicht allzu weit südlich von Rom verlief.

Mit großem Ehrgeiz begann der 26-jährige Friedrich in seinem südlichen Königreich ein umfassendes Reformprogramm, das ihn in der Rückschau so modern erscheinen lässt. Sein mehrjähriger Aufenthalt im deutschen Reich hatte ihm eindringlich die starke Macht der dortigen Fürsten vor Augen geführt. Der König konnte nur mit ihnen, aber nicht gegen sie regieren. Fast alle einstmals königlichen Rechte waren inzwischen an sie übergegangen. In Oberitalien sah die Situation für Friedrich aufgrund der weit entwickelten Selbständigkeit und Bündnisse der reichen Handelsstädte nicht besser aus. Für Sizilien erkannte der Staufer nun umso deutlicher die Chancen, wenigstens diesen Reichsteil zu einem starken Zentralstaat umzuformen. Unmittelbar nach seiner Rückkehr erließ er auf dem Hoftag von Capua am 20. Dezember 1220 zwanzig Gesetze, die den König zum obersten Inhaber und Garanten des Rechts machten, und ergänzte sie ein halbes Jahr später durch die Beschlüsse von Messina. Ein ihm unterstelltes Großhofgericht sollte den Frieden sichern und Fehden verhindern. Verlorener Besitz der Krone wurde zurückgefordert, wobei Friedrich die Zeit seines normannischen Großvaters Roger II., des ersten Königs von Sizilien, als Status quo ansetzte. Insgesamt beschritt er aber bei seiner Gesetzgebung keine neuen Wege, sondern knüpfte an das Werk seiner auch auf diesem Feld höchst fortschrittlichen normannischen Vorfahren an.

Um von den Juristen des wenig kaisertreuen Bologna unabhängig zu werden, gründete Friedrich 1224 in Neapel eine eigene Universität. Ausschließlich hier sollten die Beamten seines Königreichs ausgebildet werden. Ein großzügiges Stipendienprogramm ermöglichte auch begabten Kindern niederer Schichten eine Karriere im Dienste des Kaisers. Zur Wirtschaftsförderung kassierte er sämtliche nach 1189 eingeführten Zoll- und Marktrechte, die er nun dergestalt vergab, dass die Einnahmen vorrangig in seine Kassen flossen. Große Sorgfalt verwendete er auch auf den Ausbau einer effektiven Finanzverwaltung und Kanzlei, um alle Teile seines südlichen Reichs zu durchdringen. Nach arabischem Vorbild wagte Friedrich auch eine Währungsreform zur Förderung des Handels, was ihm auf einen Schlag großen Gewinn einbrachte.

Im Grab Konstanzes von Aragon, der ersten Gemahlin Friedrichs II., fand sich diese nach byzantinischem Vorbild angefertige Haubenkrone.

Laut den Beschlüssen von Capua unterstand das Befestigungsrecht nun allein wieder dem König. Alle ohne seine Erlaubnis nach 1189 angelegten Wehranlagen mussten niedergerissen werden. Nach seinen eigenen strategischen Erfordernissen ließ der Kaiser zahlreiche Kastelle im ganzen Land bauen. Zugleich verlegte er seine Residenz von Palermo auf das Festland bzw. nach Apulien in das neu errichtete Foggia, das ihn wohl wegen der schönen Umgebung mit hervorragenden Jagdmöglichkeiten lockte. In der Nähe von Foggia gründete er mit Lucera eine weitere Stadt, worin er ausschließlich die von ihm aus Sizilien deportierten Sarazenen ansiedelte. Da allein er es war, der ihnen den lebensnotwendigen Schutz vor ihren christlichen Umgebung garantierten konnte, mussten ihm die Sarazenen hohe Abgaben leisten. Weitere Vorteile brachten Friedrich nicht nur die hochspezialisierten arabischen Handwerker, Künstler, Gelehrte, Techniker und Verwaltungsfachleute, sondern auch die sarazenischen Elitetruppen, die ihm bedingungslos gehorsam waren. Trotz erheblicher Kritik seitens des Papstes, der ihn gar als »Sultan von Lucera« verunglimpfte, hielt der Staufer lebenslang seine schützende Hand über diese muslimische Bevölkerungsgruppe. Das Gleiche galt für den jüdischen Bevölkerungsanteil seines südlichen Reichs.

Auch wenn Friedrich II. mit seinen Reformen mehr als ausgelastet war, durfte er sein Kreuzzugsversprechen nicht aus den Augen verlieren, zumal Papst Honorius III. immer dringlichere Mahnungen schickte. Um der kaiserlichen Verschiebetaktik endlich ein Ende zu machen, schlug der Papst dem seit 1222 verwitweten Friedrich eine neue Ehe vor. Anfang November 1225 heiratete dieser wunschgemäß die erst 14-jährige Isabella von Brienne, die Erbin des Königreichs Jerusalem, das aber zu dieser Zeit nur noch aus einem klangvol-

Die Staufer **105**

rechts: *Die Befreiung des Grabes Christi in der Jerusalemer Grabeskirche war das Ziel aller Kreuzzüge auch unter Friedrich II.*

Zur Erleichterung des für das Königreich Sizilien wichtigen Fernhandels ließ Friedrich II. neue Goldmünzen mit seinem Bild prägen.

len Titel bestand. Wie wenig ihm an seiner neuen Gemahlin lag, zeigte Friedrich bereits in der Hochzeitsnacht, die er nicht mit Isabella, sondern mit deren mitgereister hübscher Cousine verbrachte. Nicht nur diese Beleidigung seiner Ehre machte den Schwiegervater Johann von Brienne zum hartnäckigen Gegner des Staufers. Friedrich II. entzog ihm entgegen ihrer Absprache unmittelbar nach der Hochzeit den Titel des Königs von Jerusalem. Johann von Brienne reiste sofort an den päpstlichen Hof, wo er den Kaiser umfassend anschwärzte. Isabella verstarb schon nach zweieinhalb Jahren Ehe, nachdem sie am 26. April 1228 den späteren Konrad IV. geboren hatte.

Um seine Abhängigkeit von den Seestädten Genua, Pisa und Venedig zu reduzieren, hatte der Kaiser mit dem kostspieligen Aufbau einer eigenen Flotte begonnen, die für die Überfahrt ins Heilige Land unabdingbar war. Im August 1227 sollte es nun endlich so weit sein und Friedrich II. persönlich an der Spitze eines Heers ins Heilige Land aufbrechen. Der Termin der Abreise war nicht besonders glücklich gewählt: Unter den Rittern und Pilgern, die größtenteils aus dem Reich und England stammten, brach in der hochsommerlichen Hitze eine Seuche aus, der ein Großteil der Männer zum Opfer fiel, darunter auch der thüringische Landgraf Ludwig IV., der Gemahl der hl. Elisabeth. Auch Friedrich II. war erkrankt und zog sich in die Bäder von Pozzuoli bei Neapel zur Genesung zurück. In Rom hielt der neue Papst Gregor IX. – ein Neffe Innozenz' III. und wie dieser hartleibig und von päpstlichen Allmachtsphantasien besessen – das Ganze für eine Ausrede und exkommunizierte den Kaiser.

Friedrich II. ließ sich davon nicht beirren und führte im Sommer des folgenden Jahrs ein neues Kreuzzugsheer nach Osten, um sich als Schutzherr der Christenheit und wahrer König Jerusalems zu präsentieren. Doch hatte der Kaiser keine militärische Auseinandersetzung im Sinn, sondern benutzte sein Heer nur als Drohkulisse, um die schon 1227 begonnenen zähen Verhandlungen mit dem ägyptischen Sultan, der auch Palästina beherrschte, Anfang Februar 1229 zu einem glücklichen Abschluss zu bringen. Der Sultan übergab Jerusalem, Bethlehem und Nazareth Friedrich II., der einen zehnjährigen Waffenstillstand und seinen Abzug versprach. Im Laufe der Verhandlungen, bei denen immer wieder kostbare Geschenke ausgetauscht worden waren, wuchs zunehmend der beiderseitige Respekt. Dem Kaiser kamen nicht nur seine Schutzherrschaft über die sizilischen Sarazenen zugute, sondern auch seine Arabischkenntnisse. Der Patriarch von Jerusalem hatte nach dieser überraschend friedlichen Einigung nichts Besseres zu tun, als Friedrich II. beim Papst als willfährigen Araberfreund zu verleumden, der nicht für die Sache der Christen kämpfen wollte. Am 17. März 1229 zog der Kaiser an der Spitze der begeisterten Ritter und Pilger ohne Blutvergießen in Jerusalem ein und betete demütig in der Grabeskirche. Aufgrund seiner fortdauernden Exkommunikation und

Eine der vielen Interessen des aufgeschlossenen Stauferkaisers galt der Falkenjagd, für die Friedrich II. eigens eine Anleitung – das sogenannte Falkenbuch – verfasste.

des Widerstands des verstimmten Patriarchen unterblieb zwar eine Krönung, doch setzte er sich am Folgetag die auf dem Hochaltar der Grabeskirche liegende Krone demonstrativ selbst auf. Damit hatte das Stauferreich die größte Ausdehnung erreicht.

Schon Anfang Mai 1229 reiste der Kaiser überstürzt zurück, hatten doch päpstliche Truppen unter Führung Johanns von Brienne begonnen, in sein südliches Reich einzufallen. Bereits Ende des Jahres war der Sieg Friedrichs aber vollkommen. Nach zähen Verhandlungen erreichte er von Papst Gregor XI. endlich die Lösung vom Kirchenbann. Für den Kaiser verhandelte sein Vertrauter und Ratgeber Hermann von Salza, Hochmeister des von Friedrich geförderten Deutschen Ordens, der immer stärker in die Rolle des kaiserlichen Chefdiplomaten am feindlichen päpstlichen Hof hineinwuchs. Hauptstreitpunkt waren die von Friedrich II. beanspruchten Rechte über die Kirche Siziliens. Als öffentlichkeitswirksame Geste der vermeintlich vollkommenen Aussöhnung besuchte der Kaiser Papst Gregor IX. im Haus von dessen Eltern in Anagni.

Nun hatte Friedrich den Rücken frei, um noch stärker als zehn Jahre zuvor die Herrschaft in seinem südlichen Reich zu intensivieren. 1231 erließ er auf dem Hoftag von Melfi eine Sammlung von 219 Gesetzen, die sich zum Großteil auf normannische und justinianische Vorgaben stützten. Als wahrer christlicher König wollte er in Vorwegnahme der himmlischen Gerechtigkeit und Ordnung jedem seiner Untertanen seine Rechte garantieren, die vor Willkür geschützt sein sollten. Um den Handel weiter zu fördern, begann er ein umfassendes Hafenbauprogramm und führte für bestimmte Güter ein staatliches Handelsmonopol ein. Die intensivere Bewirtschaftung der königlichen Domänen erreichte er nicht nur durch eine effiziente Verwaltung, sondern auch durch Anwerbung von Siedlern und durch die Gründung von Städten. Mit der Generalkollekte erhob Friedrich jährlich eine direkte Steuer, deren Verwendungszweck er aber der Bevölkerung erläuterte. Mit einem Burgenbauprogramm wollte er den Frieden des Reichs vor inneren und äußeren Feinden sichern. Eine möglichst effektive, unbestechliche Beamtenschaft, unterstützt von einer produktiven Kanzlei, setzte den Herrscherwillen in jedem Winkel des Landes durch. Insgesamt erscheint der Staufer wie die Vorwegnahme eines aufgeklärten, absolutistischen Herrschers des späten 18. Jahrhunderts. Unter den Königen Europas war Friedrich II. auch durch sein großes naturwissenschaftliches Interesse eine ungewöhnliche Erscheinung. Er umgab sich mit einem Gelehrten- und Literatenkreis, dem auch Araber und Juden angehörten, dichtete und schrieb sogar ein Buch über die von ihm mit Passion betriebene Falkenjagd.

Unversöhnlich bis in den Tod – Friedrich II. und sein Sohn Heinrich

Dieses freundliche Bild des Kaisers bekommt aber deutliche Risse, wenn man den unbarmherzigen Umgang mit seinem Sohn Heinrich betrachtet. 1232 traf er mit ihm nach fast zwölfjähriger Trennung in Aquileja zusammen, wo er den 19-jährigen König vor den versammelten Fürsten demonstrativ demütigte. Heinrich musste schwören, fortan allen Anweisungen des Vaters aufs Strengste zu folgen, ansonsten wären die deutschen Fürsten von ihrem Treueid an ihren König befreit. Wie konnte es so weit kommen? Zum Zeitpunkt der Ermordung des Reichsverwesers Erzbischof Engelbert von Köln 1225 war Heinrich 14 Jahre alt und damit eigentlich mündig. Dennoch setzte ihm Friedrich II. mit Herzog Ludwig von Bayern einen neuen Vormund vor die Nase. Im gleichen Jahr noch musste Heinrich auf Wunsch des Vaters die sieben Jahre ältere Margarethe von Österreich heiraten, die Tochter Herzog Leopolds VI. und seiner byzantinischen Gemahlin Theodora. Durch Margarethe sollte er das wichtige Herzogtum erlangen, falls ihr Bruder erwartungsgemäß ohne männliche Nachkommen starb. Alle höherrangigen Kandidatinnen aus königlichem Haus wie Isabella, Schwester des englischen Königs Heinrich III., oder Agnes, Tochter König Ottokars I. von Böhmen, verweigerte ihm der Vater, da er sie als potenzielle Bräute sich selbst vorbehalten wollte.

Nach nur wenigen Jahren Ehe, in denen er seine Gemahlin wohl gar nicht anrührte, verlangte Heinrich die Scheidung von Margarethe, um Agnes von Böhmen heiraten zu können. Sein ansonsten in Liebesdingen sehr zugänglicher Vater blieb aus Gründen der Staatsräson hier hart und zwang seinen Sohn in Aquileja, die Ehe mit Margarethe endlich zu vollziehen. Tatsächlich gebar die Königin

Privileg König Heinrichs für die Fürsten (Statutum in favorem principium, 1231), denen er darin die meisten Königsrechte abtrat.

Anfang der 1230er-Jahre zwei Söhne, die allerdings noch im Jugendalter verstarben.

Heinrichs Vater und sein Vormund ließen ihm wenig Raum, um eine eigenständige Politik zu beginnen. Die Fürsten hielten sich von seinem Hof fern und wandten sich lieber direkt an den Kaiser. Als Heinrich dann auch noch begann, die Selbstverwaltung von Städten und deren Bündnisse untereinander zuzulassen, gingen die Fürsten zum geschlossenen Widerstand über. Im Frühjahr 1231 zwangen sie den König in Worms, ihnen ein ähnliches Privileg auszustellen, wie es sein Vater 1220 für die geistlichen Fürsten getan hatte. Heinrich verzichtete auf die königliche Förderung der Städte in den fürstlichen Territorien, die von diesen völlig abhängig bleiben sollten. Allerdings erhielt er dafür im Gegensatz zu seinem Vater keine entsprechende Gegenleistung.

Nach dem Treffen von Aquileja verschlechterte sich das Verhältnis von Vater und Sohn weiter. Während Friedrich II. die Ketzerverfolgung vorantrieb, um bei Gregor IX. zu punkten, stand Heinrich dem fanatischen und maßlosen päpstlichen Ketzerverfolger im Reich, Konrad von Marburg, kritisch gegenüber. Nachdem einige schuldlos Angeklagte dem Terror Konrads durch dessen Ermordung 1233 ein Ende gemacht hatten, unternahm Heinrich nichts zur Verfolgung der Täter, wie es der Papst gefordert hatte. Zunehmend beschwerten sich die Fürsten bei Friedrich II. über seinen Sohn, sobald er ihre Interessen tangierte. Schließlich begann der König eine Fehde gegen Herzog Otto von Bayern, dem er sein Herzogtum entziehen wollte.

Als der Kaiser für den Sommer 1235 seine Ankunft im Reich ankündigte, erfasste Heinrich Panik. Um jeden Preis wollte er ein erneutes Aufeinandertreffen mit seinem Vater verhindern, denn er ahnte wohl allzu deutlich, welche Konsequenzen dies haben würde. Er verbündete sich ausgerechnet mit Mailand, der Anführerin der kaiserfeindlichen Lombardischen Liga, um die Reise des Vaters nach Norden zu verhindern, und ging zur offenen Empörung über. Der Kaiser fasste dies als unverzeihlichen Hochverrat auf, den es unbarmherzig zu bestrafen galt. Obwohl sich Heinrich am 2. Juli 1235 in der Pfalz Wimpfen Friedrich II. unterwerfen wollte, ließ er ihn nicht vor sein Angesicht treten, sondern

In der staufischen Königspfalz Wimpfen am Neckar fand 1235 die Unterwerfung und Gefangennahme König Heinrichs durch seinen Vater Friedrich II. statt.

gleich als Gefangenen nach Worms abführen. Dort sollte er auf seine Krone verzichten und die Reichsinsignien herausgeben, was er verweigerte. Daraufhin übergab ihn der Kaiser ausgerechnet Herzog Otto von Bayern, der sich an seinem Hauptgegner entsprechend gerächt haben dürfte. Damit ihn seine schwäbischen Vertrauten nicht befreien konnten, ließ der Kaiser seinen Sohn 1236 nach Süditalien deportieren, wo er in strenger Haft gehalten wurde. Nach siebenjähriger Gefangenschaft und ohne jede Aussicht auf väterliche Gnade nutzte der Unglückliche vermutlich die Überführung in eine andere Burg, um sich 1242 vom Pferd in einen Abgrund zu stürzen. Friedrich versandte nun tränenreiche Traueranzeigen für seinen »geliebten Sohn« an die Höfe Europas.

Ungerührt hatte Friedrich II. im Juli 1235 auf dem Wormser Hoftag, auf dem er seinen Sohn absetzte und zum Gefangenen machte, zugleich eine prunkvolle Hochzeit mit Isabella von England gefeiert, die er einst seinem Sohn verweigert hatte. Ausschlaggebend für die Eheschließung war die enorme Mitgift von 30 000 Mark Silber, die er für seinen Kampf mit den oberitalienischen Städten gut gebrauchen konnte. Zudem erhoffte sich Friedrich einen gewissen Rückhalt beim englischen König gegen den Papst, der dessen Lehnsherr war. Isabella starb schon Ende 1241 bei der Geburt ihres dritten Kindes.

Auf dem Mainzer Hoftag Mitte August 1235 präsentierte sich der Kaiser den Fürsten mit größtmöglicher Prachtentfaltung auf dem Höhepunkt seiner Macht. Mit der riesigen Zeltstadt auf den Wiesen vor Mainz knüpfte er bewusst an den berühmten Mainzer Hoftag seines Großvaters an. Als Friedenskaiser wollte er gesehen werden, weshalb er mit Zustimmung der Fürsten einen allgemeinen Landfrieden verkündete, der Recht und Ordnung garantieren sollte. Er zelebrierte er auch den endgültigen Friedensschluss zwischen Staufern und Welfen, indem er Otto, dem Enkel Heinrichs des Löwen und Neffen Ottos IV., als erbliches Herzogtum Braunschweig und Lüneburg samt den umliegenden welfischen Besitzungen übertrug. Der jüngste Welfenspross hatte sich in den Augen Friedrichs II. besonders verdient gemacht, indem er 1229 dem päpstlichen Versuch widerstand, sich als Gegenkönig aufstellen zu lassen.

In Marburg inszenierte sich der Kaiser als demutsvoller Diener der Kirche, wo er am 1. Mai 1236 im Büßergewand und mit nackten Füßen die Gebeine der hl. Elisabeth von Thüringen aus ihrem Grab erhob. Die 1231 verstorbene ungarische Königstochter und Frau des Landgrafen von Thüringen hatte nach dem Tod ihres Mannes 1227 radikal mit allen Standeskonventionen gebrochen und sich in den Dienst der Armen und Kranken gestellt, um Christus vollkommen nachzufolgen. Ihr Schwager Konrad von Thüringen war 1234 in den Deutschen Orden eingetreten und betrieb erfolgreich ihre Heiligsprechung, die Gregor IX. schon im folgenden Jahr verkündete. Elisabeths ehrgeiziger Onkel und Vertrauter Friedrichs II., Bischof Ekbert von Bamberg, hätte seine Nichte nur zu gerne 1228 als dritte Gemahlin an den Kaiser vermittelt. Um den Widerstand Elisabeths, die mit ihrem Leben völlig andere Pläne hatte, zu brechen, sperrte er sie auf Burg Pottenstein (Fränkische Schweiz) ein. Doch die selbstbewusste junge Frau drohte, sich die Nase abzuschneiden, sollte ihr Onkel an den Heiratsplänen festhalten, woraufhin dieser entnervt aufgab. Da Friedrich II. mit Elisabeth verwandt war, fiel am Marburger Festtag, zu dem sich mehrere Tausend Pilger versammelt hatten, auch etwas vom Glanz der Heiligen auf den Staufer. Als Reliquiar für ihren Schädel stiftete er einen kostbaren Kelch samt Krone, der sich seit dem Dreißigjährigen Krieg in Stockholm befindet.

Die Erfolgsgeschichte des Kaisers schien sich nahtlos fortzusetzen. Nachdem sich auf dem Mainzer Hoftag die Fürsten wohl noch aufgrund päpstlicher Ermahnungen geweigert hatten, Friedrichs neunjährigen Sohn Konrad zum König zu wählen, gelang dies auf einem Hoftag in Wien im Februar 1237. Ausschlaggebend für diese Wahl war wohl der hier anwesende böhmische König Wenzel I., der mit Friedrichs Cousine Kunigunde vermählt war. Der Kaiser hatte Wenzel entscheidend zum Sieg über seinen Gegner, den Herzog von Österreich und Steiermark verholfen, sodass er entsprechende Dankbarkeit erwarten konnte. Selbstbewusst wählten die Fürsten Konrad IV. nicht nur zum »römischen König«, sondern auch zum »künftigen Kaiser« – eine deutliche Spitze gegen den Papst.

Unbarmherziger Vernichtungswille – Der Papst und die Staufer

Voller Elan stürzte sich Friedrich II. nun in den Krieg mit den Städten des Lombardenbundes. Wie schon bei seinem Großvater Friedrich I. gab es in seinem Herrschaftsverständnis weder Platz für den Freiheitsdrang der reichen oberitalienischen Handelsmetropolen noch für den Wunsch der Bürger nach Städtebündnissen zum gegenseitigen Schutz unter Umgehung des adeligen Gewaltmonopols. Daher verstrickte er sich zwangsläufig wie Barbarossa in eine endlose Spirale aus Belagerungen, Geiselnahmen, Kämpfen und Zerstörungen, ohne das von vornherein utopische Endziel einer Unterwerfung aller oberitalienischen Städte unter die Oberhoheit des Reichs zu erlangen. Dieser Dauerkrieg verschlang einen Großteil des Wohlstands seines Königreichs Sizilien, ohne sich jemals auszuzahlen. Fatalerweise schwang sich

Papst Gregor IX. in diesem Streit zum Schiedsrichter auf. Doch hatte er keinerlei Interesse an einer Schwächung oder gar Niederlage des Lombardischen Bundes, weil dieser den Kirchenstaat vor einer allzu festen Umklammerung durch den Staufer und vor kaiserlichen Gebietsansprüchen auf päpstliches Territorium sicherte.

Das fragile Verhältnis zwischen Friedrich und Gregor geriet vollends aus den Fugen, nachdem es Friedrich gelungen war, seinen unehelichen Lieblingssohn Enzio mit der Erbin zweier Fürstentümer auf Sardinien zu verheiraten. Er erhob Enzio zum König dieser Insel und ignorierte damit die päpstlichen Ansprüche auf Sardinien. Der Papst fasste dies als bewusste Provokation auf, zumal Friedrich es gewagt hatte, seine uneheliche Tochter Konstanze mit Kaiser Johannes III. Vatatzes von Nikaia zu verheiraten, der in den Augen Gregors ein orthodoxer Ketzer war. Nun ging der Papst offen auf Konfrontationskurs und verhängte kurz vor Ostern 1239 zum zweiten Mal den Kirchenbann über den Staufer. Damit verstieß er den Kaiser aus der Gemeinschaft der Christen und folglich der mittelalterlichen Gesellschaft. Zugleich löste er alle Treueide, die dem Herrscher geschworen worden waren, um ihn

links: *Schlichtes Wollgewand der hl. Elisabeth von Thüringen, die als Witwe andere Lebenspläne als ihre ehrgeizige Verwandtschaft hatte.*

rechts: *Grabplatte des Mainzer Erzbischofs Siegfried III. von Eppstein, der sich mit den von ihm aufgestellten Gegenkönigen Heinrich Raspe und Wilhelm von Holland darstellen ließ.*

völlig zu isolieren und endgültig in die Knie zu zwingen. Hauptstreitpunkt waren wieder die von Friedrich beanspruchten Rechte über die sizilische Kirche, doch verstieg sich Gregor IX. zunehmend im blinden Hass gegen den Staufer, den er immer mehr als Antichrist auf Erden ansah. Alles an ihm war ihm verdächtig: seine Verhandlungen mit dem ägyptischen Sultan, seine Duldung von Sarazenen in Sizilien, die sogar an seinem Hof Dienst taten, sein naturwissenschaftliches Interesse, sein ungezwungenes Liebesleben.

Kaiser wie Papst eröffneten nun einen »Krieg der Kanzleien«: Unablässig sandten sie Rundschreiben an die Könige, Bischöfe und Fürsten Europas, um ihre jeweilige Position zu rechtfertigen. Zum ersten Mal in der mittelalterlichen Geschichte tauchte so etwas wie die öffentliche Meinung auf, die man auf seine Seite ziehen wollte. Doch der Ton der Rundschreiben wurde besonders von Seiten des Papstes ständig schriller, der immer üblere Verleumdungen über den Kaiser als »Tatsachen« öffentlich machte. Damals machten sich die Franziskaner, die sich gerade über ganz Europa auszubreiten begannen, mit ihren charismatischen Predigern zum Sprachrohr des Papstes, was die Situation verschärfte.

Der Kaiser hoffte, mit dem 1243 gewählten Papst Innozenz IV. einen Ausgleich zu finden. Allzu rasch entpuppte sich dies jedoch als Wunschdenken. Unerbittlich forderte auch dieser die völlige Unterwerfung jeder weltlichen Gewalt unter den Papst als einzigem Stellvertreter Christi. Nach gescheiterten Verhandlungen floh Ende Juni 1244 Innozenz IV. über seine Heimatstadt Genua nach Lyon, wo er nun den päpstlichen Hof installierte, um vor der Umklammerung des Staufers sicher zu sein. Genau ein Jahr später verkündete er auf dem dort versammelten Konzil die Absetzung des Kaisers nach Verlesung eines Sündenkatalogs, der die abenteuerlichsten und schmutzigsten Gerüchte über Friedrich auflistete. Nun ging der »Krieg der Kanzleien« in eine neue Runde.

Die Erzbischöfe von Mainz und Köln versprachen dem Papst, einen Gegenkönig zu erheben. Sie fanden ihn schließlich in dem Thüringer Landgrafen Heinrich Raspe, des Schwagers der hl. Elisabeth. Innozenz IV. hatte ihm einen Ehedispens erteilt, damit er die Enkelin des staufischen Königs Philipp, Beatrix von Brabant, zur Untermauerung seiner Thronansprüche heiraten konnte. Am 22. Mai 1246 wurde er in Veitshöchheim bei Würzburg von den drei rheinischen Erzbischöfen ohne Beteiligung weltlicher Fürsten gewählt. Doch schon nach einem dreiviertel Jahr verstarb der Gegenkönig, nachdem er schon einige Siege gegen König Konrad, den Sohn Kaiser Friedrichs II., erkämpft hatte. Gefährlicher für den Kaiser war damals eine noch rechtzeitig aufgedeckte Adelsverschwörung in seinem südlichen Reich, der sich

Die Staufer

einige seiner engsten Vertrauten angeschlossen hatten. Friedrich nahm grausame Rache.

Am 3. Oktober 1247 wählten die drei rheinischen Erzbischöfe in Worringen bei Köln Wilhelm von Holland zum neuen Gegenkönig. Dessen eigentlich vorgesehener Onkel Herzog Heinrich II. von Brabant – einst Gemahl der staufischen Beatrix – hatte für sich abgelehnt, unterstützte aber seinen Neffen maßgeblich. Wie bei Heinrich Raspe war es vor allem das reichlich fließende päpstliche Geld, das die Sache am Laufen hielt. Genau ein Jahr später krönte ihn der Kölner Erzbischof in Aachen. König Konrad IV. konnte seine Position vor allem in Süddeutschland verteidigen, da er am 1. September 1246 die Wittelsbacherin Elisabeth, die Tochter des bayerischen Herzogs und rheinischen Pfalzgrafen Otto II., geheiratet hatte. Zudem hielten die rheinischen und staufischen Städte, allen voran Worms, sowie die staufischen Ministerialen zu ihm.

Friedrich II., der sich im Kampf mit den oberitalienischen Städten verausgabte, verschob immer wieder seinen geplanten Zug nach Norden. Zwei schwere Niederlagen machten ihm zu schaffen: Im Februar 1248 brannten die Bürger Parmas die kaiserliche Belagerungsstadt Viktoria nieder und raubten den Schatz des Kaisers samt Kriegskasse. Ein Jahr später geriet sein Lieblingssohn und fähigster Heerführer Enzio in die Gefangenschaft Bolognas. Bis zu seinem Tod 1272 sollte er als Gefangener im Rathaus der Stadt leben. Als sich der militärische Erfolg wieder etwas auf die Seite Friedrichs zu neigen begann, starb der Kaiser plötzlich auf einem Jagdausflug am 13. Dezember 1250 im Castel Fiorentino in Apulien an einer schweren Durchfallerkrankung. Er hatte noch Zeit, sein Testament zu machen und sich in das Gewand der Zisterzienser für seine letzte Reise kleiden zu lassen. So hoffte er, trotz Exkommunikation, vor dem Richterstuhl Gottes eine gerechtere Beurteilung als durch dessen unversöhnlichen Stellvertreter auf Erden zu erfahren. Seinem Wunsch gemäß wurde er in der Kathedrale von Palermo neben seinen Eltern und seiner ersten Gemahlin Konstanze von Aragon bestattet.

In seinem Testament hatte Friedrich II. seinen Sohn Konrad IV. zum Universalerben eingesetzt. Bliebe dieser ohne Nachkommen, so sollte nach dessen Tod zuerst Friedrichs Sohn Heinrich aus der Ehe mit Isabella von England die Herrschaft übergeben werden und dann seinem nachträglich legitimierten Sohn Manfred aus der Verbindung mit der Markgräfin Bianca Lancia. Manfred sollte zudem als Statthalter das Königreich von Sizilien und Oberitalien für seine Halbbrüder verwalten. Doch der Hass Innozenz' IV. und seiner Nachfolger auf dieses »Natterngezücht« unverbesserlicher Kirchenfeinde – so deren Einschätzung der Staufer – führte letztendlich zur Auslöschung dieser Dynastie. Aus Sicht der Päpste galt es, unter Einsatz aller Mittel eine Umklammerung des Kirchenstaats durch eine Doppelherrschaft der Staufer im Reich und in Süditalien zu verhindern. Dies war ihrer Meinung nach nur zu erreichen, indem sie dauerhaft von der Herrschaft ferngehalten wurden.

Konrad IV. bekam dies recht deutlich zu spüren. Der Gegenkönig Wilhelm von Holland drängte ihn immer weiter nach Süden

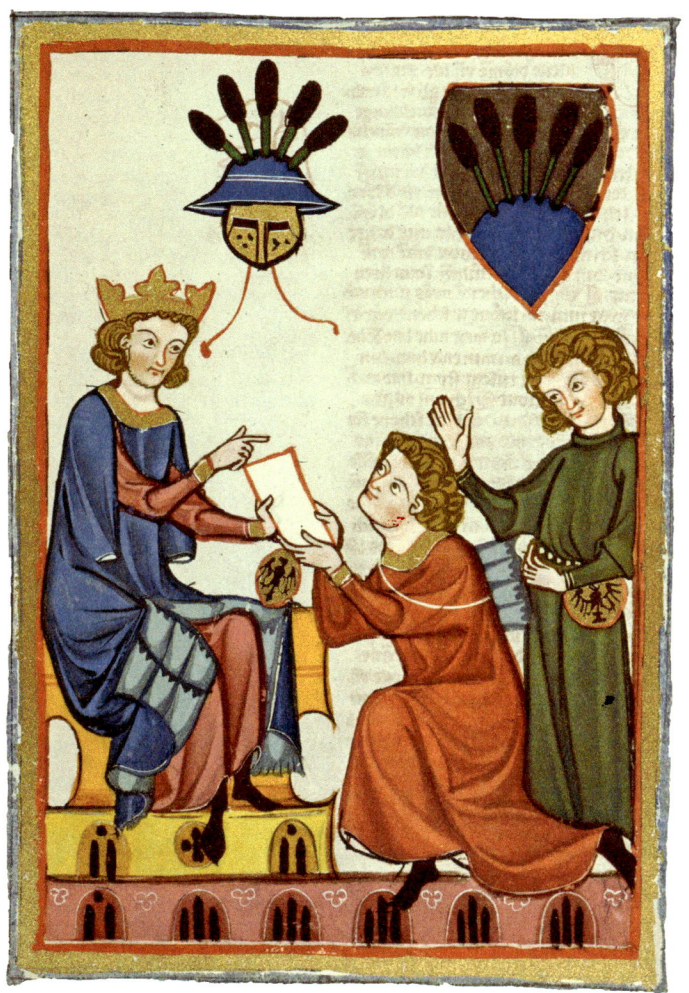

Der Taler empfängt aus den Händen eines Königs (Heinrich VII. oder Konrad IV.) eine Urkunde. Codex Manesse.

ab – dank Unterstützung der Erzbischöfe von Köln und Mainz und des päpstlichen Golds. Als Wilhelm 1251 die bisher staufertreue Reichsstadt Boppard erobern konnte, versuchte Konrad sein Glück südlich der Alpen. Zusammen mit seinem Halbbruder Manfred gelang es ihm, den von Papst Innozenz IV. mit viel Geld unterstützten Aufstand im Königreich Sizilien niederzuringen und das südliche Erbe zu sichern. Mit sizilischem Geld ausgestattet zog Konrad wieder nach Norden, um den Kampf gegen seinen Widersacher Wilhelm erneut aufzunehmen. Der Staufer kam aber nur noch bis Lavello bei Melfi, wo er am 21. Mai 1254 mit nur 26 Jahren an der Malaria starb.

Nach seiner Abreise in den Süden hatte Konrads Gemahlin Elisabeth ihm einen Sohn geboren, dem sie den Namen seines Vaters gab. Beim Tod Konrads IV. war dieser Konradin erst zwei Jahre alt. Um trotzdem Konradins Rechte in Italien und Sizilien zu wahren, setzte sein sterbender Vater noch den bayerischen Markgrafen Berthold von Vohburg als Regenten ein. Dem Wittelsbacher Otto II., einem Onkel Konradins, gelang es nicht, die Königswahl nach dem Tod Wilhelms von Holland 1256 im Sinne seines Neffen zu lenken.

Sarkophag Friedrichs II. im Dom von Palermo aus Porphyr. Dieser Stein war schon in der römischen Antike exklusiv dem Herrscherhaus vorbehalten.

Die Staufer 115

*Mit der Enthauptung Konradins in Neapel endete die
Stauferdynastie auf tragische Weise.*

Papst Alexander IV. hatte nämlich alle drei rheinischen Erzbischöfe als traditionelle Königsmacher fest darauf eingeschworen, auf keinen Fall diesen Staufer zu wählen. Sie erhoben daher 1256 Alfons X. von Kastilien zum König, der ein Enkel des Stauferkönigs Philipp war. Allerdings hatte Alfons keineswegs die Absicht, im Reich zu regieren, das er nie betrat. Er war allein am staufischen Erbe im Süden interessiert, wofür er den Königstitel als Legitimation benötigte. Als sich daher ein Machtvakuum im Norden abzeichnete, gelang es 1257 Richard von Cornwall als Gegenkönig diese Lücke zu füllen. Er war der Bruder König Heinrichs III. von England und der dritten Frau Kaiser Friedrichs II.

Zwei Jahre nach dem Tod seines Halbbruders Konrad IV. ließ sich Manfred am 10. August 1258 in Palermo zum König von Sizilien krönen. Er sah es als aussichtslos an, die Ansprüche des gerade einmal vier Jahre alten Konradin ein Jahrzehnt lang bis zu dessen Mündigkeit aufrechtzuerhalten, war der Junge doch nicht einmal im Reich zum König

116 Die Staufer

gewählt worden. Manfred erwies sich als würdiger Sohn Friedrichs II. Er besaß einen ähnlich weiten geistigen Horizont und setzte dessen Politik im Süden nahtlos fort. Schon ein Jahr nach seiner Krönung griff der König auf Seiten einiger staufertreuer oberitalienischen Städte entscheidend in den Kampf zwischen Florenz und Siena zu deren Gunsten ein. Dieses Vorgehen bewirkte umgehend den erneuten Ausbruch der päpstlichen Umklammerungsphobie. Der neue Papst Urban IV., der aus Troyes stammte, sah daher keine andere Lösung mehr, als den schon lange gebannten Manfred zu vertreiben. Hierzu konnte er den materiell wohl etwas unterversorgten und machtgierigen Karl von Anjou gewinnen, den Bruder des französischen Königs Ludwig des Heiligen. 1265 belehnte der Papst Karl von Anjou in Rom offiziell mit dem Königreich Sizilien und rief einen Kreuzzug gegen den angeblichen Ketzer Manfred aus. Schon unmittelbar hinter der Grenze zwischen dem Kirchenstaat und dem Königreich Sizilien trat Manfred dem Gegenkönig entgegen, verlor jedoch am 26. Februar 1266 bei Benevent die Entscheidungsschlacht und sein Leben. Da mit ihm viele seiner Getreuen niedergemetzelt wurden, konnte Karl rasch das gesamte Königreich erobern. Die Königinwitwe und ihre fünf kleinen Kinder ließ der neue Herrscher einkerkern.

Nur Manfreds älteste Tochter Konstanze befand sich damals schon im sicheren Aragon, wo sie 1262 den Thronfolger und späteren König Peter III. geheiratet hatte. Zwei Jahrzehnte später gelang es diesem Königspaar nach dem Aufstand von 1282, der sogenannten Sizilianischen Vesper, die Insel Sizilien den Anjou dauerhaft zu entreißen, die sich aber auf dem sizilischen Festland halten konnten. Konstanze erreichte damals immerhin noch, dass zwei ihrer Schwestern freikamen, während ihre Brüder nach Jahrzehnten in der Haft verstarben. Nach dreijähriger Regentschaft übergab sie das Inselkönigreich an ihren Sohn Jakob und kehrte nach Aragon zurück.

Nach dem Tod König Manfreds 1266 richteten sich die Hoffnungen der verbliebenen Stauferanhänger in Sizilien und einigen oberitalienischen Städten auf Konradin, der mit 14 Jahren gerade mündig geworden war. Zwei Jahre später zog er nach Süden, um wenigstens dort seine Erbansprüche geltend zu machen. Die Seemacht Pisa, die sich Handelsvorteile von einem Sieg Konradins erhoffte, unterstützte ihn mit Bargeld, damit er ein Heer aufstellen konnte. Doch noch ehe ein Aufstand gegen die verhasste Fremdherrschaft Karls von Anjou ausbrechen konnte, unterlag Konradin am 23. August 1268 in der Schlacht bei Tagliacozzo in den Abruzzen. Auf seiner Flucht wurde der letzte Staufer gefangengenommen und an Karl von Anjou ausgeliefert, der den 16-Jährigen nach einem Schauprozess auf dem Marktplatz von Neapel am 29. Oktober 1268 enthaupten ließ. Danach befahl er, die Leiche des jungen Mannes wie die eines Verbrechers ohne christliches Begräbnis auf einem Abfallplatz zu verscharren. Wenige Jahre später gründete Konradins tieftraurige Mutter, die Wittelsbacherin Elisabeth, zusammen mit ihrem zweiten Gemahl Meinhard von Görz-Tirol die Zisterzienserabtei Stams nahe Innsbruck. Nach dem Willen der Stifterin war die Hauptaufgabe der Mönche das Gebet für das Seelenheil des unglücklichen letzten Staufers.

Die Goldene Bulle Karls IV. von 1356 regelte endgültig die deutsche Königswahl.

Die Luxemburger

Heinrich VII., dem ersten König dieser Dynastie, gelang es nicht, seiner Rolle als Hoffnungsträger gerecht zu werden und die Verhältnisse in Italien zugunsten des Reichs zu stabilisieren. Frankreich weitete zudem seine Ostgrenze aus, sodass die Luxemburger sich auf die durch Heirat erlangten Königreiche Böhmen und Ungarn konzentrierten. Prags Ausbau zum »Paris des Ostens« kündet bis heute davon.

Die Luxemburger

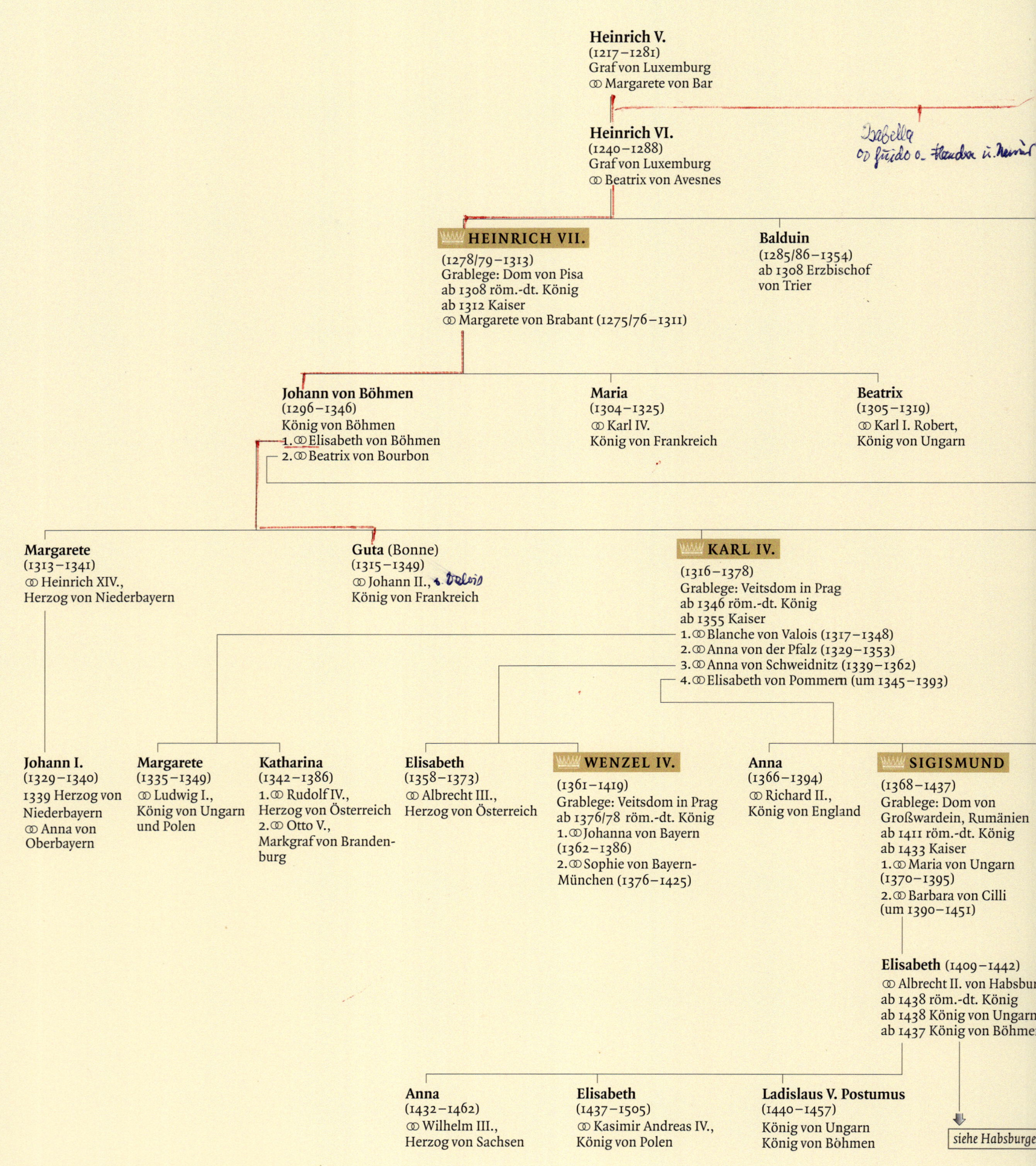

Walram
(um 1280–1311)

Johann Heinrich
(1322–1375)
Graf von Tirol
Markgraf von Mähren
1. ⚭ Margarete Maultasch
2. ⚭ Margarete von Schlesien
3. ⚭ Margarete von Österreich

Anna
(1323–1338)
⚭ Otto
Herzog von Österreich,
Steiermark und
Kärnten

Wenzel
(1337–1383)
Herzog von Luxemburg
und Brabant
⚭ Johanna,
Herzogin von Brabant

Margarete
(1373–1410)
⚭ Johann,
Graf von Hohenzollern,
Burggraf Nürnberg

Jobst
(1351–1411)
Markgraf von Mähren
und Brandenburg

Katharina
(1353–1378)
⚭ Heinrich,
Herzog von Falkenberg

Johann Sobjeslaw
(nach 1355–1394)
Bischof von Olmütz,
Patriarch von Aquileia

Prokop
(nach 1355–1405)
Markgraf von
Mähren

Elisabeth
(† 1400)
⚭ Wilhelm,
Markgraf von
Meißen

Elisabeth
(1391/92–1429)
⚭ Eberhard von
Württemberg

Johann
(1370–1396)
Herzog von Görlitz
⚭ Richardis von
Mecklenburg-Schwerin

👑 röm.-dt. Könige
— legitime Nachkommen

Die Luxemburger

Hochzeit mit Folgen

Gerade einmal zwei Jahrzehnte nach ihrer Niederlage in der Schlacht von Worringen, bei der fast alle männlichen Mitglieder der Luxemburger Dynastie ums Leben kamen, bestieg der überlebende Heinrich VII. (reg. 1308–1313) den Thron des Reichs. Beherzt nutzte er die einmalige Chance, die sich ihm nach der Ermordung König Albrechts I. von Habsburg bot. Die kurze Herrschaft des Luxemburgers, der sich in Italien tragisch verkämpfte, wäre bedeutungslos geblieben, hätte er nicht durch die Heirat seines Sohns Johann mit der Erbin Böhmens und Mährens seiner Familie dauerhaft eine weitere Krone verschafft. Das Reich regierten die Luxemburger, mit längeren Unterbrechungen durch das Königtum der Wittelsbacher Ludwig des Bayern und Ruprecht von der Pfalz, von 1308 bis 1437. Namensgebend war die im 11. Jahrhundert zum Stammsitz gewordene Luxemburg.

Johann von Böhmen gehört zu den schillerndsten Gestalten des Mittelalters. Zwar blieb ihm die Wahl zum deutschen König versagt, doch nutzte er seine erheirateten böhmischen Länder wie seine Gemahlin materiell rücksichtslos aus, um sich an den europäischen Höfen als strahlender Ritter zu präsentieren. Geradezu virtuos war seine Heiratspolitik. Fast inszeniert wirkt schließlich sein »Heldentod« 1346 in der französischen Entscheidungsschlacht von Crécy.

Sein Sohn Karl IV. (reg. 1346–1378) baute Böhmens Hauptstadt Prag zur glanzvollsten Metropole Europas aus. Vorbild war Paris, wo er wie schon sein Vater und Großvater prägende Jahre der Jugend verbracht hatte. Mit Unterstützung seines Onkels Balduin von Luxemburg, der fast ein halbes Jahrhundert als Erzbischof von Trier die Dynastie entscheidend stärkte, erreichte Karl IV. auch die Wahl zum deutschen König. Doch waren hierfür Unsummen von Schmiergeldern an die Kurfürsten fällig, wofür Karl das verbliebene Reichsgut mit vollen Händen ausgab und so die materielle Basis des Königtums weitgehend zerstörte. Wie alle weiteren Könige des Spätmittelalters stützte er sich daher auf die eigene Hausmacht. In der sogenannten Goldenen Bulle regelte er 1356 endgültig das Verfahren der Königswahl im Reich und begrenzte den exklusiven Kreis der Königwähler auf die sieben Kurfürsten.

Sein Sohn Wenzel (reg. 1378–1400), Nachfolger im Reich wie in Böhmen, war trotz sorgfältiger Erziehung und Vorbereitung seinem anspruchsvollen Amt nicht gewachsen. Obwohl sein ehrgeiziger Bruder Sigismund (reg. 1410–1437) mehrfach versuchte, ihn zu entmachten, gelangte er erst nach dem Tod des Gegenkönigs Ruprecht von der Pfalz auf den Thron des Reichs. Seine anfangs recht holprige Karriere hatte Sigismund als ungarischer König gestartet, da ihm sein Vater Karl IV. die Hand der Erbin dieses Reichs gesichert hatte. Auch wenn seine vielen überspannten politischen Pläne scheiterten, gehört Kaiser Sigismund dank dem von ihm ins Leben gerufenen und dominierten Konstanzer Konzil ein Ehrenplatz in den Geschichtsbüchern. Seine Erbtochter Elisabeth heiratete einen Habsburger, wodurch diese Dynastie nach einigen Umwegen Österreich, Ungarn, Böhmen und Mähren bis 1918 regieren konnte.

Aufstieg mit Hindernissen – Die Luxemburger bis zur Schlacht von Worringen

Über die Herkunft des Luxemburger Grafenhauses wurde in der Forschung viel gerätselt. Ein festes Eckdatum ist der Palmsonntag 963, an dem Graf Siegfried durch Gebietstausch die »Lucilinburhuc« über dem Tal der Alzette erhielt. Doch erst 120 Jahre später nannte sich die Familie nach dieser Luxemburg. Siegfried war Graf an der Mittelmosel und im Saargau, doch war die Stadt Trier seine eigentliche Machtbasis. Dort war er zudem Vogt der mächtigen Reichsabtei St. Maximin, die sich dank dem nötigen Druck und Einfluss der

Machtbasis der frühen Luxemburger war im 10. Jh. die Stadt Trier.

An der Seite Heinrich II. machte die Luxemburgerin Kunigunde 1002 einen unerwarteten Karrieresprung von der bayerischen Herzogin zur Königin des Reiches. Ihre vermeintliche Krone, die vermutlich erst für die Salierkaiserin Agnes angefertigt worden war, verblieb als Berührungsreliquie Jahrhunderte lang im Bamberger Dom.

Luxemburger im 10. Jahrhundert zum wichtigsten Zentrum der Klosterreform im Reich entwickelte. Der älteste unter Siegfrieds Söhnen war ein enger Vertrauter Kaiser Ottos III. und ermöglichte seiner jüngsten Schwester Kunigunde die Heirat mit Ottos Großcousin, dem Bayernherzog Heinrich. Nach dem Tod des 21-jährigen, kinderlosen Ottos III. errang Heinrich die Königskrone.

Die Brüder der unerwartet zur Königin aufgestiegenen Kunigunde wollten allzu dreist auf Kosten ihrer Schwester Karriere machen. Daran entzündete sich die sogenannte Moselfehde zwischen Heinrich II. und den Luxemburgern, die fast dessen halbe Regierungszeit andauerte. Kurzzeitig wirkten die Luxemburger unter Heinrich II. und dem Salier Heinrich III. als Herzöge in Bayern und Niederloth-

Die Luxemburger

Die Schlacht von Worringen 1288 führte beinahe zum Untergang der Dynastie der Luxemburger. Hier ihr Hauptkonkurrent und Sieger Herzog Johann von Brabant (Codex Manesse).

ringen. Eine letzte Fußnote in der Geschichte hinterließ das Gegenkönigtum Hermanns von Salm, ebenfalls ein Luxemburger, gegen König Heinrich IV.

Nachdem die Grafenfamilie 1136 im Mannesstamm ausgestorben war, sicherte eine Tante des letzten Luxemburgers, die mit dem Grafen von Namur verheiratet war, dank der Unterstützung des neuen Stauferkönigs Konrad III. ihrem Sohn Heinrich IV. beide Grafschaften. Er hinterließ bei seinem Tod nur eine minderjährige Tochter Ermesinde, sodass Luxemburg als Lehen an einen Barbarossa-Sohn fiel. Erst nach ihrer Volljährigkeit gelang es Ermesinde unter Ausnutzung der Wirren im staufisch-welfischen Thronstreit 1199 Luxemburg zurückzuerobern. Als Regentin für ihren Sohn Heinrich V. gelang es ihr bis zur ihrem Tod 1247, die Ländermasse zwischen Trier, Metz, Namur und Lüttich durch Stadtgründungen und den Aufbau einer Zentralverwaltung zu einem festen Territorialstaat zu formen.

Unter ihrem Enkel Graf Heinrich VI. rückte die Erbschaft des reichen Herzogtums Limburg – und damit der Aufstieg in den Reichsfürstenstand – sowie die Vereinigung zum bedeutendsten Territorium im Nordwesten des Reichs in greifbare Nähe. Sein härtester Konkurrent erwuchs dem Grafen in Herzog Johann I. von Brabant. Dieser besaß zwar keinerlei persönliche Anrechte auf Limburg, hatte aber zwei Verwandten Heinrichs VI. deren Erbansprüche gegen viel Geld abgekauft.

Am 5. Juni 1288 kam es bei Worringen nördlich von Köln zur Entscheidungsschlacht, an der auf beiden Seiten fast alle niederrheinischen Territorialherren beteiligt waren. Siegreich war Johann I. von Brabant zusammen mit den Grafen von Berg, Holland, Jülich, Looz, Kleve und Mark sowie der Stadt Köln. Heinrich VI. von Luxemburg unterlag mit seinen Verbündeten, den Grafen von Geldern, Flandern und Nassau sowie dem Kölner Erzbischof. Dabei verlor nicht nur Heinrich VI. sein Leben, sondern mit seinem Bruder Walram und zwei illegitimen Halbbrüdern starben auf dem Schlachtfeld zugleich alle erwachsenen männlichen Luxemburger und viele Ritter des Landes. In der rheinischen Geschichte blieb die Schlacht von Worringen aber nicht durch die völlige Niederlage Luxemburgs oder die Vereinigung Brabants mit Limburg in Erinnerung, sondern als weitgehender Zusammenbruch der Vorherrschaft des Kölner Erzbischofs am Niederrhein, der endgültig auch die Herrschaft über Köln, die größte Stadt des Reichs, verlor.

Die Witwe Heinrichs VI., Beatrix von Avesnes, blieb mit fünf kleinen Kindern zurück. Dank der gefestigten Verwaltungsstrukturen Luxemburgs, der Unterstützung ihres Vaters und des mit ihr verschwägerten Grafen von Flandern und Namur konnte Beatrix die Herrschaft als Regentin stabilisieren. Doch der Friedensschluss mit Brabant war äußerst schwierig, bis sich die französische Königinmutter Maria, die Schwester Herzogs Johann I. von Brabant, einschaltete. Denn der heldenhafte Schlachtentod Heinrichs VI. hatte an den europäischen Höfen Aufsehen und Mitleid erregt. Sie vermittelte als Zeichen dauerhafter Aussöhnung 1292 eine Ehe ihrer Nichte Margarethe, Tochter des Siegers von Worringen, mit dem 1278 in Valenciennes geborenen ältesten Sohn Heinrichs VI. Nach der Heirat holte die Königinmutter ihn nach Paris an den Hof ihres Sohns Philipp IV., wo er eine umfassende Ausbildung zum Ritter erhielt. 1294 wurde der junge Heinrich VII. gegen eine einträgliche Jahresrente sogar Vasall des französischen Königs und verpflichtete sich zur Verteidigung der Landesgrenzen. Auch sein 1285 geborener Bruder Balduin ging 1298 für einige Jahre in die französische Hauptstadt, um an der Sorbonne Theologie zu studieren, da für ihn eine kirchliche Karriere vorgesehen war. Die am prachtverliebten französischen Hof und in der Weltstadt Paris gewonnenen Eindrücke sollten beide entscheidend prägen.

Ein Phönix wird zu Asche –
Die kurze Herrschaft Heinrichs VII.

Die Nähe zum französischen Hof, wo sich Heinrich VII. und Balduin zunächst immer wieder aufhielten, leitete den kometenhaften Aufstieg der Luxemburger ein. Im November 1305 begleiteten beide König Philipp IV. von Frankreich nach Lyon, um an den Krönungsfeierlichkeiten des neuen Papstes Clemens V. teilzunehmen. Dieser persönliche Kontakt mit dem Oberhaupt der Christenheit zahlte sich bald aus. Mit Unterstützung des französischen Königs sprachen beide bei Clemens vor, um Balduin das 1305 gerade frei gewordene Mainzer Erzbistum zu verschaffen. Doch mit nicht einmal 20 Jahren war Balduin nach Kirchenrecht dafür zu jung, weshalb sich der Papst für Peter von Aspelt entschied, der aus einer Luxemburger Ministerialenfamilie stammte und als Kanzler des böhmischen Königs Wenzel II. lange Jahre Verwaltungserfahrung gesammelt hatte. Drei Jahre später war es für Balduin aber so weit: Das Trierer Domkapitel sprach sich mehrheitlich für den seit 1304 als Dompropst wirkenden Luxemburger als neuen Erzbischof aus. Am 11. März 1308 erhielt er in Poitiers von Clemens V. persönlich die Weihe und gab Philipp IV. dankbar ein Treueversprechen.

Auf der Rückreise erreichte die beiden Luxemburger Brüder die Nachricht von der Ermordung König Albrechts I. von Habsburg. Nun war die Stunde Heinrichs VII. gekommen, dem die Stimmen der Erzbischöfe von Mainz und Trier schon sicher waren. Denn an einer Nachfolge des Königssohns, Herzog Friedrich I. von Österreich, bestand unter den Kurfürsten wenig Interesse. Auch andere Kandidaten wie der Bruder König Philipps IV. von Frankreich wurden durch das geschickte Taktieren des erfahrenen Diplomaten Peter von Aspelt ausmanövriert. Die entscheidende Tagung der wichtigsten »Königmacher« fand vom 22. bis 24. November 1308 in Rhens am Rhein statt, das aufgrund seiner verkehrsgünstigen Lage zwischen den Territorien der drei rheinischen Erzbischöfe und des Pfalzgrafen bei Rhein gewählt wurde. Heinrich VII. musste ihnen weitgehende Zugeständnisse machen wie die Wiedererrichtung der von Albrecht verbotenen Rheinzölle und zusätzlich große Geldsummen versprechen.

Schließlich fand am 27. November 1308 im Dominikanerkloster in Frankfurt am Main die einmütige Wahl der sechs Kurfürsten statt, da ihnen der Luxemburger zwar würdig, aber aus Eigeninteresse nicht zu mächtig erschien. Nur der böhmische König Heinrich VI. von Kärnten war der Wahl fern geblieben, da er aus Angst vor einem Aufstand sein Land nicht verlassen wollte. Anschließend setzten die Kurfürsten Heinrich VII. auf den Hochaltar der Frankfurter Stiftskirche St. Bartholomäus als Zeichen seiner göttlichen Auserwähltheit. Noch bevor die Zustimmung des Papstes eintraf, weihten, salbten und krönten die drei rheinischen Erzbischöfe am Festtag der Heiligen Drei Könige, dem 6. Januar 1309, in der Aachener Pfalzkapelle Heinrich und Margarethe zum neuen Königspaar. Waren die Luxemburger 20 Jahre zuvor beinahe vor ihrem Ende gestanden, so hatten sie nun dank zäher Vorarbeit und Begünstigung des Schicksals einen unerwarteten Gipfel ihrer Macht erreicht, den sie dauerhaft zu halten verstanden.

Vermutlich waren es die mächtigen Territorialfürsten des Reichs, die im neuen König den Wunsch bestärkten, möglichst rasch

links: Wie ein mittelalterlicher Comic schildert die von Balduin von Luxemburg in Auftrag gegebene Bilderserie Königswahl, Krönung und Italienzug seines Bruders König Heinrich VII. Als Auftakt erscheint die Erhebung Balduins zum Erzbischof und Kurfürsten von Trier, hier sein Empfang in der Moselmetropole.

Mitte: Wahlversammlung der sieben Kurfürsten in der Frankfurter Dominikanerkirche.

rechts: Nach der erfolgten Wahl setzen die Kurfürsten am 27. November 1308 den auserkorenen Heinrich VII. auf den Hochaltar der Frankfurter Stiftskirche St. Bartholomäus.

nach Italien zu ziehen, um ihn an einer allzu aktiven »Innenpolitik«, wie sie sein machtbewusster Vorgänger Albrecht I. betrieben hatte, möglichst lange zu hindern. Noch im Sommer seines Krönungsjahrs schickte Heinrich VII. eine Gesandtschaft zu Clemens V. nach Avignon, der neuen Papstresidenz unter dem Einfluss des französischen Königs, und bat um die Kaiserkrönung. Der Papst bestimmte mit dem Fest Mariä Lichtmess (2. Februar) 1312 einen höchst symbolträchtigen Termin, hatte doch Otto der Große genau an diesem Tag vor 350 Jahren als erster Nichtkarolinger die Kaiserkrone im Petersdom erhalten. Nicht nur mit dem Griff nach der römischen Krone, die zuletzt der Staufer Friedrich II. getragen hatte, sondern auch mit der Einberufung seines ersten Reichstags nach Speyer stellte sich Heinrich VII. demonstrativ in die große Tradition seiner salischen und staufischen Vorgänger, um seine Herkunft aus einem stark an Frankreich angelehnten Grafenhaus vergessen zu machen. Hier fand er zu einem Ausgleich mit den Habsburgern und reaktivierte die Königsgrablege im Speyerer Dom, in die er anlässlich des Reichstags die einstigen Todfeinde Adolf von Nassau und Albrecht von Habsburg überführen ließ. An der Beisetzung nahmen auch die beiden Königinnenwitwen teil.

Da der König seinen Italienzug schon für den Herbst 1310 festgesetzt hatte, entfaltete er eine etwas hektische Betriebsamkeit, um trotz seiner mageren Einkünfte ein Heer aufzustellen und den Frieden im Reich während seiner Abwesenheit zu sichern. Seine Bemühungen um einen Freundschaftsvertrag mit seinem einstigen Förderer König Philipp IV. von Frankreich wurden von diesem hintertrieben. Zum einen belehnte der von ihm abhängige Papst seinen Cousin Robert von Anjou

nicht nur mit dem Königreich Neapel, sondern auch mit den eigentlich dem Reich zustehenden Rechten in der Romagna. Auch die französische Ostgrenze erweiterte Philipp immer weiter auf Kosten des Reichs. So besetzte er das nominell immer noch zum Reich gehörende Lyon, das nun dauerhaft Teil Frankreichs wurde.

Vermutlich war Heinrich VII. vor seiner Abreise nach Italien gar nicht klar, was sich für eine gewaltige Chance für seine Dynastie im Osten des Reichs plötzlich auftat. Schon im Sommer 1309 hatten die wichtigsten böhmischen Zisterzienseräbte auf ihrer Reise zum Generalkapitel stellvertretend für die Mehrheit der Städte und Adeligen in ihrem Land beim König vorgefühlt, ob dieser bereit wäre, in die bürgerkriegsähnlichen Zustände Böhmens einzugreifen. Denn nach nur einjähriger Regierungszeit war 1306 der Böhmenkönig Wenzel III. ermordet worden. Die Nachfolge trat der mit Anna, der ältesten Schwester Wenzels, verheiratete Herzog Heinrich VI. von Kärnten an. Heinrich fand jedoch immer weniger Rückhalt im Land und musste sich kurzzeitig eines habsburgischen Gegenkönigs erwehren, der die Königinwitwe geheiratet hatte. Der Mainzer Erzbischof Peter von Aspelt, der lange Jahre als Kanzler König Wenzels II. gewirkt hatte und die böhmischen Verhältnisse bestens kannte, unterstützte nun einen neuen Plan: Die jüngste Tochter Wenzels II. und Gutas von Habsburg, sollte mit Walram, dem Bruder Heinrichs VII., vermählt werden – und Walram sollte die Krone des Reichslehens Böhmens erhalten.

Kurz vor Abschluss des Ehevertrags schwenkten die böhmischen Magnaten aber auf den erst 14-jährigen, einzigen Sohn des Königs als Bräutigam um, weil er aus ihrer Sicht besser form- und beeinflussbar war als der schon erwachsene Walram. Die 18-jährige Prinzessin Elisabeth war – in weiser Voraussicht ihres Schicksals – von dieser Heirat nicht begeistert und musste fast gezwungen werden, die überstürzte Reise nach Speyer anzutreten. Denn Heinrich VII. drängte zum Aufbruch nach Italien. So mussten Johann und Elisabeth schon zwei Tage nach ihrer ersten Begegnung am 1. September 1310 in Speyer heiraten. Der König konnte dem Paar nur einen kleinen Teil seines Heers zur Durchsetzung ihrer Herrschaftsansprüche in Böhmen zur Verfügung stellen. Auf keinen Fall wollte er seine Abreise in den Süden verschieben, um erst einmal gemeinsam diese einmalige Chance für die Luxemburger zu nutzen. Doch dank Peters von Aspelt gelang mit der Krönung des jugendlichen Paars Anfang Februar 1311 im Prager Veitsdom der Abschluss des gewagten Unternehmens. Zwei Monate später wurde auch die Markgrafschaft Mähren aus der Verpfändung an die Habsburger ausgelöst und dem böhmischen Königspaar unterstellt.

So naiv wie die böhmische Sache ging Heinrich VII. auch seinen Italienzug an. Zunächst begeistert in den kaiserfreundlichen Städten begrüßt und von Dichtern wie Dante hymnisch gefeiert, sah er sich wohl selbst als der große Friedensbringer in diesem lange vernachlässigten Reichsteil. Auch lockte ihn der Reichtum der oberitalienischen Handelsmetropolen, den er durch Einforderung der seit einem halben Jahrhundert nicht mehr gezahlten Abgaben an das Reich abschöpfen wollte. Doch wie seine weitaus fähigeren und mit deutlich größerer Heeresstärke agierenden staufischen Vorgänger geriet Heinrich VII. rasch in die untereinander geführten Feindseligkeiten der Städte. Keine erkannte ihn als unparteiischen Schiedsrichter an, wie es schon

Die Luxemburger

ganz oben: Am 6. Januar 1309 werden Heinrich VII. und seine Gemahlin Margarethe von Brabant in der Aachener Pfalzkapelle gekrönt.

oben: Zum Aufstieg der Luxemburger trug hauptsächlich die 1310 geschlossene Ehe von Heinrichs Sohn Johann mit Elisabeth, der Erbin des Königreiches Böhmen, bei.

rechts: Ganz so glanzvoll, wie Balduins Bilderchronik suggeriert, lief der Italienzug Heinrichs VII. nicht ab. Schon die hier dargestellte Belagerung von Brescia war ein Fiasko, woran auch die grausamen Strafen an den vermeintlich Besiegten nichts änderten.

Friedrich I. Barbarossa schmerzhaft erfahren musste.

Anstatt sein Unvermögen zu erkennen und lieber zügig nach Rom zu ziehen, verzettelte sich Heinrich VII. in langwierigen Belagerungen wie die von Brescia, bei der sein Bruder Walram im Sommer 1311 fiel. Seine Gemahlin Margarethe von Brabant starb am 14. Dezember des gleichen Jahres im Winterquartier in Genua. An eine Überführung der beiden Toten ins Reich war in diesem Chaos nicht zu denken. Seuchen dezimierten das Heer, das Geld zur Bezahlung der Söldner ging aus. Schon im Frühjahr 1312 ließ Clemens V. auf Druck Philipps IV. von Frankreich den Luxemburger fallen und unternahm nichts gegen Robert von Anjou, dessen Anhänger Rom und die Petersbasilika besetzt hielten. Im Sommer 1312 kämpfte sich Heinrichs kleines Heer zwar nach Rom hinein, aber für die Kaiserkrönung musste er notgedrungen am 29. Juni in die Lateranbasilika ausweichen. Selbst beim anschließenden Krönungsmahl war man vor feindlichem Pfeilbeschuss nicht sicher. In völliger Überschätzung seiner Möglichkeiten belagerte Heinrich anschließend das gegnerische Florenz, wobei er sich wie so viele seiner Ritter mit der Malaria infizierte. Schließlich wollte der Kaiser gar den Kampf gegen Robert von Anjou aufnehmen und das Königreich Neapel erobern, wozu er sich mit König Friedrich III. von Sizilien verbündete. Seinen Bruder Balduin schickte er zurück an Rhein und Mosel, um neues Geld für den Feldzug aufzutreiben. Hierfür verpfändete er ihm die Reichsstädte Boppard und Oberwesel samt dem Rheinzoll. Johann von Böhmen und Peter von Aspelt folgten dem kaiserlichen Hilferuf und zogen mit böhmischen Kontingenten in Richtung Alpen. Heinrichs Mutter Beatrix wollte sich ebenfalls auf den Weg nach Süden machen und ihm als Braut Katharina von Habsburg, Tochter König Albrechts I., zuführen. Da erlag der Kaiser am 24. August 1313 mit nur 35 Jahren südlich von Siena, das er gerade belagerte, der Malariainfektion. Seinen Rittern gelang es noch, den Leichnam ins kaisertreue Pisa zu überführen, wo er im Dom begraben wurde. Rund drei Jahrzehnte nach diesen Ereignissen ließ Balduin eine Bilderchronik anlegen, die seinen Aufstieg und den seines Bruders Heinrichs VII. sowie die dramatischen Ereignisse des Italienzugs zeigt.

rechts: Grabplatte Erzbischof Peter von Aspelts im Mainzer Dom mit den von ihm gekrönten Königen Heinrich VII., Johann von Böhmen und Ludwig dem Bayer.

ganz rechts: Paris war im 14. Jh. die europäische Metropole, in der die Luxemburger Prinzen dank verwandtschaftlicher Beziehungen zum französischen Hof ihre Ausbildung und Prägung erhielten (Holzstich von Jules Huyot, 1885).

Heiratsmakler und Ritter Europas – Johann von Böhmen

Der 17-jährige Johann von Böhmen sah nach dem Tod seines Vaters schon eine zweite Krone auf sein Haupt herabschweben, da er mit seiner eigenen auch die Trierer und Mainzer Kurstimme sicher hatte. Für die Luxemburger Partei galt aber, lieber das Erreichte zu wahren. Der von französischem Geld abhängige Kölner Erzbischof Heinrich von Virneburg verweigerte sich nämlich einer Wahl des Luxemburgers, und mit Friedrich dem Schönen von Österreich, dem Sohn König Albrechts I., brachte sich ein aussichtsreicher habsburgischer Kandidat in Position. Ein habsburgischer König hätte nämlich seine Ansprüche auf Böhmen und Mähren durchsetzen können, weshalb die Luxemburger zurücksteckten und sich für den wittelsbachischen Herzog Ludwig IV. von Oberbayern aussprachen. Dennoch kam es am 19. / 20. Oktober 1314 in Frankfurt zu einer Doppelwahl des Habsburgers und des Wittelsbachers, die auch noch Cousins waren. König Ludwig der Bayer musste Balduin und Johann große Zugeständnisse für ihre Stimmen machen.

In Böhmen geriet Johann zunehmend unter Druck. Großen Missmut erregte die geringe Bereitschaft des jungen Königs, selbst tatkräftig zu regieren, wie überhaupt sein Desinteresse an seinem Land auffiel. Er war nicht einmal bereit, die tschechische Sprache zu erlernen. Auch hielt er sich oft außerhalb Böhmens auf und überließ das Regieren seinen Beratern, die er aus dem Rheinland herbeigeholt hatte. Trotz der reichen Kuttenberger Silbervorkommen häufte Johann durch eine luxuriöse Hofhaltung und Investitionen in Luxemburg rasch große Schulden auf. Als sich die Unzufriedenheit zu einem allgemeinen Bürgerkrieg aufschaukelte, holte Johann wieder den zuverlässigen Peter von Aspelt herbei. Dieser warf allerdings schon im Frühjahr 1317 frustriert das Handtuch, da er nicht immer bereit war, für den König die Kohlen aus dem Feuer zu holen, sondern sich auch einmal längerfristig um den Ausbau seiner erzbischöflichen Herrschaft kümmern wollte.

Nun leitete Königin Elisabeth mit wenig Erfolg und unter Abwesenheit ihres Gatten den Widerstand. Unter Druck Königs Ludwig des Bayern kam schließlich am 23. April 1318 in Taus ein Vergleich zustande, in dem der ständig in Geldnöten steckende Johann gegen regelmäßige Zahlungen weitgehend auf seine Macht zugunsten der böhmischen Barone verzichtete, dem Namen nach aber weiter König blieb.

Königin Elisabeth war fassungslos über das Verhalten ihres Gemahls, zumal sie erfuhr,

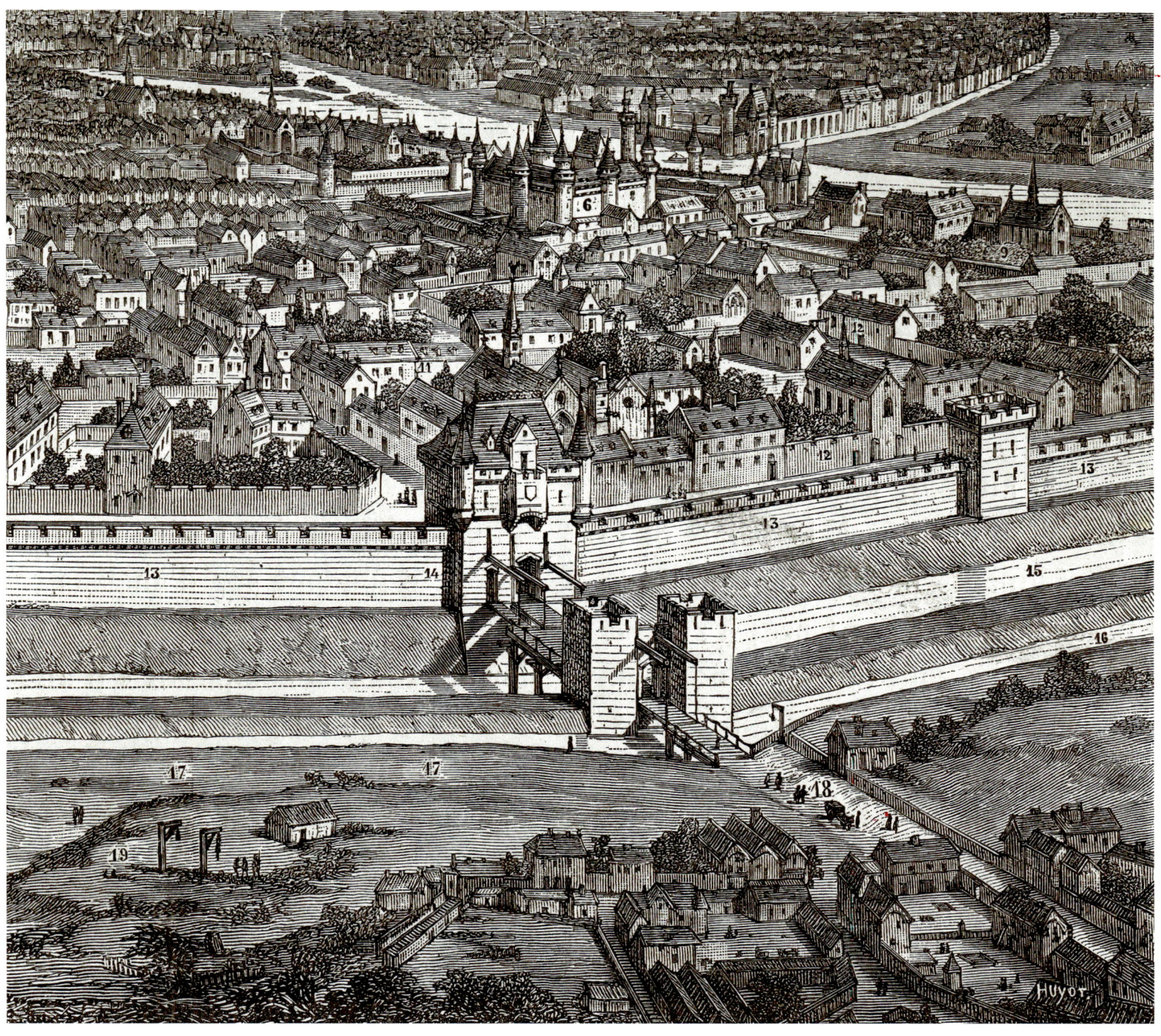

dass er mit Ludwig über den Tausch Böhmens gegen die für den Luxemburger günstiger gelegene Rheinpfalz verhandelte. Doch Johann interessierte sich wenig für die Meinung seiner ungeliebten Gattin, der er zunehmend misstraute. Das wichtigste politische Faustpfand der Königin, der 1316 in Prag geborene Thronfolger Wenzel, ließ er ihr gewaltsam entreißen. Den erst Dreijährigen warf er für zwei Monate in ein finsteres Burgverlies, um den Willen des Kindes zu brechen. Die verzweifelte Mutter ging nun zum Äußersten und plante 1319 mit den Prager Bürgern einen Staatsstreich zur Absetzung Johanns, der aber misslang. Entmachtet und weitgehend ihrer finanziellen Mittel wie ihrer übrigen Kinder beraubt, zog sie sich die restlichen elf Jahre ihres Lebens nach Melnik oder ins Kloster Königssaal zurück. Ihren Sohn Wenzel, den späteren Karl IV., sollte sie nie wiedersehen.

König Johann zog es immer dann nach Böhmen, wenn er für seine Unternehmungen wieder einmal Geld brauchte. Seine innerlich gebrochene Gemahlin besuchte er ausschließlich zum Zweck, seine Rechte als Ehemann durchzusetzen, um mit ihr weitere königliche Kinder für seine dynastischen Eheprojekte zu zeugen.

Obwohl er die Wahl König Ludwig des Bayern maßgeblich unterstützt hatte, inszenierte sich der Luxemburger zeitlebens immer als eine Art Ersatzkaiser. Im Gegensatz zum relativ provinziellen Wittelsbacher spielte er von Anfang an virtuos die ganz große europäische Karte. Wichtiges Mittel seines weit über Böhmen hinausgehenden Herrschaftsanspruchs war eine äußerst erfolgreiche Heiratspolitik, die nicht nur seinen Ruhm mehrte, sondern zugleich wichtige Bündnisse festigte. Seine jüngste Schwester Beatrix verheiratete er mit dem ungarischen König Karl I. von Anjou, doch verstarb die 14-Jährige im ersten Jahr ihrer Ehe im Kindbett. Seine zweite Schwester Maria, die eigentlich ein Klosterleben führen wollte, setzte er gegen eine große Schar von Konkurrentinnen 1322 als Gattin des französischen Königs Karl IV. durch.

Wie schon sein Vater Heinrich VII. und sein Onkel Balduin verbrachte Johann prägende Jahre seiner Jugend zur Erziehung am französischen Hof, wo er sich mit seinem Schwager angefreundet hatte. Nun sandte er auch seinen erst siebenjährigen Sohn Wenzel nach Paris. Für den früh seiner Mutter entrissenen Knaben war es ein schwerer Schlag, als seine Tante Maria, die sich seiner besonders angenommen hatte, nach nur zwei Jahren Ehe starb. Doch der französische König kümmerte sich weiterhin um ihn und finanzierte ihm eine eigene Hofhaltung. Aus Verehrung für seinen Gönner und Firmpaten nahm Wenzel bei der Firmung in Saint-Denis den Namen Karl an. Ganz im Interesse seines Vaters Johann heiratet sein junger Sohn in die französische Königsfamilie ein. Die Kinderehe mit Blanche von Valois, einer Cousine des Königs, wurde allerdings erst 1329 vollzogen, als die Braut das ehefähige Alter von zwölf Jahren erreicht hatte. Damals war ihr Halbbruder Philipp VI. von Valois gerade neuer König Frankreichs, was die französisch-luxemburgische Verbindung zusätzlich aufwertete. Drei Jahre später kam Karls ältere Schwester Guta (Bonne) als Gemahlin des französischen Thronfolgers nach Paris.

Johann knüpfte nach dem Tod seiner Gemahlin Elisabeth von Böhmen selbst eine weitere Verbindung an den Pariser Hof und heiratete 1334 Beatrix von Bourbon, die Cousine Philipps VI. Der frankophile Johann behandelte seine zweite Frau mit erheblich mehr Respekt. Sie gebar ihm einen einzigen Sohn, Wenzel, der zum Liebling des alternden Monarchen wurde. Der Böhmenkönig hielt sich zeitlebens immer wieder am prachtverliebten französischen Hof auf, wo sich Johann auf vielen Turnieren als eleganter Ritter und siegreicher Kämpfer präsentieren konnte. Im Gegensatz zu seinem draufgängerischen Vater nutzte der junge Karl die Möglichkeiten der Metropole zum breiten Studium und zur Vertiefung seiner Religiosität.

Zwei seiner Kinder setzte der Böhmenkönig im Reich ein, um in gefährlicher Konkurrenz zu Ludwig dem Bayer auch im Süden dem Haus der Luxemburger große Möglichkeiten zu eröffnen: So verheiratete er seine 15-jährige Tochter Margarethe 1328 mit dem gerade mündig gewordenen Herzog Heinrich XIV. von Niederbayern. Zwei Jahre später sicherte sich Johann das Erbe seines einstigen Konkurrenten um den böhmischen Thron, indem er seinen achtjährigen Sohn Johann Heinrich der zwölfjährigen Margarethe von Kärnten-Tirol zum Gemahl gab. Durch seinen niederbayerischen Schwiegersohn besaß Johann eine Landbrücke von Böhmen nach Tirol. Doch damit hatte Johann zu hoch gepokert, da nicht nur die Interessen der Wittelsbacher, sondern auch der Habsburger betroffen waren.

1339 war sein Schwiegersohn Heinrich XIV. an Lepra gestorben, ein Jahr darauf dessen einziger Sohn. Johann versuchte noch, seine verwitwete Tochter Margarethe mit dem polnischen König zu vermählen, um einen Bundesgenossen gegen die Ansprüche der Wittelsbacher zu gewinnen. Die unglückliche Herzogin starb jedoch unmittelbar vor der Hochzeit. Nun vereinigte Ludwig der Bayer sein Herzogtum Oberbayern wieder mit Niederbayern. Es gelang ihm auch, den Sohn seines Dauerkonkurrenten aus Tirol zu vertreiben. Kurzerhand erklärte er dessen nicht vollzogene Ehe mit der Erbin Margarethe für ungültig und verheiratete seinen eigenen Sohn Ludwig den Brandenburger mit ihr. Entgegen der Absprache übergab er Kärnten nicht an die Habsburger, sondern belehnte seinen Sohn mit beiden Landesteilen.

Dieses Vorgehen läutete das Ende der anfangs so erfolgreichen wittelsbachisch-luxemburgischen Allianz ein, die nach der Exkommunikation Ludwigs durch den Papst 1327 zunehmend brüchig geworden war. Johann von Böhmen entwarf mehrfach kühne Pläne eines eigenen Unterkönigtums, nachdem Ludwig in Rom eine mehr als umstrittene Kaiserkrönung erreicht hatte und 1330 der Mitregent Friedrich der Schöne gestorben war. In seiner ungestümen Kampfeslust zog Johann nach Norditalien, um dort wie sein Vater den Anspruch des Reichs auf die Oberherrschaft und die Friedenssicherung zu erreichen. Zwar unterstellten sich ihm einige wichtige Städte, doch blieb dieser kostspielige Feldzug Episode.

1328 hatten sich auf Wunsch des Papstes die geistlichen Kurfürsten auf einen Termin zur Wahl eines neuen Königs anstelle des gebannten Ludwig des Bayern geeinigt, der Johann von Böhmen zum Gegenkönig gemacht hätte. Damals sah aber auch Balduin von Luxemburg endlich seine große Chance gekommen, ebenfalls wie sein Neffe einen gewaltigen Karriereschritt zu machen. Denn er war vom Mainzer Domkapitel zum neuen Erzbischof gewählt worden. Da aber der Papst sich weigerte, ihm entgegen dem Kirchenrecht gleich zwei Erzbistümer und damit Kurstimmen zuzugestehen, rückten Onkel und Neffe wieder auf die Seite Ludwigs des Bayern. So konnte Balduin fast ein Jahrzehnt lang sowohl das Trierer wie das Mainzer Erzbistum verwalten und ausbauen. Zeitweise wirkte er auch als Administrator der Mainzer Suffraganbistümer Speyer und Worms, doch beschränkte er sich nach einem Ausgleich mit dem Papst ab 1337 wieder allein auf Trier. Balduin nahm diese drei zusätzlichen Bistümer wohl aber nicht aus eigennütziger Macht- und Raffgier an sich, sondern aus Verantwortungsbewusstsein gegenüber den damals völlig überschuldeten und bedrohten geistlichen Territorien. Zudem verwahrte er sich so gegen das von der Kurie geforderte Recht, anstelle der zuständigen Domkapitel den Ortsbischof bestimmen zu können, und verhinderte zugleich, dass Gegner Ludwigs in diesen wichtigen Bistümern zum Zuge kamen. Gerade die Mainzer Kurstimme wollte Balduin für alle Fälle dem Haus der Luxemburger sichern.

Eines der wichtigsten Ziele, die Balduin während seiner langen Trierer Amtszeit 1308–1354 verfolgte, war der Ausbau seines weltlichen Machtbereichs. Mit zäher Energie versuchte er, eine Landverbindung zwischen den beiden Herrschaftskomplexen rund um Trier und Koblenz herzustellen. Dabei war ihm die Hintere Grafschaft Sponheim an der Mittelmosel im Weg. Als dort ab 1324 die verwitwete Gräfin Loretta von Sponheim die Regentschaft für ihre drei unmündigen Kinder aufnahm, glaubte Balduin mit der jungen Frau leichtes Spiel zu haben. Er intensivierte seine aggressive Burgenbaupolitik und zog das sogenannte Kröver Reich an sich, das vom König als wichtigster Besitz an die Sponheimer verpfändet war. Darüber hinaus warb der Trierer Erzbischof in den sponheimischen Dörfern Einwohner für den Ausbau

Übervater der Könige – Mythos Karl der Grosse

Der Luxemburger Karl IV. war der letzte mittelalterliche Herrscher, der wie seine ottonischen und staufischen Vorgänger Karl dem Großen höchste Verehrung erwies. Im Jahr seiner Kaiserkrönung begann man, wohl auf seine Initiative, die Pfalzkapelle durch den Bau der gotischen Chorhalle zu vergrößern. Da der Luxemburger lange Jahre in Paris verbracht hatte, bestimmte er die Sainte-Chapelle des Königspalastes zum Vorbild des Aachener Baus, beides Meisterwerke der Gotik und Orte der Reliquienverehrung. Für sein großes Vorbild stiftete Karl IV. das heute noch im Domschatz erhaltene überlebensgroße Büstenreliquiar, das den Schädel des Karolingers beinhaltet. Die Büste trägt jene Krone, mit der Karl IV. 1349 in Ermanglung der Reichskleinodien in Aachen gekrönt worden war. Fortan wurde diese Büste jedem in Aachen einreitenden König vor der Krönung entgegengetragen, der so gleichsam von seinem heiligen Vorgänger in die Reichsstadt geholt wurde. Karl IV. nahm einen kleinen Teil der Karlsreliquien mit nach Prag, wo er einen gotischen Nachbau der Aachener Pfalzkapelle samt Stift schuf. Aus Freude über die Geburt des Thronfolgers Wenzel 1361 stiftete der Luxemburger das Gewicht des Säuglings in Gold als Votivgabe der Aachener Pfalzkapelle. Unmittelbar vor seiner Krönung 1349 hatte in Aachen die fortan alle sieben Jahre abgehaltene Heiltumsweisung der Reliquienschätze begonnen, die Karl der Große einst seiner Pfalzkapelle beschafft hatte. Für die auch aus Böhmen und Mähren herbeiströmenden Pilger ließ Karl IV. im Aachener Münster einen Wenzelsaltar errichten, wo tschechisch sprechende Priester die Wallfahrer betreuten. Sein Sohn und Nachfolger Sigismund übergab während der Hussitenkriege die vorher in der Burg Karlstein aufbewahrten Reichskleinodien dauerhaft der Stadt Nürnberg, die diese einmal jährlich den Pilgern zeigen durfte. Denn die wesentlichen Bestandteile der Krönungsinsignien galten damals als Reliquien, weil sie angeblich Karl der Große schon benutzt hatte.

Die Überhöhung des 814 in Aachen verstorbenen Karls des Großen begann schon unter Otto dem Großen. Dieser ließ sich 936 demonstrativ in Aachen krönen, um in die Fußstapfen des bedeutendsten Karolingers zu treten. Tatsächlich gelang es ihm, einen großen Teil von dessen einstigem Riesenreich zu beherrschen. Die durch Karl den Großen Ende des 8. Jahrhunderts erbaute Aachener Pfalzkapelle etablierte sich bis 1531 als traditioneller Krönungsort des Reichs, wobei das »Ersitzen« der Herrschaft auf dessen Thron ein wichtiger Teil des Zeremoniells war. Das zugehörige Festmahl fand im umgebauten Thronsaal Karls des Großen statt. Fast religiös-schwärmerische Züge nahm die Karlsverehrung unter dem jungen Otto III. an, der angeblich das Grab Karls suchen und öffnen ließ. Seine Pläne, Aachen zu einem zweiten Rom auszubauen, konnte der allzu früh verstorbene Kaiser nur in Ansätzen beginnen. Doch verfügte er, dass sein Leichnam trotz widrigster Umstände aus Italien in die Pfalzkapelle überführt werden musste, damit er an der Seite des verherrlichten Vorgängers ruhen konnte.

Unter den Staufern setzte sich besonders Friedrich I. Barbarossa für die Karlsverehrung ein. Zusammen mit seinem wichtigsten Getreuen, dem Kölner Erzbischof Rainald von Dassel, erreichte er durch den Gegenpapst Paschalis III. 1165 die Heiligsprechung Karls des Großen. Kaiser und Erzbischof instrumentalisierten den großen Karolinger in ihrem jahrelangen Kampf gegen Papst Alexander III., der die Amtsheiligkeit des deutschen Königs vehement bestritt. So zeigt der unter Barbarossa begonnene Schrein für die Reliquien Karls anstelle der sonst üblichen Apostel die Vorgänger des Staufers. Überdeutlich ließ Barbarossa so die sakrale Aura aller Könige betonen, die seiner Meinung nach ihren einzigartigen Rang von Gott und nicht vom Papst verliehen bekamen. Neben dem Karlsschrein ist als zweite Stiftung Barbarossas der riesige Radleuchter im Kuppelraum der Pfalzkapelle als Symbol des himmlischen Jerusalems zu sehen. Einst war der Schrein direkt unter ihm abgestellt, da Karl der Große als Heiliger schon Bewohner dieser Himmelsstadt war. Nach dem erfolgreichen Feldzug des Papstes gegen Friedrich II. und dessen Nachkommen war es allein Karl IV., der sich der einstigen Amtsheiligkeit des deutschen Königs erinnerte und den Karlskult in diesem Sinne nochmals aufleben ließ.

Reliquienbüste Karls des Großen im Aachener Domschatz, die vermutlich von Karl IV. gestiftet wurde.

seiner eigenen Städte an. Doch Loretta resignierte nicht gegen diesen übermächtigen Gegner, sondern nahm beherzt den Kampf auf. Sie setzte alles auf eine Karte, als sie Balduin Ende Mai 1328 von ihren Rittern gefangen nehmen ließ, der gerade mit einem Moselschiff ihren Besitz durchquerte. Balduin verbrachte die folgenden sechs Wochen als Geisel auf Lorettas Residenz, der Starkenburg oberhalb von Enkirch. Die junge Gräfin erreichte in dieser Zeit, den Erzbischof mit ihren Argumenten völlig zu überzeugen. Balduin erwies sich hierbei als guter Verlierer, indem er sich an alle Abmachungen hielt, eine großzügige Summe als Sühne leistete und Loretta ermöglichte, sich persönlich beim Papst in Avignon vom Kirchenbann zu lösen, der über sie verhängt worden war.

Auch in der Reichspolitik war der ernsthafte Balduin im Gegensatz zu seinem umtriebigen Neffen Johann von Böhmen gereift. Denn während dieser immer wieder mit einem Gegenkönigtum liebäugelte, durchkreuzte der Trierer Erzbischof diese Pläne immer wieder, indem er seinen Neffen auf Linie brachte und die Interessen des Reichs über jene der Dynastie setzte. Er war es auch, der 1338 im Rhenser Kurverein das Wahlrecht der Kurfürsten deutlich gestärkt hatte und eine Einmischung des Papstes in die deutsche Königswahl rundum ablehnte.

Teure Reichskrone – Der Herrschaftsbeginn Karls IV.

Nach dem Tiroler Debakel war die Loyalität Balduins geschwunden, zumal nun als potenzieller Gegenkönig nicht mehr der wegen Ärztepfusch 1337/40 völlig erblindete Johann von Böhmen, sondern nur noch dessen Sohn Karl in Frage kam. Er war von der Ausbildung und vom Charakter her seinem erzbischöflichen Großonkel deutlich näher. Ein weiterer Pluspunkt für den jungen Karl war das 1342 begonnene Pontifikat Papst Clemens VI., dem vormaligen Erzbischof von Rouen, den der Prinz in Paris kennen- und schätzen gelernt hatte. Im Jahr zuvor war es Johann gelungen, Karl von Adel, Klerus und Patriziern als Nachfolger auf dem böhmischen Thron bestätigen zu lassen. Gleich mehrfach suchte Johann Clemens VI. in Avignon auf, um dessen Interesse für ein Gegenkönigtum seines Sohns im Reich aufrechtzuerhalten.

Nachdem aber Ludwig der Bayer seine Herrschaft stabilisieren und 1345 in Hennegau, Seeland und Holland das Erbe seines Schwiegervaters antreten konnte, nahm Karl das Heft des Handelns in die Hand. Er verpfändete große Teile Luxemburgs, das eigentlich sein jüngster Bruder Wenzel erben sollte, an Erzbischof Balduin, um die gewaltige Summe von 100 000 Gulden zusammenzubringen, die der Kölner Erzbischof für seine Stimme forderte. Im April 1346 wurden Johann und Karl nochmals bei Clemens VI. vorstellig, der nun endlich die Kurfürsten offiziell zur Wahl Karls aufforderte. Am 11. Juli 1346 fand demonstrativ im Rhenser Obstgarten, wo Karls Großvater Heinrich VII. gewählt worden war, die Versammlung der Erzbischöfe von Köln, Mainz und Trier statt. An weltlichen Kurfürsten nahmen neben Johann von Böhmen nur Herzog Rudolf von Sachsen teil, was Karl IV. später den Spottnamen »Pfaffenkönig« eintrug. Über seine drei ersten Lebensjahrzehnte legte der fromme und intellektuelle Karl IV. in einer Autobiografie Zeugnis ab, die bis zur Königswahl geht.

Es mutet wie eine Ironie des Schicksals an, dass ausgerechnet im Moment des größten Triumphs der luxemburgischen Dynastie beinahe eine Katastrophe das Gewonnene wieder vernichtet hätte. Denn sowohl Johann als auch Karl wurden vom französischen König, dem sie ein Treuegelöbnis gegeben hatten, im beginnenden Hundertjährigen Krieg Englands und Frankreichs um den französischen Thron zu Hilfe gerufen. Entgegen der im Mittelalter üblichen Taktik, es zunächst bei gegenseitiger Machtdemonstration der Heeresstärke zu belassen, fand am 26. August 1346 bei Crécy plötzlich eine Entscheidungsschlacht statt. Dank ihrer Langbogeneinheiten waren die englischen Truppen dem schwerfälligen, stark gepanzerten französischen Ritterheer eindeutig überlegen. Der blinde Böhmenkönig fand hierbei den vielleicht herbeigesehnten Schlachtentod. Karl wäre beinahe ebenfalls ein Opfer der Kampfhandlungen geworden. Schon verletzt durch den Hieb einer Streitaxt zogen ihn seine luxemburgischen Mitstreiter aus dem Kampfgeschehen und retteten ihm so das Leben. Der »Heldentod« seines Vaters

Im unter Karl IV. erbauten Chor des Prager Veitsdomes findet sich diese Büste des Kaisers neben denen seiner Gemahlinnen und Vertrauten.

In der Ritterschlacht im französischen Crécy 1346 verlor der blinde Johann von Böhmen sein Leben. Sein Sohn Karl wurde schwer verletzt, sodass er lebenslang Kämpfe mied (Chronik des J. Froissart).

Karl IV. verwirklichte in den Wäldern nahe seiner böhmischen Hauptstadt Prag mit Burg Karlstein seine Vorstellung der besonderen Gottesnähe eines christlichen Herrschers. Stahlstich um 1850.

mehrte den Ruhm seines Hauses, während es Karl nach diesem Erlebnis vorzog, lieber zu verhandeln als zu kämpfen. Den Leichnam seines Vaters ließ er in die Luxemburger Münsterabtei überführen. Auch wenn dieser ihm mit seiner Sprunghaftigkeit und seinem Wagemut zeitlebens fremd geblieben war, so verdankte Karl IV. seinem Vater doch die dauerhafte Erweiterung Böhmens um Schlesien, Eger und die Oberlausitz.

Zurück im Reich krönte der Kölner Erzbischof Karl IV. ersatzhalber am 26. November 1346 im Bonner Münster, weil Aachen sich geweigert hatte, seine Tore zu öffnen. Nach der Zeremonie flüchtete der neue König verkleidet ins sichere Prag, wo er am 2. September 1347 endlich auch die böhmische Krone erhielt, die ihm so viel mehr bedeutete. In seiner schwierigen Situation und ohne Rückhalt seines kämpferischen Vaters muss es ihm wie eine Entscheidung des Himmels vorgekommen sein, dass Ludwig der Bayer am 11. Oktober 1347 in der Nähe von Fürstenfeldbruck bei der Bärenhatz an Herzversagen verstarb.

Die Königsherrschaft Karls IV. stabilisierte sich im Reich erst, als es dem Luxemburger gelungen war, nach dem Tod seiner ersten Gemahlin die Tochter des Pfalzgrafen Rudolf II. zu heiraten, die Nichte Ludwigs des Bayern und Nachfahrin König Rudolfs von Habsburg. Die Hochzeit mit Anna von der Pfalz fand am 4. März 1349 in Bacharach statt, der nördlichsten Stadt der rheinischen Pfalzgrafschaft. Dadurch erhielt er von seinem Schwiegervater nicht nur Teile der Böhmen benachbarten Oberpfalz, sondern er brachte insgesamt die Wittelsbacher auf seine Seite. Denn die Söhne Ludwigs des Bayern zeigten wenig Ehrgeiz, eigene Thronansprüche zu stellen. Nachdem er den unbedeutenden Gegenkönig Günther von Schwarzburg mit einer Entschädigungssumme abgefunden hatte, ließ Karl IV. in Frankfurt demonstrativ die Königswahl wiederholen und sich am 25. Juli 1349 in der Aachener Pfalzkapelle von seinem Großonkel Balduin krönen. Während er mit diesem Datum an die Krönung des letzten großen Staufers, Friedrich II., erinnern wollte, erwies er auch seinem Namenspatron und Vorbild Karl dem Großen Ehre. Er stiftete für dessen Schädel ein überlebensgroßes Büstenreliquiar, dem er die bei seiner eigenen Krönung verwendete Krone aufsetzte, da er die Reichskrone erst 1350 von den Wittelsbachern ausgehändigt bekam.

Die rasche Anerkennung im Reich musste sich Karl IV. allerdings teuer erkaufen. Vor allem die Kurfürsten ließen sich ihre Zustimmung mit bisher nicht gekannten Riesensummen bezahlen. Sein Großonkel Balduin hatte fast sein gesamtes Vermögen von 300 000 Gulden gegen entsprechende Pfandschaften in die Karriere Karls investiert, wofür ihm Teile Luxemburgs verpfändet wurden, das Balduin für Karl verwaltete. Die Forschung geht von einer Gesamtsumme von 1 800 000 Gulden aus, die der neue König an die Fürsten verteilte. Um diese aufzubringen, verpfändete er fast alles, was an Reichsgut dem König noch zur Verfügung stand. Die Steuer der Reichsstädte trat er als einzige stabile Einkommensquelle des Herrschers für mehrere Jahre ab und verschleuderte Privilegien und Reichsrechte in größtmöglichem Umfang gegen Barzahlung. Zeitweise war der König derart in Geldnöten, dass er sogar versuchte, Metzger und Wirte um ihren Lohn zu prellen, wenn er mit seinem Tross wieder die Stadt verließ. Mehrfach kam es zu beschämenden Szenen, in denen der König von aufgebrachten Bürgern an der Abreise gehindert oder gleich gepfändet wurde, da sich seine schlechte Zahlungsmoral herumgesprochen hatte. Einer seiner Amtsnachfolger, König Maximilian I. von Habsburg, fasste resigniert die trostlose Finanzsituation des deutschen Königtums in dem Bonmot zusammen, Karl IV. sei Böhmens Erzvater und des Reichs Erzstiefvater gewesen.

Licht und Schatten – Prag unter Karl IV.

Tatsächlich galt die Liebe des Königs lebenslang seiner böhmischen Heimat, die er so früh und unter tragischen Umständen verlassen musste. Für ihn war es kein Zufall, dass seine Mutter, die er als Dreijähriger letztmals sah, als letzte Přemyslidin am Festtag des hl. Wenzels starb, dem böhmischen Landespatron und Vorfahren Elisabeths. Ganz im Gegensatz zu seinem ungeliebten, lebenslustigen Vater Johann, der kaum Interesse an kirchlichen Dingen zeigte, lebte Karl fast mit den Heiligen, deren Reliquien er auf seinen Reisen überall sammelte. Sprechendster Ausdruck seiner tiefen Frömmigkeit ist die ab 1348 nahe Prag einsam im Wald erbaute Burg Karlstein, deren Hauptturm bis heute seine einzigartigen Reliquienkapellen besitzt. Hierhin zog sich Karl oft zurück, um Gott nahe zu sein.

Paris, in dem er die prägenden Jahre seiner Jugend verbracht hatte, nahm er sich zum Vorbild, um die alte böhmische Hauptstadt Prag, die von seinem Vater so schmählich wie das ganze Land vernachlässigt worden war, zu einer bedeutenden Großstadt auszubauen. In einem

Karl IV. und seine dritte Frau Anna von Schweidnitz mit dem Reliquienkreuz. Wandgemälde, um 1355, Burg Karlstein.

gigantischen Bauprogramm erweiterte er die Stadtfläche um das Dreifache, ließ riesige Marktplätze, zahlreiche Klöster und Kirchen anlegen, darunter ein Nachbau der Aachener Pfalzkapelle. Eine neue Brücke sollte Alt- und Neustadt mit der Kleinseite verbinden, wo Karl den ruinösen Königspalast auf dem Hradschin neu bauen ließ. Energisch trieb er auch den Bau des Veitsdoms voran, seit 1344 Sitz eines Erzbistums. Zwar konnten die Architekten Matthias von Arras und Peter Parler nur den Chor vollenden, doch folgt dieser vollkommen dem Vorbild französischer Kathedralen. Gleichsam als böhmisches Nationalheiligtum ließ Karl hier für seine přemyslidischen Vorgänger neue Grabmäler in den Chorkapellen errichten. Am kostbarsten ausgestattet wurde die Kapelle des hl. Wenzel, dessen Reliquiar die böhmische Königskrone trug. Schließlich gelang ihm mit Unterstützung des befreundeten Papstes Clemens VI. 1348 die Gründung einer Universität in Prag, das er nach dem Vorbild von Paris und Bologna zu einem Zentrum der Gelehrsamkeit machen wollte. Großzügige Privilegien sollten Prag zum Handelszentrum in der Mitte Europas aufsteigen lassen. Wie schon unter seinen Vorgängern bildeten zugewanderte Deutsche die Oberschicht der Hauptstadt wie der übrigen böhmischen Städte.

Das goldene Prag Karls IV. täuscht erheblich über die schwierigen Zeiten hinweg, in denen sich der König zu Beginn seiner Herrschaft befand. Denn als er zu seiner Krönung nach Aachen zog, musste er einige Tage vor den Mauern lagern, bis die großen Geißlerzüge die Stadt wieder verlassen hatten. Mitte des 14. Jahrhunderts breitete sich rasant die Pest in Europa aus, die in mehreren Wellen wiederkehrte. Ihr fiel fast ein Drittel der Bevölkerung zum Opfer. Ein Erdbeben, Missernten und Heuschreckenschwärme verstärkten die Panik der Menschen, die die apokalyptischen Schrecken des Weltendes vor sich zu sehen glaubten. Um die Gnade Gottes zu erflehen, schlossen sich Tausende zur Bußbewegung der Geißler zusammen, die in Prozessionen umherzogen und sich dabei zur Sühne den nackten Oberkörper blutig geißelten.

Rasch beschuldigte man die Juden als Verursacher der Pest, die angeblich die Brunnen vergiftet hätten, um die Christenheit auszulöschen. Die Folgen dieser Fehldeutung waren entsetzlich. Zwischen 1348 und 1350 wurden fast alle Juden im Reich grausam ermordet, von denen viele eine Generation zuvor erst aus England und Frankreich vertrieben worden waren. Nur in Böhmen, Mähren, Luxemburg, Kurtrier, der Pfalz und Österreich fanden keine Pogrome statt, wofür die Judengemeinden aber hohe Schutzgelder zahlen mussten. Die Ermordung der Juden waren weniger vorgeschobenen religiösen Gründen denn rein materieller Gier geschuldet. Viele Juden betrieben aufgrund vielfältiger Berufsverbote vor allem Geldgeschäfte und waren damit ein wichtiger Teil der städtischen Geschäftswelt, weil Christen offiziell keine Zinsen nehmen durften. Da die jüdischen Kreditgeber aber aufgrund ihrer rechtlich prekären Lage erfahrungsgemäß ein großes Aus-

138 Die Luxemburger

Obwohl Karl IV. Kaiser des gesamten Reichs war, ist sein Name bis heute vor allem mit dem Ausbau Prags zur glanzvollen böhmischen Hauptstadt verbunden. Vorbild war für ihn die Weltstadt Paris, in der er einige Jahre seiner Jugend verbracht hatte.

Die Luxemburger

fallrisiko hatten, nahmen sie im Gegenzug sehr hohe Zinsen und kamen damit zu erheblichem Reichtum.

Eigentlich lag der Schutz der Juden beim König, der diese Aufgabe an Landesfürsten und Bischöfe delegiert hatte. Karl IV. konnte zwar wie sein Großonkel Balduin in seinem böhmischen Königreich Pogrome verhindern, doch nicht im restlichen Reich, wo seine Stellung noch nicht gefestigt war. Einigen Reichsstädten stellte er gar einen Freibrief dafür aus, falls es bei ihnen zu Verfolgungen kommen sollte, und verteilte vorab das Hab und Gut der Juden als Instrument zur Stabilisierung seiner Herrschaft. Zudem verzichtete er auf Geldstrafen für den künftigen Ausfall der hohen Judensteuern. Die Städte und Landesfürsten konnten sich so am Besitz der Erschlagenen und Verbrannten schadlos halten und die Eintreibung von deren ausgeliehenem Kapital für sich selbst übernehmen, wobei wohlweislich die eigenen Schuldscheine vernichtet wurden. In Nürnberg ließ Karl nach dem Pogrom anstelle der zerstörten Synagoge am Marktplatz die Frauenkirche errichten, angeblich weil die Juden die Gottesmutter besonders geschmäht hätten.

Ende September 1354 brach Karl IV. von Nürnberg zum Italienzug auf. Im Gegensatz zu seinem Großvater Heinrich VII. und Ludwig dem Bayer gelang ihm am Ostersonntag, dem 5. April 1355, eine feierliche, von keinen Unruhen getrübte Kaiserkrönung durch Papst Innozenz VI.

In Anbetracht seiner kaiserlichen Würde berief Karl Anfang November 1355 einen Reichstag nach Nürnberg ein, dem er hochgesteckte Ziele aufgab. Doch musste er letztendlich den Plan eines allgemeinen Landfriedens und einer reichsweiten Neuordnung des Münz- und Zollwesens aufgeben, an denen vor allem die handeltreibenden Reichsstädte großes Interesse hatten. Nach langen Verhandlungen konnte der Kaiser am 10. Januar 1356 wenigstens das wegen ihres Siegels Goldene Bulle genannte Reichsgesetz verkünden, in dem die Königswahl durch die sieben Kurfürsten sowie deren Rechte und Pflichten geregelt wurden. Die Wahl des Königs lag bei den Erzbischöfen von Mainz, Köln und Trier, dem König von Böhmen, dem Pfalzgrafen bei Rhein, dem Herzog von Sachsen und dem Markgrafen von Brandenburg. Damit schuf Karl nichts grundsätzlich Neues, sondern trug der bisherigen Gewohnheit Rechnung.

Die Goldene Bulle verursachte aber bei den bayerischen Wittelsbachern und den österreichischen Habsburgern einigen Ärger, waren diese Dynastien, die immerhin auch schon Könige gestellt hatten, nun von der aktiven Wahl ausgeschlossen. Die gekränkten Habsburger legten sich daraufhin anstelle ihres Herzogstitels den weitaus bedeutungsvoller klingenden Rang eines Erzherzogs zu und werteten ihre Stellung durch ein gefälschtes Privileg auf. Doch gelang Karl IV. auch hier ein Ausgleich, der im folgenden Jahr mit der Hochzeit seiner Tochter Katharina mit Herzog Rudolf IV. von Österreich besiegelt wurde. 1364 schloss er mit seinem Schwiegersohn einen Vertrag, in dem sich Habsburger und Luxemburger gegenseitig als Erbe einsetzten, sollte eine der beiden Dynastien aussterben. Nachdem Katharina 1365 früh Witwe geworden war, bestimmte sie ihr Vater zur Gemahlin des wittelsbachischen Markgrafen Otto V. von Brandenburg. Karls Absicht war es, die Mark Brandenburg und vor allem deren Kurstimme dem Haus der Luxemburger zu sichern. Schon 1373 gelang ihm der lange vorbereitete Erwerb der Mark Brandenburg, mit der er gemeinsam seine drei Söhne Wenzel, Sigismund und Johann belehnte. Die ausgebooteten Wittelsbacher stellte er mit immensen Summen ruhig, die er den süddeutschen Reichsstädten abpresste.

Der alternde Kaiser, den zunehmend Gichtattacken quälten, wollte entgegen den Bestimmungen der Goldenen Bulle die Regelung über seine Nachfolge nicht den Kurfürsten überlassen. Vielmehr war es nun das Hauptziel seiner Politik, seinem Sohn Wenzel, den er schon als Kleinkind zum König von Böhmen krönen ließ, noch zu seinen Lebzeiten die Reichskrone zu verschaffen. Am 10. Juni 1376 war Karl am Ziel seiner Wünsche. Die Kurfürsten wählten in Frankfurt Wenzel zum König, der vier Wochen später in Aachen gekrönt wurde. Doch auch diese Wahl musste Karl IV. teuer bei den Kurfürsten erkaufen, wofür er den Rest des verbliebenen Reichsguts einsetzte. Die misstrauischen Reichsstädte wollten Wenzel erst huldigen, wenn ihnen der Kaiser versprach, sie nicht zu verpfänden. Unmittelbar vor der Krönung Wenzels schlossen sie sich zum Schwäbischen Städtebund zusammen, um sich gegen weitere Zugriffe zu wehren. Der Kaiser verhängte über sie die Reichsacht und begann einen Krieg, den der Städtebund aber am 14. Mai 1377 mit dem Sieg über den Grafen von Württemberg gewann. Danach musste Karl ihnen versprechen, sie nicht zu verpfänden, und den Städtebund zu Verteidigungszwecken genehmigen. Die Stadt Ulm, die Anführerin des Städtebunds, legte als Denkmal für den Sieg den Grundstein zum gewaltigen Münster, das den höchsten Turm der Christenheit erhalten sollte.

Seinen zweiten Sohn Sigismund, den ihm 1368 seine vierte Gemahlin Elisabeth von Pommern geboren hatte, bestimmte Karl IV. zum Markgrafen von Brandenburg. Doch wollte der Kaiser ihm ebenfalls eine Krone verschaffen und handelte 1375 die Verlobung Sigismunds mit einer der drei Töchter des Königs Ludwig I. von Ungarn und Polen aus. Karl IV. unternahm im Winter 1377/78 eigens eine Reise nach Paris, um mit dem französischen König – dessen Sohn ebenfalls eine der ungarischen Königstöchter heiraten sollte – für Sigismund den Anspruch auf den polnischen Thron auszuhandeln. Als Gegenleistung war er sogar bereit, dem französischen Thronfolger auf Lebenszeit das nominell noch dem Reich unterstehende Königreich Arelat (der südliche Rest des einstigen Königreichs Burgund) zu überlassen. Die weite Reise dürfte den schwer kranken Kaiser zusätzlich geschwächt haben. Am 29. November 1378 starb Karl IV. in Prag und wurde im Veitsdom beigesetzt.

Absturz in die Sucht – Das Versagen Wenzels IV. als König

Mit gerade einmal 17 Jahren regiert nun Wenzel IV. Böhmen und das Reich, wofür er aber offensichtlich nicht die nötige Reife besaß. Obwohl der Kaiser ihn durch Erziehung und Heranführung auf seine künftige Aufgabe bestens vorbereitet zu haben glaubte, war er blind für die offensichtlichen Defizite des Jungen. Denn kaum, dass die väterliche Kontrolle nicht mehr bestand, stürzte sich Wenzel in endlose Vergnügungen an Festen und Jagdausflügen. Politik, Herrschaftsausbau, Frömmigkeit und Reichsidee, die seinem Vater so viel bedeutet hatten, galten ihm nichts. Zunehmend versäumte er wichtige Termine und versank in Lethargie und Trunk-

Kurz vor seinem Tod unternahm der kranke Karl IV. im Winter 1377/78 eine Reise an den Pariser Hof, wo er glanzvoll empfangen wurde, um auch seinem zweiten Sohn Sigismund einen Thron zu sichern (aus: Les grandes chroniques des rois des France).

sucht, was ihm den wohl den fast noch beschönigenden Beinamen »der Faule« einbrachte. Schon zwei Jahre nach dem Tod Karls IV. beklagten sich die rheinischen Kurfürsten, Wenzel solle sich endlich dem Reich widmen oder einen Stellvertreter benennen. 1384 waren sie sogar so weit, dass sie über Wenzels Absetzung konferierten. Sein Vater hatte ihm zwar ein stabiles Reich hinterlassen, doch der Ausbruch des Papstschismas 1378, das fast 40 Jahre lang Europa spalten sollte, hätte gerade in der Frühphase durch energisches Eingreifen gelöst werden können. Auch beim Judenschutz versagte er kläglich und gestattete den Städten des Schwäbischen Bundes, alle in ihren Mauern lebenden Juden zu enteignen und deren ausgegebene Kredite selbst einzufordern. Im Gegenzug erhielt Wenzel einen Anteil der »Beute«, der aber in keinem Verhältnis zu den schwindenden Einnahmen der Judensteuer stand. Nun kam es auch in Prag zu einem Pogrom, bei dem fast alle jüdischen Einwohner der Großstadt ermordet wurden.

Immerhin gelang es seinen Beratern, dass er in die kriegerisch eskalierenden Spannungen zwischen dem Schwäbischen und dem Rheinischen Städtebund mit den Landesherren eingriff und sie 1389 zur Annahme eines sechsjährigen Landfriedens bewegen konnte. Trotz ständiger Mahnungen rang sich Wenzel nie dazu durch, nach Italien zu ziehen, um sich zum Kaiser krönen zu lassen. 1382 hatte er zwar seine Schwester an König Richard II. von England verheiratet, der ihm ein großzügiges Darlehen für den geplanten Romzug zusagte. Da das Geld ausblieb, wurde der Romzug kurzfristig abgeblasen, dem später dann immer irgendwelche außenpolitischen Schwierigkeiten im Wege standen.

In Prag ruinierte der König seinen Ruf dadurch nachhaltig, dass er in einem Streit mit dem Prager Erzbischof den Generalvikar Johann von Pomuk 1393 von der Karlsbrücke stürzen und in der Moldau ertränken ließ. Nachdem Wenzel zehn Jahre lang nicht mehr Reichsboden betreten hatte, machten die Kurfürsten 1397 einen letzten, vergeblichen Versuch, den König endlich zur Aufnahme seiner Regierungstätigkeit zu zwingen und legten ihm einen langen Klagekatalog vor. Wenzels Position wurde zusätzlich geschwächt, da Böhmen immer mehr in einen Bürgerkrieg geriet, in dem auch bald die Forderung nach

Die Luxemburger 141

Sigismund, hier ein zeitgenössisches Portrait von Pisanello um 1433, war einer der umtriebigsten Herrscher des Spätmittelalters.

kirchlichen Reformen eine Rolle spielten. Zudem war die Luxemburger Dynastie insgesamt zerstritten. Schließlich gingen die Kurfürsten dazu über, nun konkret die Absetzung des Königs zu planen. Sie forderten ihn ultimativ auf, sich am 11. August 1400 auf einem Fürsten- und Städtetag in Oberlahnstein, das am Schnittpunkt der drei geistlichen rheinischen Kurfürstentümer lag, zu rechtfertigen. Da Wenzel erwartungsgemäß nicht erschien, wählten sie am 21. August Kurfürst Ruprecht III. von der Pfalz zum neuen König.

Um sein Königtum rasch zu festigen, unternahm Ruprecht schon im Spätsommer 1401 einen Italienzug, bei dem er die Kaiserkrone zu erlangen hoffte. Doch nach einer Niederlage vor Brescia löste sich schon im Oktober sein Heer auf, da Ruprecht zu wenig Geld für dessen Bezahlung hatte. Ruhmlos kehrte er Anfang des folgenden Jahres zurück. Dennoch konnte sich der Pfälzer bis zu seinem Tod am 18. Mai 1410 auf dem Thron halten, da der alkoholkranke Wenzel zu aktiver Gegenwehr nicht mehr fähig und die Luxemburger Familie in sich weiterhin völlig zerstritten war. Zeitweise wurde Wenzel von seinem eigenen Bruder Sigismund gefangen gehalten, der die Herrschaft in Böhmen und im Reich für sich sichern wollte.

Sigismund hatte wenig von seinem Vater Karl IV., sondern kam ganz nach seinem Großvater Johann von Böhmen. Ausgestattet mit übergroßem Selbstbewusstsein und Ehrgeiz strebte er nach immer höherer Macht. Dabei konzentrierte er sich jedoch nicht allein auf ein Ziel, sondern versuchte sich sprunghaft bei der Lösung zu vieler politischer Konfliktfelder. Wie Johann besaß er aber auch diplomatisches Talent und ein gewinnendes, stattliches Äußeres. Beide Luxemburger zeichneten sich zudem durch zahllose außereheliche Eskapaden aus, doch prallte die Kritik an ihrem zügellosen Leben bei beiden wirkungslos ab.

Auf Messers Schneide – Sigismunds Jahre als ungarischer König

Am 20. September 1410 schien der ehrgeizige Sigismund am Ziel seiner Wünsche, als er in Frankfurt zum neuen König des Reichs gewählt wurde. Doch war dieser Wahlvorgang mehr als unwürdig und unrechtmäßig. Entgegen den Bestimmungen der Goldenen Bulle Karls IV. waren mit dem Erzbischof von Trier und dem rheinischen Pfalzgraf gerade einmal zwei von sieben stimmberechtigten Kurfürsten anwesend. Die brandenburgische Kurstimme ließ Sigismund widerrechtlich durch Friedrich von Zollern für sich reklamieren. Zudem blieb die Bartholomäuskirche den Versammelten verschlossen, sodass die Wahl auf dem Stiftsfriedhof vor der Kirche stattfand. Wieder ging der Riss quer durch die verbliebenen drei männlichen Mitglieder des Hauses Luxemburg. Am 1. Oktober 1410 ließ sich Sigismunds Cousin Markgraf Jost von Mähren ebenfalls zum Herrscher des Reichs wählen, nachdem Wenzel auf eigene Ansprüche verzichtet und ihm die böhmische Stimme zugesagt hatte, während er selbst die Brandenburger Kurstimme besaß. Die Erzbischöfe von Mainz und Trier schlossen sich der Wahl an. Doch schon dreieinhalb Monate später verstarb Jost nach einem Giftanschlag, von dem Sigismund entscheidend profitierte. Am 21. Juli 1411 konnte er nun einmütig in Frankfurt erneut gewählt werden. Aus dem Erbe des kinderlosen Jost erhielt Sigismund jetzt wieder Brandenburg, das er diesem einst verpfändet hatte, gab es aber gleich wieder weiter an Friedrich von Zollern als Gegenleistung für dessen entscheidende Unterstützung bei der Königswahl.

Als Sigismund mit 43 Jahren den Thron bestieg, hatte er bereits ein bewegtes Leben hinter sich. Karl IV. hinterließ seinem 1368 geborenen Sohn nicht nur die Mark Brandenburg, sondern hatte 1372 die Verlobung des Vierjährigen mit der einjährigen Maria erreicht, der Tochter König Ludwigs I. von Ungarn und Polen aus dem Haus Anjou. Da Ludwig ohne Söhne blieb, konnte sich Sigismund große Hoffnung auf die Nachfolge in beiden Ländern machen. 1379, ein Jahr nach dem Tod Karls IV., ließ König Ludwig die Verlobung zwischen Sigismund und Maria offiziell vollziehen und nahm seinen elfjährigen künftigen Schwiegersohn zur weiteren Erziehung mit an den ungarischen Hof. Dort zog sich der Junge allerdings durch sein überhebliches Verhalten den dauerhaften Hass seiner künftigen Schwiegermutter Königin Elisabeth zu, einer stolzen bosnischen Prinzessin. Die Königin übertrug ihre Abneigung auch auf ihre Tochter Maria, sodass Sigismund am fremden Hof einen schweren Stand hatte und immer wieder nach Brandenburg entwich.

1382 schickte König Ludwig den mit 14 mündig gewordenen Sigismund nach Polen, wo er sich in den ausgebrochenen Adelsfehden bewähren sollte. Dort erfuhr er nicht nur vom Tod König Ludwigs, sondern auch von der mit Unterstützung der Königinwitwe Elisabeth betriebenen Wahl seiner Verlobten Maria zur Nachfolgerin ihres Vaters als ungarische Königin. Die Regentschaft übte Elisabeth allerdings zusammen mit ihrem Geliebten, dem ungarischen Adeligen Miklós Garai, aus. Sie dachte nicht daran, Sigismund mit ihrer Tochter zu verheiraten, sondern nahm einen französischen Kandidaten ins Auge. Nun setzte Sigismund alles auf eine Karte. Er verpfändete fast seinen ganzen Besitz im Reich an seine Brüder, warb mit dem Geld ein Söldnerheer an und zog nach Ungarn. Geschickt nutzte er innenpolitische Wirren, um Anfang November 1385 überfallartig die Hochzeit mit Maria zu erzwingen. Doch musste er sich bald wieder nach Böhmen zurückziehen, um neue Truppen für seinen Kampf um den ungarischen Thron anzuwerben.

Ein grausamer Zufall sollte ihm hierbei jedoch entscheidend weiterhelfen. Denn im Sommer 1386 war die Königinwitwe Elisabeth zusammen mit ihrer Tochter Maria nach Dalmatien auf die Güter ihres Geliebten gereist. Doch der bisher aufständische ungarische Reichsteil hatte sich nur oberflächlich beruhigt, sodass die beiden Frauen durch einen Überfall in Gefangenschaft gerieten. Elisabeths Geliebter wurde vor ihren Augen abgeschlachtet, die beiden Königinnen eingekerkert. Sigismund kehrte umgehend nach Ungarn zurück. Er hatte es jedoch mit der Befreiung seiner Gemahlin und vor allem seiner Schwiegermutter nicht eilig. Vielmehr nutzte er kaltblütig deren Abwesenheit aus, um den Adel des Landes auf seine Seite zu ziehen. Gegen große Zugeständnisse erreichte er schließlich am 31. März 1387 seine Krönung in Stuhlweißenburg zum ungarischen König. Ein wahrer Regen an Privilegien und Schenkungen ging als Gegenleistung vor allem über jenen Adelsfamilien nieder, die Sigismund am Nachhaltigsten auf dem Weg zum Thron unterstützt hatten. Die Hälfte der königlichen Burgen musste er ihnen verpfänden.

Die Situation seiner gefangenen Gemahlin hatte sich inzwischen dramatisch zugespitzt. Die 16-jährige Maria hatte zusehen müssen, wie ihre Mutter erwürgt und über die Burgmauer gestürzt worden war. Jede Minute musste sie auch für sich Schlimmstes befürchten. Obwohl Sigismund über ihre schreckliche Lage informiert war, wurde sie erst Anfang Juni 1387 befreit. Nach 15-monatiger Haft und schweren Misshandlungen kehrte sie als seelisch und körperlich zerbrochener Mensch an den ungarischen Hof zurück. Nun musste sie sich auch hier einem aufgezwungenen Schicksal fügen, der Ehe mit einem ungeliebten Mann. Es dauerte wohl Jahre, bis sie bereit war, die Ehe zu vollziehen, während sich ihr lebenslustiger Mann anderweitig vergnügte. Erst Ende 1394 wurde sie erstmals schwanger, sie verunglückte aber noch vor der Geburt des Kindes tödlich bei einer Jagd.

Als Reichsvikar versuchte sich der Ungarnkönig Sigismund für eine weitere Krone vorzubereiten, allerdings zunächst mit mäßigem Erfolg. Die ungarischen Adelssippen beäugten die ausländischen Interventionen ihres Monarchen äußerst misstrauisch. Sie befürchteten zu Recht, bei einer Nachfolge Sigismunds in Böhmen und im Reich zu einem fremdverwalteten Nebenland herabzusinken. Schließlich ließ der Erzbischof von Gran und ungarische Kanzler Kanizsai im April 1401 König Sigismund – wegen Vernachlässigung seiner Herrscherpflichten und seines unwürdigen Lebenswandels – inhaftieren. Da sich die Magnaten allerdings bei der Wahl eines Nachfolgers nicht einigen konnten, gelang ihm nach viermonatiger Haft seine Freilassung. Den wichtigsten ungarischen Magnaten Hermann II. von Cilli hatte Sigismund durch das Versprechen auf seine Seite gebracht, dessen achtjährige Tochter Barbara in einigen Jahren zu heiraten. 1408 wurde diese Ehe vollzogen und Barbara brachte im folgenden Jahr ihr einziges Kind, Elisabeth, auf die Welt.

Schutzherr der Christenheit – Das Konstanzer Konzil

Nach seiner Wahl zum deutschen König 1411 war Sigismund anfangs durch den Kampf um den von Venedig besetzten ungarischen Landesteil Dalmatien fern des Reichs gebunden. Selbst die Krönung in Aachen musste er verschieben. Nach einem Waffenstillstand mit Venedig setzte er seine ganze Energie daran, als künftiger Kaiser und Schutzherr der Kirche das schon drei Jahrzehnte bestehende Papstschisma zu lösen. Mittlerweile beanspruchten gleich drei Päpste den Thron Petri. Sigismunds Ehrgeiz trieb ihn zu diplomatischen Spitzenleistungen an, um die europäischen Monarchen wie auch die konkurrierenden Päpste auf ein allgemein verbindliches Konzil zur Lösung dieses Dauerkonflikts festzulegen. Doch sollte dies für Sigismund nur die Voraussetzung für viel weitergehende Pläne sein. Denn er strebte eine Wiedervereinigung der orthodoxen und katholischen Kirche an, um zusammen mit dem byzantinischen Kaiser in einem gesamtabendländischen Kreuzzug das immer weiter vorrückende osmanische Reich zu besiegen.

Geschickt nutzte er in Vorbereitung des Konzils die Schwächen der Beteiligten aus. Papst Johannes XXIII., der am meisten Anhänger besaß, war vom König von Neapel aus Rom vertrieben worden. Sigismund konnte ihm das verkehrsgünstig im Süden des Reichs gelegene Konstanz als Konzilsort schmackhaft machen. Weder Niederlagen in Oberitalien noch innenpolitische Schwierigkeiten nördlich der Alpen brachten den Luxemburger von seinem Ziel ab, sodass Anfang November 1414 im Beisein Johannes XXIII. in Konstanz das Konzil eröffnet wurde. Sigismund hatte sich und seine Gemahlin Barbara noch rasch am 8. November 1414 in Aachen salben und krönen lassen, bevor er sich nach Süden aufmachte. Seinen Einzug in Konstanz inszenierte er äußerst spektakulär, um allen Anwesenden deutlich zu machen, dass er sich dank seines hohen Amts als Stellvertreter Christi auf Erden und Schutzherr der Kirche verstand. Nach der in Überlingen gefeierten Christmette bestieg das Königspaar ein Schiff nach Konstanz und wurde noch mitten in der Nacht in feierlicher Prozession in das Münster geführt. Dort zelebrierte Johannes XXIII. die erste Weihnachtsmesse, bei der Sigismund in einem Messgewand das Evangelium vom Lettner singend vortrug. So wie Christus in dieser Nacht Mensch geworden war, um die Welt zu erlösen, so wollte der König vor den Augen der Konzilsteilnehmer als Retter der Kirche erscheinen.

Das vier Jahre lang in Konstanz tagende Konzil war für die nicht allzu große Stadt eine logistische Herausforderung, was das Herbeischaffen der Nahrungsmittel und die Unterbringung der zahlreichen Gäste

Die Luxemburger **143**

anging. Neben geistlichen Teilnehmern zog das Konzil auch viele weltliche Besucher an, vor allem Adelige und Gesandtschaften aller europäischen Nationen. Auch wenn große Themen wie Papstschisma und Kirchenreform auf dem Programm standen, ging der Konzilsbetrieb doch recht gemächlich voran. Immer wieder verschafften Prozessionen, Turniere, Bankette, Feste und weltliche Zeremonien dem Verhandlungsalltag glanzvolle Unterbrechungen. Die Hauptsitzungen des Konzils fanden im Münster statt. Ansonsten tagten die Teilnehmer nach Nationen getrennt in städtischen Klöstern.

Vor allem die überparteiliche Autorität des Königs hielt das Konzil am Laufen. Als Papst Johannes mit Unterstützung Friedrichs IV. von Tirol die Flucht aus Konstanz gelang, bewahrte allein Sigismund das Konzil vor dem Auseinanderbrechen. Er ließ zunächst feststellen, dass das Konzil über dem Papst steht. Dann besiegte er Friedrich von Tirol und führte Johannes XXIII. als Gefangenen wieder nach Konstanz, wo er ihn absetzen ließ. Nun gab auch der in Rimini weilende Papst Gregor XII. durch seinen Stellvertreter seinen Verzicht bekannt, für den er mit einnahmeträchtigen geistlichen Ämtern entschädigt wurde. Um auch den altersstarrsinnigen Benedikt XIII. zum Rücktritt zu bewegen, reiste der König sogar zu ihm nach Perpignan. Er erreichte bei dessen Schutzherrn, dem König von Aragón, dass dieser ihn fallen ließ. Damit war endlich der Weg zur Wahl eines allgemein anerkannten Papstes frei.

Sigismund war von seinen diplomatischen Erfolgen derart berauscht, dass er nicht sofort nach Konstanz zurückkehrte, sondern einen vorzeitigen Frieden im Hundertjährigen Krieg zwischen England und Frankreich vermitteln wollte. Auf seiner Mission in Paris und London reihte sich zwar ein festlicher Empfang an den anderen, doch blieben seine Bemühungen hier erfolglos. Ende Januar 1417 traf Sigismund wieder in Konstanz ein, wo ihm ein überwältigender Empfang bereitet wurde. Zwischenzeitlich war ohne sein Engagement hier allerdings wenig passiert. Nach zahllosen Vorverhandlungen gelang am 11. November 1417 die Wahl Martins V. aus der römischen Adelsfamilie der Colonna zum neuen Papst. Um ihm eine breite Zustimmung zu sichern, hatte Sigismund das nur aus Italienern und Franzosen bestehende Kardinalskollegium um wahlberechtigte Vertreter der anderen Nationen erweitern lassen. Ein halbes Jahr später schloss das Konzil, ohne die von Sigismund dringend angemahnten Reformen der Kirche in Angriff genommen zu haben. Den Konstanzern blieben von diesem Weltereignis nicht nur Ruhm und Ehre, sondern auch zahlreiche unbezahlte Rechnungen, allen voran diejenigen des Königs, der sich wie so oft in Finanznöten befand.

Auf Sigismunds Verdienst, das Papstschisma beseitigt zu haben, fällt allerdings mit der Verbrennung von Jan Hus am 6. Juli 1415 auf dem Konstanzer Konzil ein tiefer Schatten. Der böhmische Universitätslehrer war, beeinflusst von den Schriften des Engländers John Wiclif, zum führenden Kritiker der Verweltlichung und moralischen Verkommenheit des Klerus geworden. Unter der tatenlosen Regierung von Sigismunds Bruder Wenzel hatte sich die Kritik an der Amtskirche mit einer frühen nationalen Strömung verbunden, die sich vor allem gegen die in den Städten dominierende deutsche Oberschicht wandte. Sigismund hatte dem gebannten Jan Hus freies Geleit zum Konstanzer Konzil zugesichert, damit dieser dort seine Thesen vortragen und verteidigen konnte. Seine Rede ging jedoch im Tumult der Anwesenden unter. Ein Ketzerprozess verurteilte ihn zum Tod, weil er seine Ansichten nicht widerrufen wollte. Seine öffentliche Demütigung und Verbrennung war ein Schock für alle böhmischen Reformer, die auf die Weitsicht des Konzils vertraut hatten.

Sigismund sollte die Folgen bald bitter zu spüren bekommen. Nachdem sein Bruder Wenzel am 16. August 1419 gestorben war und er die Nachfolge antreten wollte, befand sich fast ganz Böhmen in Aufruhr. Auslöser war der erste Prager Fenstersturz am 30. Juli 1419, bei dem die Hussiten 13 katholische Schöffen der Prager Neustadt ermordet hatten. Der neue böhmische König lehnte kategorisch die hussitischen Hauptforderungen nach Kelchkommunion, Messen in tschechischer Sprache, Freiheit der Predigt und Priesterarmut ab, weil er es sich mit dem Papst wegen der noch ausstehenden Kaiserkrönung nicht verderben wollte. Er griff mit größter Härte zu militärischen Maßnahmen. Doch führten diese durchweg zu Niederlagen, die

Kaiser Sigismunds größte Lebensleistung war das Zustandebringen des Konstanzer Konzils, welches erfolgreich das ganz Europa spaltende Papstschisma beendete (Buchmalerei, um 1450. Illustration zu: Diebold Schilling, Amtliche Chronik).

Aber nach uristen do man zalt tusent vier 1415
hundert und fünfzehen jar / do der kung ze
Costentz was / und wartet volckes von allen
landen da waret bereit ein clein hus zu Costentz am
obern mert. Vn dem huse er sas in kunglicher ma
iestat / Römscher kung und künftiger keiser. Vnd die
curfursten die zu im da emphiengent fursten und herren
geistlich und weltlich lehen von im / da waret erzouget
und geschehen gros herschaft.

Schwerwiegende Folgen sollte allerdings die Verbrennung des böhmischen Reformators Jan Hus auf dem Konstanzer Konzil nach sich ziehen. Die Konstanzer Richental-Chronik zeigt, wie er seiner priesterlichen Gewänder entkleidet und als Ketzer unter einer mit Teufeln bemalten Papiermütze zum Scheiterhaufen geführt wird.

ihn zunehmend in finanzielle Bedrängnis brachten. Nur dank kurzzeitiger Einnahme der Prager Burg konnte er sich dort am 28. Juli 1420 eilends krönen lassen. Schließlich vermählte er Ende September 1421 sein einziges Kind Elisabeth mit ihrem Verlobten Herzog Albrecht V. von Österreich und bestätigte seine zwölfjährige Tochter nochmals als Erbin seiner Länder. Als Gegenleistung für die immensen Summen, mit der Sigismund schon bei seinem Schwiegersohn verschuldet war, übertrug er ihm die Markgrafschaft Mähren. So band er ihn in seinen Kampf gegen die Hussiten ein. Die Reichskleinodien ließ der König aus der gefährdeten Burg Karlstein dauerhaft in die Kirche des Nürnberger Heiliggeistspitals bringen.

Neben den Hussiten in Böhmen waren die Angriffe der Türken, die Ungarn bedrohten, das zweite große Problemfeld für Sigismund. Im Reich wuchs die Unzufriedenheit mit dem ständig abwesenden König. Anfang 1424 schlossen sich die Kurfürsten in Bingen zur Selbsthilfe in einem Kurverein zusammen. Unverholen drohten sie dem Herrscher mit Absetzung und damit, die Regierung im Reich gemeinschaftlich selbst ausüben zu wollen. Sigismunds Versuch, gegen die Fürsten die Reichsstädte und Ritter zu instrumentalisieren, scheiterte ebenso wie das Vorhaben, erstmals eine allgemeine Reichssteuer zur Finanzierung des Kampfes gegen die Hussiten zu erheben, die auch zunehmend die böhmischen Nachbarländer bedrohten.

Der wie sein Vater im Alter zunehmend unter Gichtanfällen leidende Sigismund war allmählich des Kampfes gegen die überlegenen Hussiten und Türken sowie seiner ständigen Finanznöte müde. Immer stärker besaß nun für ihn der Plan eines Italienzugs samt glanzvoller Kaiserkrönung oberste Priorität. Im September 1431 brach er mit wenigen Begleitern auf. Zwar erhielt er in Mailand dank Unterstützung von Filippo Maria Visconti, der auf den Herzogstitel hoffte, die Eiserne Krone der Lombardei. Doch bis zur Kaiserkrönung am 31. Mai 1433 durch Papst Eugen IV. musste sich Sigismund noch anderthalb Jahre in Italien gedulden. Seine wichtigste Tat hier war wohl die Rettung des Basler Konzils vor der Auflösung durch den Papst. Nach der Krönung reiste er selbst nach Basel und versuchte dort mehrere Monate vergeblich, sein Ziel einer Kirchenunion und -reform voranzubringen. Der 66-Jährige, der seine Kräfte schwinden sah, wollte auf dem Ulmer Reichstag 1434 eine umfassende Reichsreform durchsetzen. Seine Vorschläge liefen auch hier ins Leere.

Der letzte Glanzpunkt seines ereignisreichen Lebens war der feierliche Einzug am 23. August 1436 in Prag, nachdem Sigismund den gemäßigten Hussiten weitgehend entgegengekommen war und diese ihn als böhmischen König anerkannt hatten. Auf dem Weg nach Ungarn verstarb der letzte Luxemburger im Alter von 65 Jahren am 9. Dezember 1437 im mährischen Znaim.

Die Familie Maximilians I. als »Heilige Sippe« (Gemälde, um 1515/20 von Bernhard Strigel).

Die Habsburger

Der Weg zum Weltreich war den Habsburgern zunächst nicht in die bescheidene Wiege gelegt. Mit der Ermordung Albrechts I. endete 1308 schon nach zwei Generationen für lange Zeit die Königsherrschaft. Erst als Kaiser Sigismund aus dem Haus Luxemburg einen Habsburger mit seiner Erbtochter verheiratete, erlangte die Dynastie neben Böhmen und Ungarn dauerhaft die Krone des Heiligen Römischen Reichs.

Die Habsburger

RUDOLF I.
(1218–1291)
Grablege: Dom von Speyer
ab 1273 röm.-dt. König
1. ⚭ Gertrud (Anna) von Hohenberg (um 1225–1281)
2. ⚭ Agnes (Isabella) von Burgund (um 1270–1323)

Mechthild
(1251(?)–1304)
⚭ Ludwig II.,
Herzog von Oberbayern

ALBRECHT I.
(1255–1308)
Grablege: Dom von Speyer
ab 1298 röm.-dt. König
⚭ Elisabeth von Görz-Tirol
(um 1262–1313)

Katharina
(†1282)
⚭ Otto III.,
Herzog von Nieder-
bayern

Agnes
(um 1257–1322)
⚭ Albrecht II.,
Herzog von Sachsen

Rudolf I.
(1281–1307)
König von Böhmen
1. ⚭ Blanche von Frankreich
2. ⚭ Elisabeth von Polen

Agnes
(1280–1364)
⚭ Andreas III.,
König von Ungarn

FRIEDRICH DER SCHÖNE
(1289–1330)
Grablege: Stephansdom in Wien
ab 1314 Gegenkönig
ab 1325 Mitkönig Ludwigs des Bayern
⚭ Isabella von Aragon (1300/1302–1330)

Leopold I.
(1290–1326)
Herzog von Österreich
⚭ Katharina von Savoyen

Anna
(1318–1343)
1. ⚭ Heinrich III.,
Herzog von Bayern
2. ⚭ Johann,
Graf von Görz

Albrecht IV.
(1377–1404)
Herzog von Österreich
⚭ Johanna von
Bayern-Straubing

Margarete
(1395–1447)
⚭ Heinrich XVI. (VI.),
Herzog von Bayern-
Landshut

ALBRECHT II.
(1397–1439)
Grablege: Stuhlweißenburg, Ungarn
ab 1438 röm.-dt. König
⚭ Elisabeth von Luxemburg (1409–1442),
Tochter Kaiser Sigismunds

Anna
(1432–1462)
⚭ Wilhelm III.,
Herzog von Sachsen

Elisabeth
(1437–1505)
⚭ Kasimir
Andreas IV.,
König von Polen

Ladislaus V. Postumus
(1440–1457)
König von Ungarn
König von Böhmen

Anna
(† 1286)
∞ Otto VI.,
Markgraf von
Brandenburg

Clementia
(† 1293)
∞ Karl Martell,
Sohn König Karls II.
von Neapel

Rudolf II.
(um 1271–1290)
Herzog von Österreich
∞ Agnes von Böhmen

Guta
(1271–1297)
∞ Wenzel II.,
König von Böhmen

Hartmann
(1263–1281)

Karl
(*/† 1276)

Albrecht II.
(1298–1358)
Herzog von Österreich
∞ Johanna von Pfirt

Otto
(1301–1339)
Herzog von Österreich,
Steiermark, Kärnten
1. ∞ Elisabeth von
Niederbayern
2. ∞ Anna von Böhmen

Johann Parricida
(1290–1313)
Herzog von Österreich
und Steiermark,
Mörder König Albrechts I.

Rudolf IV.
(1339–1365)
Herzog von Österreich
∞ Katharina
von Böhmen,
Tochter Karls IV.

Albrecht III.
(1349/50–1395)
Herzog von Österreich
1. ∞ Elisabeth von
Luxemburg, Tochter Karls IV.
2. ∞ Beatrix von Zollern

Leopold III.
(1351–1386)
Herzog von Österreich
∞ Viridis Visconti

Wilhelm der Ehrgeizige
(1371–1406)
Herzog von Österreich
∞ Johanna
von Neapel

Leopold IV.
(1371–1411)
Herzog von Österreich
∞ Katharina
von Burgund

Ernst d. Eiserne
(1377–1424)
Herzog von Österreich
1. ∞ Margarete von
Pommern
2. ∞ Zimburgis von
Masovien

Friedrich IV.
(1382/83–1439)
Herzog von Österreich
1. ∞ Elisabeth
von der Pfalz
2. ∞ Anna von
Braunschweig

👑 FRIEDRICH III.
(1415–1493)
Grablege: Stephansdom in Wien
ab 1440/42 röm.-dt. König
ab 1452 Kaiser
∞ Eleonore von Portugal (1436–1467)

Margarethe
(1416–1486)
∞ Friedrich II.,
Kurfürst von Sachsen

Katharina
(1420–1493)
∞ Karl,
Markgraf von Baden

Albrecht VI.
(1418–1463)
Herzog von Österreich
∞ Mathilde
von der Pfalz

Sigmund
(1427–1496)
Herzog von Österreich
1. ∞ Eleonore von
Schottland
2. ∞ Katharina von
Sachsen

👑 MAXIMILIAN I.
(1459–1519)
Grablege: St.-Georgs-Kirche
in Wiener Neustadt
ab 1486 röm.-dt. König
ab 1493 Kaiser
1. ∞ Maria von Burgund (1457–1482)
2. ∞ Bianca Maria Sforza (1472–1510)

Kunigunde
(1465–1520)
∞ Albrecht IV.,
Herzog von Bayern-
München

Philipp der Schöne
(1478–1506)
König von Kastilien, León
und Granada
∞ Juana I. von Kastilien

Margarete von Österreich
(1480–1530)
Regentin der Niederlande
1. ∞ Juan, Infant von Kastilien
2. ∞ Philibert II., Herzog von Savoyen

↓
Spanische und österreichische Linie

👑 röm.-dt. Könige
— legitime Nachkommen

Die Habsburger

Durch Zufall zum Weltreich

Zum Nachruhm der Habsburger trug wesentlich bei, dass diese Dynastie den Thron des Reichs ab dem Spätmittelalter bis 1806 dauerhaft besetzte – und die Herrschaft in Böhmen, Ungarn und Österreich sogar bis 1918 fortführen konnte. Mit der Wahl Rudolfs von Habsburg 1273 durch die Kurfürsten erhielt das in der Nordschweiz und am südlichen Oberrhein beheimatete Geschlecht, das sich nach der Habsburg benannte, erstmals die Reichskrone.

Vielleicht wäre Rudolfs Königtum nur Episode geblieben, hätte er nicht durch den Sieg über den übermächtigen Konkurrenten König Ottokar von Böhmen den Habsburgern dauerhaft Österreich sichern können. Eine geschickte Heiratspolitik sicherte den Aufstieg aller seiner zehn Kinder. Sein Sohn Albrecht I. war aufgrund der großen Machtfülle nicht der Wunschkandidat der Kurfürsten, die in ihrem eigenen Machtstreben nicht gestört werden wollten. Doch wie sein Vater vernichtete er den Hauptgegner in einer Schlacht. Nach nur zehnjähriger Herrschaft ermordete ihn sein eigener Neffe, der sich ausgebootet fühlte.

Von dieser sinnlosen Bluttat profitierten die Luxemburger, die nun für 130 Jahre den Thron des Reichs einnahmen. Die Habsburger, die sich in zwei nicht immer freundlich gesonnene Linien aufteilten, verschwanden in

Die gleichnamige Stammburg der Habsburger lässt den gewaltigen Aufstieg der Dynastie noch nicht ahnen.

der Provinz, aus der sie erst durch das Wohlwollen Kaiser Sigismunds auftauchten. Dieser letzte Luxemburger hatte einen Habsburger als Ehemann seiner Erbtochter Elisabeth auserkoren, der als Albrecht II. tatsächlich alle drei Kronen seines Schwiegervaters erringen konnte. Sein allzu früher Tod 1439 machte alles zunichte, zumal seinem Sohn ebenfalls nur ein kurzes Leben beschieden war.

Albrechts Großcousin Friedrich III. gelang es zwar 1440, zum König im Reich gewählt zu werden und als erster Habsburger die Kaiserkrone zu tragen, doch überließ er Ungarn und Böhmen kampflos lokalen Machthabern. Zum bösen Wort der »Reichserzschlafmütze« trug erheblich bei, dass er sich in den österreichischen Ländern nicht durchsetzen konnte und sich jahrelang in seinen steirischen Schmollwinkel verzog. Sein einziger nachhaltiger politischer Erfolg war die Vermählung seines Sohns Maximilian mit Maria, der Erbtochter des Burgunderherzogs Karls des Kühnen. Nach ihrem frühen Tod 1482 konnte Maximilian nur gegen größte Widerstände den nördlichen Teil des Burgunderreichs seinem Sohn sichern, während alles Übrige an Frankreich fiel. Maximilian führte als König zahlreiche erfolglose Kriege, die Unsummen verschlangen. Nur mithilfe der Fugger konnte er sich vor dem Staatsbankrott retten. Als Fantast und Angeber machte er sich unter den Königen Europas dauerhaft lächerlich. Sein Nachruhm zehrt erheblich davon, dass er für seine Kinder und Enkel vorteilhafte Heiraten einfädelte, die den Habsburgern neben dem Reich dauerhaft die Kronen Böhmens, Ungarns und Spaniens samt Kolonien einbrachten.

Im Windschatten der Staufer – Der Aufstieg

Wie bei so vielen Adelsfamilien des Hochmittelalters, so war auch bei den frühen Habsburgern das dynastische Gedenken der Ahnen Sache des eigens hierfür gegründeten Hausklosters. Um 1020 stiftete Ratbod westlich des Zürichsees die Benediktinerabtei Muri. Im südlichen Elsass, dem zweiten Herrschaftsschwerpunkt der Familie, gründete sein Bruder Rudolf wenig später die Benediktinerinnenabtei Ottmarsheim. Ein weiterer Bruder oder Schwager der beiden, Werner, der als Bischof von Straßburg eine steile Kirchenkarriere absolviert hatte, erbaute am Zusammen-

Nach dem Vorbild der Wurzel Jesse, des Stammbaumes Christi, ließ Maximilian I. diesen Stammbaum der Habsburger anfertigen (Zeichnung, um 1514/16, Albrecht Altdorfer zugeschrieben).

fluss von Aare und Reuss die Habsburg (Kurzform für Habichtsburg). Kurz nach 1100 wurde diese bescheidene Burganlage namensgebend für die Familie. Vor allem die bis heute erhaltene Kirche von Ottmarsheim aus der Mitte des 11. Jahrhunderts führt jedem Besucher deutlich vor Augen, wie ambitioniert diese Aufsteigerfamilie schon in ihren ersten fassbaren Anfängen war. Dieser Bau ist zwar eine in den Details vereinfachte, aber deutlich erkennbare Kopie der Aachener Pfalzkapelle Karls des Großen, der Krönungsstätte der römisch-deutschen Könige.

Im Kloster Muri fand sich zu Beginn des 17. Jahrhunderts in der Bibliothek eine Gründungsgeschichte der Abtei aus der Mitte des 12. Jahrhunderts, die in einem kurzen Vorspann die einzige Überlieferung zur Frühgeschichte der Habsburger bietet. Zum weiteren Aufstieg der Dynastie trug der biologische Zufall bei, dass nur der Muri-Gründer Ratbod einen Erben hinterließ und sich auch später der Familienbesitz in den Händen weniger konzentrierte.

Die Erweiterung ihres Besitzes gelang den Habsburgern zunächst vor allem dadurch, dass sie die Vogtei über einige der reichsten Klöster am südlichen Oberrhein erringen konnten, allen voran die Benediktinerabtei Murbach und das Damenstift Säckingen. Dies war vor allem die Folge des Einsatzes der Habsburger für die Staufer, deren Herrschaftszentren sie benachbart waren.

Als 1239 Graf Albrecht IV. zum Kreuzzug aufbrach und ein Jahr später fern der Heimat starb, folgte ihm sein Sohn Rudolf IV. nach. Wenig zimperlich in der Wahl seiner Mittel begann der ehrgeizige junge Graf 1243 eine Fehde gegen seine Nachbarn, die Herren von Tiefenstein. Der Sieg brachte ihm zwei weitere Vogteien ein, nun über die Klöster Stein am Rhein und St. Blasien, wodurch er seine Machtbasis auf den südlichen Schwarzwald ausweiten konnte. Dort gründete er zur Absicherung die Stadt Waldshut. Als Stauferanhänger musste er für seinen Expansionsdrang keine Sanktionen befürchten. Da er sich neben dem exkommunizierten Kaiser Friedrich II. auch eng an dessen Sohn König Konrad IV. anschloss und den päpstlichen Bann ignorierte, erhielt er von ihnen weitere Privilegien. Durch die Öffnung des Gotthardpasses in der ersten Hälfte des 13. Jahrhunderts verlagerten sich zudem die Handelsrouten durch die Alpen zugunsten des habsburgischen Territoriums, was die Einnahmen und Bedeutung der Dynastie weiter steigerte.

Nachdem Rudolf von Habsburg 1273 von seiner Wahl zum König erfahren hatte, brach er die Belagerung Basels ab und wurde dort von der Bevölkerung begeistert empfangen (Gemälde von Franz Pforr, 1809/10).

Die Habsburger **155**

Nach dem Tod des Stauferkönigs Konrad IV. beanspruchte der Straßburger Bischof Walter von Geroldseck das seiner Meinung nach herrenlose Reichsgut von Hagenau bis Colmar. Damit tangierte er entscheidend die Interessen Rudolfs von Habsburg, der sich 1261 daher auf die Seite der unterdrückten Straßburger Bürgerschaft schlug, deren Truppen er in den Kampf führte. Anfang März besiegten die Straßburger ihren Bischof. Rudolf erhielt in den Friedensverhandlungen als Entschädigung für seine militärische Unterstützung die Reichsstädte Kaysersberg, Colmar und Mühlhausen sowie eine große Geldsumme. Die Stadt Straßburg vergaß ihm nie die entscheidende Hilfe zu ihrer Unabhängigkeit und war von nun an eine verlässliche Stütze des Habsburgers.

Der zweite große Erfolg, den Rudolf in seiner Grafenzeit erringen sollte, war derjenige um den Erbstreit im Haus der Grafen von Kirburg, dem Rudolfs Mutter entstammte. Nach dem Tod des Altgrafen Hartmann von Kirburg 1264 brachte er fast dessen gesamte Güter in seinen Besitz, wodurch Rudolf seine Vorrangstellung in der Nordschweiz erheblich ausbaute. Die damals noch minderjährige Erbtochter der jüngeren Kirburger Linie verheiratete er mit einem Angehörigen der habsburgischen Nebenlinie Laufenburg. Seine Vormachtstellung nutzte Rudolf sofort, um in zahlreichen Fehden kleinere Herrschaften niederzuringen und sie zum Verkauf ihrer Ländereien an ihn zu zwingen.

Nun fühlte sich der Habsburger stark genug, seine beiden Territorien in der Nordschweiz und dem südlichen Elsass gebietsmäßig zu vereinigen. Hierbei stand ihm der Bischof von Basel im Weg, der nach dem Ende der Stauferherrschaft das umliegende Reichsgut vereinnahmen wollte. Auch hier begann Rudolf einen zähen Kleinkrieg, bei dem es ihm gelang, mit einigen benachbarten Grafen eine eindrucksvolle Koalition zu bilden. Als sich abzeichnete, dass ein Teil der Basler Bürgerschaft bereit war, von ihrem Bischof abzufallen, begann er im Sommer 1273 die Stadt zu belagern. Noch bevor eine Entscheidung gefallen war, erreichte Rudolf am 20. September die Nachricht, dass die Kurfürsten bereit wären, ihn zum neuen König zu wählen. Sofort brach er die Belagerung ab. Denn Grund für seine Wahl war, durch ihn, den mächtigsten Grafen im Südwesten, den Frieden vor allem in diesem Reichsteil zu sichern. Dabei entbehrt es nicht einer gewissen Ironie, dass ausgerechnet Rudolf durch seine aggressive Territorialpolitik einer der wichtigsten Unruhestifter in diesem Reichsteil war. Vielleicht sollte er aber genau aus diesem Grund »neutralisiert« werden. Als König war er nämlich dem Ideal des Friedensbringers und verzeihenden Vermittlers verpflichtet. Aus genau dieser Erwartungshaltung heraus begrüßten ihn die gerade noch belagerten Bürger Basels bei seinem Einzug mit unbeschreiblichem Jubel.

Rudolf zog rasch nach Norden und lagerte in der Nähe von Frankfurt, bis die Kurfürsten ihn am 1. Oktober 1273 offiziell gewählt hatten. Erst am Folgetag ritt er feierlich in die Stadt ein und wurde nach der Messe in der Stiftskirche St. Bartholomäus als Zeichen seiner Auserwähltheit auf den Hochaltar gesetzt, wie es alter Brauch war. Der immerhin schon 55-Jährige führte mit seiner Gemahlin Gertrud von Hohenberg den Krönungszug nach Aachen an, wo der Kölner Erzbischof beide am 24. Oktober salbte und krönte. Nach dem Tod König Richards von Cornwall waren damit anderthalb Jahre vergangen, ehe ein neuer König gewählt worden war.

David gegen Goliath – Rudolfs Krieg gegen Ottokar von Böhmen

Als aussichtsreichster Bewerber um die Reichskrone trat zunächst der böhmische König Ottokar II. auf, der über seine Mutter Kunigunde ein Enkel König Philipps von Schwaben war. Nicht nur das staufische Blut in seinen Adern schien ihn zu legitimieren. Er war auch mit Abstand der mächtigste und reichste unter den Kurfürsten. Denn nach dem Aussterben der Babenberger 1251 hatte er deren Herzogtum Österreich annektiert. Nachdem er sich auch noch die Herzogtümer Steiermark und Kärnten samt Krain sowie das Egerland erkämpft hatte, reichte ab 1270 sein Reich von Böhmen bis zur Adria. Die immer effektiver ausgebeuteten Kuttenberger Silberminen füllten ihm die Taschen zur Finanzierung seiner Unternehmungen. Gerade diese erdrückende Machtfülle war es wohl, die seine kurfürstlichen Kollegen davon abhielt, ihn zu wählen. Als König im Reich hätte er nämlich seinen Expansionsdrang noch weiter fortführen können. Ottokar hingegen strebte die Krone vor allem an, um seine neuen Länder, die eigentlich Reichslehen waren, dauerhaft für sich und seine Dynastie zu sichern. Da für ihn der Widerstand der Kurfürsten allzu offensichtlich war, reichte er seine Bewerbung gleich beim Papst in Rom ein, was bei den Reichsfürsten, die sich in ihrem Wahlrecht hintergangen fühlten, Verbitterung auslöste. Die Wahl Rudolfs in Frankfurt musste für den Böhmenkönig eine besondere Provokation gewesen sein. Seine Kurstimme wurde dort ohne sein Wissen auf Herzog Heinrich von Niederbayern übertragen. Dessen Bruder Pfalzgraf Ludwig der Strenge hatte zuvor schon für die Kurpfalz abgestimmt, sodass die Wittelsbacher widerrechtlich zwei Stimmen beanspruchten.

Auch Pfalzgraf Ludwig hatte sich zuvor als möglicher Kandidat ins Gespräch gebracht. Immerhin war sein Urgroßvater der Halbbruder Kaiser Friedrichs I. und seine erste Gemahlin Maria von Brabant Enkelin König Philipps von Schwaben. Er hatte jedoch seinen Ruf erheblich befleckt, als er 1256 in Donauwörth in grundloser Eifersucht ebenjene blutjunge Stauferenkelin ohne Verfahren hinrichten und ihre Hofdamen als vermeintliche Komplizinnen von der Burgmauer stürzen ließ. Seit dieser Zeit führte er den Beinamen »der Strenge«, der das furchtbare Geschehen eher verharmloste. Weitere Kandidaten wie der junge thüringische Landgraf Friedrich der Freidige kamen im Rennen um die Krone nicht einmal über die Startphase hinaus. Die langwierige Kandidatenauswahl dürfte allein die Drohung von Papst Gregor X. abgekürzt haben, bei weiterer Verzögerung selbst den künftigen König zu benennen. Der Papst war immer ungeduldiger geworden, weil er einen Kreuzzug ausrufen wollte, wofür er dringend einen allgemein im Reich anerkannten König benötigte.

Rudolf hatte vor seiner Wahl den Kurfürsten signalisiert, dass sie das Reichsgut behalten durften, das sie sich nach dem Ende der Stauferherrschaft widerrechtlich angeeignet hatten. Darüber hinaus versprach er ihnen aber, das »Reich zu mehren«. Dies bedeutete nichts anderes, als das übrige entfremdete Reichsgut wieder in Reichsbesitz zurückzuführen, was eine deutliche Spitze gegen Ottokar von Böhmen war. Weiter erwarteten die

Königsmacher von ihm, den Frieden im Reich zu sichern. Gerade der Südwesten als Kernlandschaft des Reichs war durch ein Übermaß an adeliger Selbstjustiz und illegalem Burgenbau zu einer Krisenregion geworden. Dass Rudolf selbst Initiator zahlreicher Fehden war, sahen die Kurfürsten ihm gnädig nach. Sie deuteten sein Verhalten vielmehr zum Beweis dafür um, dass er fähig war, sich auch notfalls mit Gewalt durchzusetzen.

An seinem Krönungstag bekräftigte er das Einvernehmen mit den Kurfürsten durch zwei Heiraten: Seine älteste Tochter Mechthild vermählte er mit dem wittelsbachischen Herzog und Pfalzgraf Ludwig dem Strengen, ihre Schwester Agnes mit Herzog Albrecht II. von Sachsen. Der Habsburger sollte es in der Heiratspolitik zu einer bisher nicht gekannten Meisterschaft bringen. Seine Gemahlin hatte ihm in den ersten 20 Jahren ihrer Ehe zehn Kinder geboren, die er als Schachfiguren seines politischen Spiels einsetzen konnte.

Im ausbrechenden Kampf mit dem unterlegenen Kandidaten König Ottokar von Böh-

Im Gegensatz zu Rudolf besitzt der unterlegene Ottokar dank Grillparzers Theaterstück bis heute literarischen Nachruhm, hier Bernhard Minetti als »König Ottokar« in einer Aufführung des Deutschen Theaters Berlin.

men wie überhaupt in der Verbreitung des Ruhms König Rudolfs spielten die Bettelorden der Dominikaner und Franziskaner mit ihren charismatischen Volkspredigern eine wichtige Rolle. Sie priesen den sich bescheiden und demütig inszenierenden Rudolf, der wie ein weltliches Gegenstück zu ihren eigenen Ordensidealen erschien. In ihren Predigten hob sich Rudolfs vermeintliche Lichtgestalt umso glanzvoller vor dem entsprechend düster gezeichneten Ottokar ab, der völlig dem Luxus und der Angeberei verfallen wäre. Diese gerade vom Oberrhein sich deutschlandweit ausbreitenden Orden, die bald in fast jeder Stadt ein Kloster besaßen, waren ideal, um wirkungsvoll Werbung für den Habsburger zu machen. Als Gegenleistung erfuhren sie von ihm entsprechende Förderung und Privilegien.

Ein Jahr nach seiner Wahl erreichte Rudolf die offizielle Anerkennung des Papstes, dem er zusicherte, auf Aktivitäten in Norditalien zu verzichten und den geplanten Kreuzzug zu unterstützen. Derartig in seiner Herrschaft gefestigt konnte der Habsburger nun den Kampf gegen seinen Konkurrenten Ottokar von Böhmen aufnehmen. Dieser weigerte sich kategorisch, ihn als König anzuerkennen, bedeutete dieses doch für ihn die größte Gefahr, seine außerböhmischen Länder wieder zu verlieren. Als Nachfahre der Staufer, König und Kurfürst, Besitzer großer Schätze und mehrerer Herzogtümer glaubte er die juristische Schlinge, die Rudolf langsam zuzog, einfach ignorieren zu können. Denn der Habsburger ließ schon auf dem Nürnberger Hoftag 1274 klarstellen, dass Ottokar seine annektierten Reichslande zurückzugeben habe und drohte ihm sogar mit dem Verlust Böhmens und Mährens, da Ottokar ihm immer noch nicht für diese Lehen gehuldigt hatte. Als dieser provokativ versäumte, sich auf zwei nachfolgenden Hoftagen persönlich zu verteidigen, vielmehr durch eine Gesandtschaft die rechtmäßige Wahl Rudolfs in Frage stellte, schnappte die Falle zu. Der Habsburger ließ dem Böhmenkönig sämtliche Länder aberkennen und verhängte über ihn die Reichsacht.

König Rudolf von Habsburg besiegte seinen gefährlichsten Konkurrenten König Ottokar von Böhmen 1278 in einer der folgenreichsten Schlachten des Mittelalters (Gemälde, 1838, von Julius Schnorr von Carolsfeld).

Für die militärische Konfrontation, die nun zwangsläufig kommen musste, glaubte sich Ottokar bestens gerüstet und sah sich schon als Sieger. Doch Rudolf kompensierte seine im Vergleich bescheidenen finanziellen Mittel durch eine geschickte Bündnispolitik, die den Gegner umkreiste. So verheiratete er seinen ältesten Sohn Albrecht mit Elisabeth, der Tochter des Grafen von Görz-Tirol, und seine Tochter Clementia mit dem Bruder des ungarischen Königs. Zudem brachte er den mächtigen Salzburger Erzbischof und viele mit Ottokars Herrschaft unzufriedene österreichische Adelige durch große Versprechungen auf seine Seite. Schließlich ließ er sich sein weiteres Vorgehen bei einem Treffen mit den Kurfürsten in Boppard Ende März 1276 sanktionieren, wobei der Mainzer Erzbischof den Böhmenkönig exkommunizierte. In Regensburg gelang es Rudolf noch, Herzog Heinrich von Niederbayern auf seine Seite zu ziehen, dessen Sohn er die Hand seiner Tochter Katharina versprach.

Wie instabil Ottokars Herrschaft über Österreich gewesen war, zeigt sich in dem fast ungehinderten Vorrücken von Rudolfs Heer. Allein Wien hielt dem Böhmenkönig die Treue und trotzte erfolgreich der Belagerung. Ottokar geriet in dieser schwierigen Situation durch einen böhmischen Adelsaufstand und das Heranrücken ungarischer Truppen derart unter Druck, dass er zur Unterwerfung bereit war. Ende November 1276 verzichtete er auf sämtliche Länder außer Böhmen und Mähren, die er nun von Rudolf zum Lehen nahm. Um den Friedensschluss dauerhaft zu sichern, verbanden sich Habsburger und Přemysliden mit einer Doppelhochzeit. Ottokars Tochter Agnes wurde mit Rudolfs gleichnamigem Sohn vermählt, während dessen Schwester Guta den böhmischen Thronfolger Wenzel ehelichte. Für den stolzen Böhmenkönig dürfte diese erzwungene Verbindung mit den Nachkommen des »armen Grafen« Rudolf eine zusätzliche Schmach gewesen sein.

Im Frühjahr 1278 sah Ottokar seine Chance gekommen, den verhassten Konkurrenten in seine Schranken zu weisen und das Verlorene zurückzuerobern. Denn Rudolf war den Kurfürsten zu schnell zu mächtig geworden, dass sogar von einer Verschwörung gegen ihn gemunkelt wurde. Zudem fehlten ihm die Mittel, um ausreichend Söldner anzuwerben, während der reiche Böhmenkönig neue Verbündete mit Geld und Versprechungen gewinnen und ein großes Heer aufstellen konnte. Am 26. August 1278 fand beim Dorf Dürnkrut in Österreich die Entscheidungsschlacht statt, bei der Rudolf durch Verlust seines Pferdes kurzzeitig in Lebensgefahr geriet. Als gewiefter Stratege hatte er aber eine schnelle Eingreiftruppe abseits des Hauptheeres versteckt, welche die schweren böhmischen Panzerreiter plötzlich von der Seite aus angriffen. Diese von den Zeitgenossen als wenig ritterlich kritisierte Kampftaktik brachte die entscheidende Wende. Die Verwirrung im böhmischen Heer steigerte sich zu einer Massenpanik. Die fliehenden Ritter ertranken im Fluss March, der ihnen den Rückzug versperrte, oder wurden an seinem Ufer erschlagen. Der verzweifelt kämpfende, mehrfach verwundete Ottokar kam in Gefangenschaft. Noch ehe er an Rudolf überstellt wurde, schlachteten ihn einige österreichische Ritter aus persönlicher Rache ab. Auch wenn Verlauf und Ausgang der Schlacht Rudolf Kritik einbrachten, so war doch das Echo über diesen unerwarteten Sieg über einen überlegenen Gegner gewaltig. Rudolf hatte damit endgültig seinen Ruhm und seine Stellung als König gesichert.

Schwiegervater der Kurfürsten – Rudolfs Herrschaftsausbau

Trotz seines Triumphes versuchte Rudolf, die Bodenhaftung nicht zu verlieren und die Kurfürsten nicht durch allzu aggressive Territorialpolitik gegen sich aufzubringen. »Teile und herrsche« war nach dem Sieg seine kluge Devise. Dem noch unmündigen böhmischen Thronfolger Wenzel, der sein Schwiegersohn wurde, beließ er die Reichslehen Böhmen und Mähren, unterstellte ihn aber der Vormundschaft des Markgrafen Otto von Brandenburg. Um sich Ottos dauerhafter Loyalität zu sichern, vermählte der König seine letzte noch unverheiratete Tochter Hedwig mit dessen Sohn und Nachfolger. Damit war Rudolf Schwiegervater aller vier weltlichen Kurfürsten, die er durch seine Töchter indirekt kontrollierte, und damit hatte er sich die Mehrheit für die künftige Wahl eines Sohns zum Nachfolger auf dem Thron gesichert. Auch der böhmischen Königinwitwe gewährte er ein Auskommen und ließ feierlich den Leichnam Ottokars nach Prag überführen.

Nach dem Sieg über Ottokar machte er seine Söhne zu Landesherren: Die Reichslehen Österreich, Steiermark, Krain und Windisch Mark übertrug er an Albrecht und Rudolf, die damit in den Reichsfürstenstand aufstiegen. Das Herzogtum Kärnten überließ er seinem Kampfgefährten Meinrad von Görz-Tirol. 1283 veränderte der König diese Aufteilung dahingehend, dass Albrecht alle diese Länder allein erben sollte, während sein Sohn Rudolf durch ein anderes Reich oder Geld entschädigt werden sollte, was schon den Keim eines Konflikts innerhalb der Habsburgerfamilie legte. Die Pläne des Königs, Albrecht zum König und Nachfolger durch die Kurfürsten wählen zu lassen, scheiterten daran, dass es Rudolf nicht gelang, die Kaiserwürde zu erringen. Mehrfach hatte der Habsburger schon einen Romzug vorbereitet, als wieder einer der in dieser Zeit recht kurzlebigen Päpste verstarb und alle Verhandlungen mit der Kurie mühsam wieder von vorne begonnen werden mussten.

Rudolfs permanente Geldnot war jedoch sein größtes Problem. Oft verpfändete er daher Reichsgut, was er – im Gegensatz zu seinen in dieser Hinsicht verantwortungslosen Nachfolgern aus dem Haus Luxemburg – im Laufe seiner Regierung meistens wieder auslösen konnte. Ebenso wichtig als Geldquelle waren die Reichsstädte. Als aber Rudolf 1285 eine Vermögensabgabe als direkte Einzelbesteuerung jeden Bürgers durchsetzen wollte, revoltierten die bisher so duldsamen Städte. Gefährlich wurde dieser Aufstand dadurch, dass die Reichsstadt Wetzlar einen Scharlatan in ihren Mauern aufnahm, der sich als der zurückgekehrte Stauferkaiser Friedrich II. ausgab. Rudolf reagierte sofort und zog vor die Stadt, die ihren Widerstand aufgab und diesen Tile Kolup, so sein wahrer Name, auslieferte, der als Ketzer verbrannt wurde. Der König verzichtete nach dieser Revolte auf sein ambitioniertes Steuerprojekt.

Als der mittlerweile 73-jährige König, der an schweren Gelenkentzündungen litt, im Sommer 1291 seinen Tod kommen fühlte, wollte er sein Sterben ganz bewusst gestalten. In demonstrativer Bescheidenheit ritt er mit wenigen Begleitern über Straßburg, Hagenau und das von ihm gegründete Germersheim, wo er jeweils Abschied nahm, nach Speyer. Dort verstarb er am 15. Juli 1291 und wurde wunschgemäß im Königschor des Speyerer Doms bestattet. Indem er nicht in einem der traditionellen Hausklöster der Habsburger oder bei den von ihm geförderten Bettelorden sein Grab fand, sondern sich demonstra-

160 Die Habsburger

Rudolf von Habsburg behandelte die Familie des getöteten Ottokar sehr ritterlich. Er übergab dessen bittenden Sohn nicht nur den Leichnam des Vaters, sondern band ihn als künftigen Schwiegersohn und Böhmenkönig eng an sich (Gemälde, 1826, von Anton Petter Rudolf).

Die Habsburger

links: König Rudolf sicherte der Habsburger-Dynastie mit der Belehnung seiner Söhne mit den Herzogtümern Österreich und Steiermark eine dauerhafte Machtbasis und den Aufstieg in den Reichsfürstenstand (Buchmalerei, Augsburg um 1555).

rechts: Sterbend ritt König Rudolf nach Speyer, um neben den großen Salierkaisern im Dom begraben zu werden. Die figürliche Platte befand sich als Erinnerungsmal ursprünglich in der Speyerer Niederlassung der Johanniter, wo Rudolf verstarb.

tiv an der Seite der großen Salierkaiser bestatten ließ, führte Rudolf der Nachwelt seine Ranggleichheit vor Augen. Damit war die Habsburger-Dynastie insgesamt aufgewertet.

Vom Neffen ermordet – König Albrecht I.

Als Rudolf starb, lebte von seinen vier Söhnen nur noch der älteste, 1255 geborene Albrecht. Durch die Verschwägerung mit den vier weltlichen Kurfürsten hätte seine Wahl zum Nachfolger eigentlich eine reine Formsache sein können. Doch die Begeisterung für einen weiteren Habsburger auf dem Thron hielt sich in Grenzen. Einzig Pfalzgraf Ludwig der Strenge war auf Albrechts Seite, während seine drei anderen Schwager unter Führung des Böhmenkönigs Wenzel II. und die drei geistlichen Kurfürsten sich allen Überredungsversuchen verweigerten, den allzu mächtig Gewordenen zu wählen. Aufstände gegen Albrechts hartes Regiment in seinen österreichischen Ländern kosteten ihn zudem Zeit und Geld, sodass er sich längere Zeit im Westen nicht engagieren konnte. So musste es Albrecht zähneknirschend hinnehmen, dass am 5. Mai 1292 Graf Adolf von Nassau in Frankfurt zum neuen, wenig mächtigen König gekürt wurde. Als Realist erkannte der Habsburger diesen umgehend an. Als Gegenleistung erhielt er seine gesamten Länder ohne Einschränkung als Lehen.

Adolf besaß als nassauischer Graf eine geringe Machtbasis und war dringend auf deren Erweiterung angewiesen. Daher griff er als König beherzt in den erbitterten Familienstreit der Wettiner um Meißen und Thüringen ein, was aber dazu führte, dass sich der hierüber wenig erfreute Böhmenkönig wieder seinem Schwager Albrecht annäherte. Nachdem es Adolf gelungen war, den neuen Kurfürsten und Pfalzgrafen Rudolf auf seine Seite zu ziehen und mit seiner Tochter Mechthild zu vermählen, antwortete Albrecht mit einem Ehebündnis zwischen seiner Tochter Anna mit dem Kurfürsten und Markgrafen von Brandenburg. Rasch festigte sich die Koalition der Gegner Adolfs, die mit fünf Kurstimmen am 23. Juni 1298 den Nassauer absetzten und Alb-

Die Habsburger 163

Urkunde der sieben Kurfürsten mit ihren angehängten Siegeln, in der 1298 die Wahl Albrechts I. zum König dokumentiert wird.

recht zum neuen König wählten. Nur wenige Tage später fand beim pfälzischen Göllheim die Entscheidungsschlacht statt, bei der Albrecht siegte und Adolf sein Leben verlor. Nun schlossen sich auch der Trierer Erzbischof und der Pfalzgraf dem Habsburger an. Am 27. Juli 1298 wurde er einmütig und rechtmäßig in Frankfurt nochmals zum römischen König gewählt.

Bereits zwei Jahre später war die Eintracht wieder dahin: Am 14. Oktober 1300 schlossen die vier rheinischen Kurfürsten auf der Burg Heimbach, der südlichsten Exklave Kurkölns am Mittelrhein, ein Bündnis gegen den Habsburger. Albrecht hatte allzu deutlich ihre Interessen verletzt, als er das Erbe des 1299 ohne Nachkommen verstorbenen Grafen von Holland, Seeland und Friesland als erledigtes Reichslehen einziehen wollte. Auch der Freundschaftsvertrag mit dem französischen König Philipp IV. war gegen ihre Interessen, der mit der Ehe von Albrechts ältestem Sohn Rudolf mit Blanche, der Schwester Philipps, bekräftigt wurde. Der Habsburger erkannte sofort die Gefahr, die seiner Königsherrschaft drohte, und ging militärisch gegen die vier rheinischen Kurfürsten vor. Alle mussten sich unterwerfen, auch der Trierer Erzbischof, der ein Bruder König Adolfs von Nassau war.

Als der junge Böhmenkönig Wenzel III., der Neffe Albrechts, im Sommer 1306 ermordet wurde und keine Nachkommen hinterließ, ergriff der Habsburger sofort die einmalige Chance, die sich hier zur Machterweiterung seines Hauses bot. Er erreichte gegen erhebliche Widerstände des böhmischen Adels die Wahl seines ältesten Sohns Rudolf zum König. Dessen Gemahlin Blanche war gerade verstorben, und Rudolf konnte Elisabeth, die Witwe Wenzels, heiraten. Diese Eheschließung sollte nicht nur die Stellung des landfremden Königs festigen, sondern ihm auch die Anwartschaft auf den polnischen Thron sichern, da Elisabeth die Erbtochter des letzten Polenkönigs war. Ein Jahr später erlag Rudolf im Sommer 1307 der Ruhr, wodurch die Herrschaft der Habsburger über Böhmen und Mähren sofort zusammenbrach.

Gerade als Albrecht dabei war, Truppen für einen Feldzug anzuwerben, um seinem zweitältesten Sohn Friedrich dem Schönen den böhmischen Thron zu sichern, wurde er von seinem eigenen Neffen Johann am 1. Mai 1308 ermordet. Der 18-jährige Johann hasste seinen Onkel, weil dieser ihn bei der Nachfolge in Böhmen übergangen hatte, obwohl Johanns Mutter eine Tochter des Böhmenkönigs Ottokar war. Schon Johanns Vater Rudolf war von Albrecht ausgebootet worden, sodass er sich für diese zweifache Schmach rächen wollte. Die Auswirkungen für die Dynastie der Habsburger waren erheblich, weil sie nun von den Luxemburgern auf den Thronen Böhmens und des Reichs verdrängt wurden, die sie erst 130 Jahre später wieder einnehmen konnten.

Der lange Weg zurück zum Thron – Die Habsburger bis Albrecht II.

Nachdem der erste König aus dem Haus der Luxemburger, Heinrich VII., nach nur viereinhalbjähriger Herrschaft 1313 starb, eröffnete sich für die Habsburger kurzzeitig wieder eine Chance auf die Übernahme des Throns. Der älteste Sohn des ermordeten Albrecht, Friedrich der Schöne, der sich mit einer Toch-

164 Die Habsburger

ter des Königs von Aragon vermählt hatte, ging als aussichtsreichster Kandidat ins Rennen. Doch bei der Wahl am 19. September 1314 erhielt Friedrich nur drei Kurstimmen, darunter als wichtigste die Kölner, während sich die übrigen Kurfürsten für seinen Cousin Herzog Ludwig von Bayern entschieden. Die Pattsituation endete erst am 28. September 1322 durch den Sieg König Ludwigs IV. in der Schlacht bei Mühldorf am Inn über den habsburgischen Konkurrenten. Seinen Cousin ließ der Bayer als Gefangenen auf die Burg Trausnitz in der Oberpfalz abführen. Erst drei Jahre später änderte sich die Situation völlig. König Ludwig bot dem Habsburger nicht nur die Freiheit, sondern das im Reich bisher unbekannte Mitkönigtum an, da er gegen seinen Todfeind Papst Johannes XXII. dringend die Unterstützung der Habsburger benötigte. Als Friedrich am 13. Januar 1330 ohne männlichen Erben starb, rückte ein habsburgisches Königtum wieder in weite Ferne.

Der jüngere Bruder Friedrich des Schönen, Albrecht II., war so klug, die Herrschaft Ludwigs des Bayern anzuerkennen und diesen trotz päpstlicher Bannflüche weiterhin zu unterstützen. Der Wittelsbacher belohnte das Haus Habsburg für seine Treue 1335 mit der Belehnung des damals frei gewordenen Herzogtums Kärnten, was dessen Ländermasse beträchtlich arrondierte. Albrecht II. leitete die Geschicke seines Hauses 28 Jahre bis zu seinem Tod 1358, obwohl er seit 1330 an schweren Lähmungen litt. Trotzdem trug er sein Schicksal mit Gelassenheit, was ihm große Sympathie einbrachte. Als er sich einmal mit dem erblindeten Böhmenkönig Johann zu einer Besprechung traf, dieser jedoch danach nicht die Tür fand, Albrecht ihn aber nicht hinführen konnte, brachen beide in Gelächter aus.

Im Habsburger-Fenster der Herzogskapelle des Wiener Stephansdoms findet sich auch eine Darstellung des Sohnes und Nachfolgers Rudolfs, König Albrecht I., der am 1.5.1308 bei Brugg an der Reuss ermordet wird. Bildnis – Glasmalerei, Wien, um 1390

Mehr als seine Behinderung machte dem Habsburger die Kinderlosigkeit seiner 1324 geschlossenen Ehe mit Johanna von Pfirt zu schaffen. Erst 1339 gebar sie den ersehnten Stammhalter Rudolf IV., nachdem das Paar zum Aachener Reliquienschatz gewallfahrtet war. Ihm folgten noch fünf weitere Geschwister, sodass der Fortbestand der Dynastie nach dem frühen Tod der übrigen männlichen Habsburger gesichert war. Nach dem Tod Ludwigs des Bayern 1347 erkannte Albrecht II. den bisherigen Gegenkönig Karl IV. an und versöhnte sich mit den Luxemburgern, was ihm nicht nur die Belehnung mit allen seinen Ländern und zahlreiche Privilegien einbrachte. Karl IV. verlobte auch seine Tochter Katharina mit Albrechts ältestem Sohn Rudolf, die sechs Jahre später in Prag heirateten. Später gab er auch seine Tochter Elisabeth dessen Bruder Albrecht III. zur Frau.

Mit nur 18 Jahren trat Rudolf IV. nach dem Tod seines Vaters 1358 die Herrschaft in allen habsburgischen Ländern an. Seine Brüder waren noch minderjährig. Im Gegensatz zu seinem realpolitischen Vater war der neue Herzog mit einem überbordenden Sendungsbewusstsein ausgestattet. Umgehend beauftragte er seine Kanzlei mit einer Fälschungsaktion: Im sogenannten Privilegium maius ließ er fingierte Urkunden zusammenfassen, in denen angeblich frühere Herrscher, ja sogar Julius Cäsar und Nero, den Habsburgern eine königsgleiche Stellung zubilligten. Rudolf nannte sich jetzt Erzherzog und trug in Nachahmung der Kaiserkrone den sogenannten Erzherzogshut. Vermutlich war dieses provozierende Verhalten, das ihn seinem königlichen Schwiegervater entfremdete, eine Reaktion auf dessen Goldene Bulle, in der 1356 die Habsburger vom Kreis der Königswähler ausgeschlossen blieben. Der Herzog näherte sich Karl IV. erst wieder an, als er 1363 dessen Unterstützung benötigte, um den Erwerb Tirols gegen den Widerstand der Wittelsbacher durchzusetzen. Auf Drängen seines Schwiegervaters wurde zwischen den Habsburgern und Luxemburgern ein Vertrag geschlossen, der beim Aussterben einer der beiden Dynastien die überlebende Dynastie zum Universalerben einsetzte.

Mit großer Energie widmete sich Rudolf IV. dem Zusammenwachsen seiner unterschiedlichen Länder zu einem Zentralstaat. Er intensivierte den Ausbau Wiens zur Residenz und Hauptstadt, die den europäischen Vergleich nicht zu scheuen brauchte. Ihm gelang zwar 1365 die Errichtung einer Universität, er musste aber das Ziel aufgeben, Wien zum Sitz eines Bistums zu machen und aus der Abhängigkeit von Passau zu lösen. Nach dem Vorbild

Rudolf noch alles für seine Länder realisiert hätte, wäre er nicht mit nur 26 Jahren 1365 ohne Nachkommen plötzlich verstorben.

Die gemeinschaftliche Regierung der beiden jüngeren Brüder Rudolfs, Albrecht III. und Leopold III., scheiterte schon nach wenigen Jahren an deren gegensätzlichem Temperament. Daher schlossen sie 1379 in der Zisterzienserabtei Neuberg an der Mürz einen Teilungsvertrag. Albrecht erhielt Österreich und das Salzkammergut, Leopold Kärnten, Steiermark, Krain, Tirol sowie Vorderösterreich. Anscheinend wurde die Aufteilung entsprechend der damaligen Wirtschaftskraft vorgenommen, um beiden Brüdern annähernd gleiche Einkünfte zu sichern. Beide Linien setzten im Falle des Aussterbens die jeweils andere zum Erben ein, weil man sich immer noch als Gesamthaus verstand. 1386 wurde Leopold III. von eidgenössischen Bauern in der Schlacht von Sempach erschlagen und hinterließ vier minderjährige Söhne, für die nun Albrecht III. bis zu seinem Tod 1395 die Vormundschaft übernahm.

Da auch Albrecht III. einen Sohn, Albrecht IV., hinterließ, gab es nun ein erhebliches Gerangel zwischen den beiden Linien und den vielen Herzögen um Länder und Macht. Die Situation verschlimmerte sich 1404 durch den frühen Tod Albrechts IV., der einen siebenjährigen Sohn, Albrecht V., hinterließ. Über dessen Vormundschaft, die die

links: *In der Schlacht bei Mühldorf am Inn 1322 besiegte König Ludwig der Bayern seinen Cousin und Gegenkönig Friedrich von Habsburg (Buchminiatur aus der Handschrift Willehalm von Oranse, 1334).*

rechts: *Nach dem Verlust der Königsherrschaft versuchten die Habsburger mit dem »Privilegium maius«, einer der dreistesten Urkundenfälschungen des Mittelalters, ihre Stellung aufzuwerten (1358/59).*

des Prager Veitsdoms begann er im Vorgriff mit einem ambitionierten gotischen Neubauprojekt der Wiener Stiftskirche St. Stephan. Das Stift stattete er zudem materiell so großzügig aus, dass jederzeit die Grundlage für eine Umwandlung in ein Domkapitel gegeben war.

Albrecht hatte seinem Sohn geordnete Finanzen hinterlassen. Doch war der Bevölkerungsrückgang durch die Pest auch in den österreichischen Ländern derart erheblich, dass Rudolf energisch gegensteuern musste. Zur Stabilisierung der Wirtschaft erließ er eine Münzreform und eine Verbrauchssteuer auf Wein und Bier. Ruinöse Güter und Häuser mussten binnen Jahresfrist wiederaufgebaut werden oder fielen an den Herzog. Zudem versuchte er, eine Entmachtung der das Wirtschaftsleben erstickenden Zünfte sowie eine Aufhebung der kirchlichen Steuerfreiheit zu erreichen. Man kann nur spekulieren, was

Die Habsburger

Herrschaft über die andere Hälfte des Habsburgerreichs bedeutete, wurde heftig gestritten. In dieser turbulenten Zeit hielt der Luxemburger Sigismund seine schützende Hand über den einzigen Sohn seines Freundes, sodass er bei seinem Antritt als König 1411 diesen mündig und damit in dessen Landesteil regierungsfähig erklärte. Im Gegensatz zu den Herzögen der leopoldinischen Linie, mit denen Sigismund Schwierigkeiten hatte, wuchs ihm Albrecht V. derart ans Herz, dass er ihm seine einzige Tochter Elisabeth, die Erbin seiner böhmischen und ungarischen Kronen, 1421 zur Frau gab.

Nach dem Tod Sigismunds 1437 bestieg Albrecht an der Seite Elisabeths als erster Habsburger zunächst den ungarischen Thron. Da er sich für seinen Schwiegervater in den letzten Jahren im Kampf gegen die Hussiten engagiert hatte, kostete ihn die Thronbesteigung in Böhmen einige Mühe. Am 18. März 1438 erfolgte in Frankfurt auch die einstimmige Wahl Albrechts II. zum König des Reichs, sodass der Habsburger alle drei Kronen seines Schwiegervaters und damit eine Vorrangstellung unter allen europäischen Monarchen errungen hatte. Doch schon am 27. Oktober 1439 raffte den 42-Jährigen auf einem Feldzug gegen die Türken die Ruhr hinweg.

Der Spott der Königin – Friedrich III. und sein Phlegma

Albrecht II. hinterließ zwei unmündige Töchter und eine schwangere Witwe, die fünf Monate nach dem Tod ihres Mannes einen Sohn gebar. In seinem Testament hatte er den ältesten Habsburger, seinen 24-jährigen Großcousin Friedrich V., als Vormund eingesetzt. Die Königinwitwe nahm jedoch das Heft des Handelns zunächst selbst in die Hand. Noch während ihrer Schwangerschaft hatte sie behauptet, sie würde einem männlichen Erben das Leben schenken, um schon vorab die Ansprüche ihres ungeborenen Kindes zu sichern. Als sie tatsächlich den ersehnten Sohn bekam, gab sie ihm den Namen des heiligen ungarischen Königs Ladislaus. Ziel der stolzen Luxemburgerin war es, ihrem Sohn zunächst den Thron Ungarns zu sichern, wo sie selbst aufgewachsen war und gute Verbindungen zu haben glaubte. Daher ließ sie den Leichnam ihres Mannes Albrecht auch nicht wie von diesem gewünscht nach Wien überführen, sondern nach Stuhlweißenburg bringen und in der Nähe des hl. Ladislaus beisetzen. Allerdings durchkreuzten einige ungarische Große die Pläne Elisabeths. Sie pochten auf ihr Wahlrecht und bestimmten den Polenkönig Wladislaw zu ihrem neuen Herrscher, dem sie eher die Verteidigung des Landes gegen die

links: Rudolf der Stifter, hier mit dem kronengleichen Erzherzogshut, versuchte hartnäckig den Habsburgern wieder Geltung zu verschaffen.

rechts: Mit dem Habsburger Albrecht II. gelangten auf Wunsch Kaiser Sigismunds die Habsburger wieder auf den Thron.

168 Die Habsburger

Kaiser Sigismund vermählte seine Erbtochter Elisabeth (hier ihre Bronzefigur vom Innsbrucker Grabmal Maximilians I., Bronzeskulptur, um 1526/32, nach Entwurf von Hans Polhaimer) mit dem Habsburger Albrecht, den er damit zum Nachfolger in seinen Ländern machte.

Türken zutrauten als einem weit entfernten Vormund eines Kinderkönigs. Elisabeth gelang es aber, durch eine Vertraute die Stephanskrone zu entwenden und damit ihren drei Monate alten Sohn im Mai 1440 in Stuhlweißenburg zum ungarischen König krönen zu lassen. Um ihr Kind in den ausbrechenden Wirren in Sicherheit zu wissen, übergab sie Ladislaus seinem Vormund Friedrich. Da Elisabeth schon 1442 verstarb, war nun dieser allein für dessen Zukunft verantwortlich.

Friedrich war aber nicht allein Vormund eines Kindes mit Ansprüchen auf den böhmischen und ungarischen Thron sowie den österreichischen Erblanden seines Vaters, sondern auch Vormund für den Erben Tirols, seinen Cousin Sigmund. Doch damit nicht genug. Die Kurfürsten wählten ihn auch noch am 2. Februar 1440 zum König des Reichs. Ein großes Problem war zunächst die Begleichung der Schulden König Albrechts II., die dieser zum Kampf um die böhmische Krone und zur Anwerbung eines Söldnerheeres gegen die Türken gemacht hatte. Derart beschäftigt konnte er erst zu Beginn 1442 die Krönungsreise mit vielen Zwischenstationen nach Aachen antreten, wo er am 17. Juni den Thron bestieg. Programmatisch bezeichnete er sich nun als Friedrich III. Er knüpfte damit an die Erwartungen einer Nachfolge des verklärten Stauferkaisers Friedrich II. an, obwohl er nach seinem Vorfahren Friedrich dem Schönen schon der vierte Träger dieses Namens auf dem Thron war. Die Erwartungen an den neuen König, vom Wesen her ein zurückgezogener und bescheidener Mensch, waren gewaltig. Überfällig waren vor allem die Reichsreform und die Lösung des zwischenzeitlich wieder eingetretenen Papstschismas.

Auf dem anschließenden Reichstag in Frankfurt am Main erließ er die sogenannte Reformatio Friderici, ein Gesetzestext, der erstmals in vielen Hundert Exemplaren überall im Reich verteilt wurde. Darin wurden Maßnahmen gegen das immer mehr um sich greifende Fehdewesen ergriffen, eines adeligen Faustrechts, das sich vor allem in einer fatalen Schädigung der Bürger und Bauern des Gegners auswirkte. Die Streitigkeiten sollten nun vor Gericht ausgetragen werden, wobei auch Städte als Gerichtsorte zugelassen waren und die Verfahren schriftlich dokumentiert werden mussten. Später ersetzte Friedrich das träge Hof-

gericht durch weitaus effektivere Kammergerichte, die zudem regional verteilt und damit besser erreichbar waren. In Frankfurt gelang es dem König, die Reichskrone dauerhaft an die Habsburger zu binden, die dank ihrer österreichischen Erblande jetzt die mächtigsten Fürsten waren.

Anschließend reiste Friedrich III. weiter zum Konzil nach Basel, wo er Verhandlungen zur Kirchenreform und zum Papstschisma führte, dann aber ergebnislos abreiste und damit das Basler Konzil entscheidend schwächte. Führt man sich das große Engagement Sigismunds auf dem Konstanzer Konzil vor Augen, so ist das Verhalten Friedrichs geradezu lustlos. Vorher hatte er sich wochenlang Zeit genommen, die habsburgischen Besitzungen am südlichen Oberrhein zu besuchen, während er für das Basler Konzil und den dort diskutierten Fragen von gesamteuropäischer Bedeutung gerade einmal fünf Tage übrig hatte. Weitaus engagierter zeigte er sich im Kampf gegen die Eidgenossen, die immer mehr von Habsburg beanspruchte Städte und Regionen in die Unabhängigkeit führen wollten. Friedrich III. schreckte hierbei nicht zurück, das kurzzeitig im Hundertjährigen Krieg zwischen England und Frankreich arbeitslos gewordene Söldnerheer der berüchtigten Armagnaken 1443 ins Land zu rufen. Nach einem Sieg vor Basel zogen sie plündernd und mordend durch die habsburgischen Orte am Oberrhein, bis sie der französische König wieder in seinem Krieg benötigte. Damit hatten die Habsburger ihr Ansehen im Südwesten des Reichs schwer beschädigt.

Ein großes Problem für Friedrich III. waren seine ständigen Geldnöte, da es ihm nicht gelungen war, eine Finanzreform des Reichs anzugehen, die ihm regelmäßige und kalkulierbare Einnahmen verschafft hätte. Hofhaltung, Reiseherrschaft, Ausweitung der Bürokratie und Bezahlung der Söldnerheere für alle kriegerischen Unternehmungen belasteten seine Kasse schwer. 1448 erkannte Friedrich den römischen Papst Nikolaus V. an. Während der Papst dem König das »Recht der ersten Bitte« einräumte und damit die Besetzung der ersten frei gewordenen Pfründe in einem Stift mit einem Kandidaten seiner Wahl, erkannte dieser wiederum einen weitgehenden Einfluss des Papstes auf die kirchlichen Spitzenpositionen im Reich an. Die Einigung mit Nikolaus V. war auch deshalb von Bedeutung, da Friedrich III. seinen Romzug plante. Die Vorbereitungen waren äußerst langwierig, da mit der Kaiserkrönung zugleich die Hochzeit des Habsburgers erfolgen sollte.

Am 24. Februar 1452 traf der mittlerweile schon 37-jährige Friedrich in Siena seine 14-jährige Braut Eleonore von Portugal. So wie die Portugiesen die Mauren aus ihrem Land vertrieben hatten, so wollte der Habsburger die Türken aus seinem Reich werfen. Dies war wohl die Programmatik, die diese Eheschließung deutlich machen sollte. Immerhin hatte der König seine künftige Gemahlin vorab auf einem von den Brautwerbern eigens angefertigten Gemälde in Augenschein nehmen können. Am 16. März 1452 fanden in Rom die Hochzeit und drei Tage später die Kaiserkrönung statt.

Zurück in Wiener Neustadt, der Hauptresidenz Friedrichs III. in seiner steirischen Heimat, musste Eleonore erkennen, dass sie nicht den mächtigsten und schon gar nicht den reichsten Mann Europas geheiratet hatte. Friedrich hatte zwar Wiener Neustadt mit einer Burg und mehreren kirchlichen Bauwerken schmücken lassen, doch war der Ort alles andere als eine Metropole. Nur wenige Wochen nach ihrer Ankunft wurde Wiener Neustadt im Spätsommer 1452 von aufständischen Adeligen belagert, die von Friedrich III. die Auslieferung seines mittlerweile zwölfjährigen Mündels, des ungarischen Königs Ladislaus erpressten, damit die Anführer in dessen Namen die Herrschaft in Böhmen, Ungarn und seinen österreichischen Erblanden ausüben

links: Friedrich III. trifft vor Siena seine künftige Gemahlin Eleonore von Portugal. Fresko im Dom von Siena (1502/05).

rechts: Portrait Friedrichs III. von Hans Burgkmair dem Älteren von 1468.

Die Habsburger **171**

konnten. Die junge, stolze Kaiserin sah, wie machtlos ihr Gemahl war, was das Eheleben schwer belasten sollte. Der gekränkte Friedrich beschränkte seinen Radius mehrere Jahre nur auf seinen innerösterreichischen Herrschaftsbereich. Selbst als Byzanz 1453 von den Türken erobert wurde und der Papst die christlichen Herrscher Europas zum Kampf aufrief, hielt es der Kaiser nicht für nötig, auf den folgenden Reichstagen zu erscheinen, die sich diesem Problem widmeten. Auch als Aeneas Silvio Piccolomini, den er einst als Mitarbeiter in seine Kanzlei geholt hatte, 1458 als Pius II. den Thron Petri bestieg, ließ er die Chance ungenutzt, das ungelöste Problem der Kirchenreform gemeinsam mit diesem anzugehen. Dieses Phlegma trübte seinen Ruhm vor allem in der Geschichtsschreibung des 19. Jahrhunderts, wo ihn Treitschke mit dem bösen Begriff einer »Reichserzschlafmütze« versah.

Selbst als sein einstiges Mündel, König Ladislaus von Böhmen und Ungarn 1457 mit nur 17 Jahren und ohne Erben starb, kam Friedrich III. nur äußerst ungern aus seinem steirischen Schmollwinkel hervor. Obwohl er von einem Teil des ungarischen Adels 1459 zu ihrem König gewählt worden war, zeigte er keinerlei Initiative, sondern überließ dieses Land dem jungen Matthias Corvinius, dem Sohn des vormaligen Regenten Ungarns. In Böhmen gelang es dem bisherigen Statthalter des Ladislaus, Georg von Podiebrad, sich zum König krönen zu lassen. Allein die Verteilung des österreichischen Erbes des Ladislaus scheint bei Friedrich Interesse geweckt zu haben, wobei er mit seinem eigenen Bruder Albrecht konkurrierte. Die beiden Brüder gerieten um das Erbe derart in Streit, dass der Kaiser mitsamt seiner Familie im Spätherbst 1462 in der Wiener Hofburg vier Wochen lang von Albrecht und den aufständischen Wienern belagert und beschossen wurde. Friedrich gab nach und zog sich gekränkt wieder jahrelang nach Wiener Neustadt zurück.

Dort verstarb 1467 mit 31 Jahren seine enttäuschte Gemahlin Eleonore und hinterließ ihm zwei Kinder, Maximilian und Kunigunde, sodass der Fortbestand der Dynastie gesichert war.

Im gleichen Jahr hatte Karl der Kühne seine Herrschaft im Herzogtum Burgund angetreten, das neben diesem Stammland u. a. noch Brabant, Flandern, Hennegau, Holland, Luxemburg und Seeland umfasste. Der Herzog besaß nur eine Erbtochter, Maria, die zwei Jahre älter als der Kaisersohn Maximilian war. Rasch scheint sich die Idee bei Friedrich III. festgesetzt zu haben, seinem Sohn durch Heirat dieses gewaltige Erbe im Westen zu sichern. Hierfür legte er eine ungewohnte Zielstrebigkeit an den Tag, zumal noch viele Widerstände und Krisen zu überwinden waren. Doch sollte gerade die Ermöglichung dieser Eheschließung die große Lebensleistung Friedrichs für seine Dynastie sein. Im Hinblick auf diese Verbindung hieß der Kaiser selbst die mit Waffengewalt erzwungene Nachfolge Karls des Kühnen im niederrheinischen Herzogtum Geldern gut, wodurch dieser Reichsfürst wurde.

Ende September 1473 trafen sich die beiden erstmals, wobei der Kaiser seinen Sohn mitnahm, der bei Karl Gefallen fand. Die Zusammenkunft in Trier wurde vom reichen Burgunderherzog mit größter Prachtentfaltung zelebriert, sodass auch der sparsame Kaiser entgegen seiner Gewohnheit sich und sein Gefolge entsprechend ausstaffierte. Ziel des Burgunders war die Rangerhöhung zum König, was seiner realen Macht- und Länderfülle entsprochen hätte. Er forderte zusätzlich die Herrschaft über Lothringen und die östlich an sein Reich angrenzenden geistlichen Fürstentümer. Bei den Verhandlungen zerstritten sich der Kaiser und der Burgunderherzog. Friedrich reiste wütend ab und die schon angesetzte Krönung Karls im Trierer Dom fand nicht statt.

Karls Ehrgeiz zielte nun sogar darauf ab, das Kölner Kurfürstentum seinem Herrschaftsbereich anzugliedern. Dabei nutzte er geschickt den Kampf des dortigen Erzbischofs Ruprecht von der Pfalz gegen sein Domkapitel und seine Untertanen aus, die sich einer stärkeren Besteuerung widersetzten. Ruprecht rief fatalerweise den Burgunderherzog zu Hilfe, ohne dessen Pläne zu durchschauen. Ende Juli 1474 begann Karl mit seinem gewaltigen Söldnerheer die Belagerung der widerspenstigen Stadt Neuss. Jetzt fühlte sich der Kaiser derart herausgefordert, dass er in das Geschehen eingriff. Allerdings dauerte das Sammeln und Anwerben eines Reichsheers unerträglich lange. Erst Ende Mai 1475 konnte Friedrich Neuss befreien. Es kam aber zu keinen

Friedrich III. residierte meist in Wiener Neustadt. Dort ließ er die Georgskirche mit dem legendären Wappenstammbaum der Habsburger errichten.

Kampfhandlungen zwischen den beiden Herren, da auf dem Verhandlungsweg Karl auf weiteres Eingreifen im Kölner Streit verzichtete. Mit diesem Sieg über einen landfremden, französisch sprechenden Feind war das Ansehen des Kaisers im Reich enorm gestiegen. An den Eheplänen wurde trotz dieser Differenzen auf beiden Seiten festgehalten. Karl stürzte sich sofort in einen weiteren Krieg gegen die Eidgenossen, die ihm eine vernichtende Niederlage beibrachten. Als er daraufhin die lothringische Hauptstadt Nancy belagerte, um das ganze Herzogtum zu unterwerfen, wurde er am 5. Januar 1477 in der Entscheidungsschlacht getötet. Sein ausgeplünderter und verstümmelter Leichnam konnte erst Tage später identifiziert werden.

Wettlauf um die Braut – Maximilian und Maria von Burgund

Karls 19-jähriger Tochter und Alleinerbin Maria blieb wenig Zeit, um ihren Vater zu betrauern. Spätestens jetzt musste sie schmerzhaft erkennen, dass die zahllosen Kriege des Herzogs die Staatsfinanzen schwer zerrüttet hatten. Zudem nutzten die einstigen Gegner des Burgunders sofort die Gunst der Stunde. So erkannten die Großen des aus unterschiedlichen Territorien bestehenden Landes Maria zwar als Regentin an, doch musste sie im Gegenzug die Mitregierung der Stände akzeptieren. Dies bedeutete faktisch eine Autonomie ihrer einzelnen Länder, während Karl der Kühne noch einen Zentralstaat angestrebt hatte. Weitaus gefährlicher war für die junge Herzogin aber der Einmarsch französischer Truppen in den Landesteilen, die von König Ludwig XI. als eingezogene Lehen beansprucht wurden. Als sie die einberufenen Stände um Geld und Unterstützung für eine Abwehr der Invasion bat, gab man ihr stattdessen den Rat, doch einfach den französischen Thronfolger zu heiraten. Zudem schickten noch weitere benachbarte Dynastien ihre Söhne ins Rennen um die Hand der reichsten Erbin Europas. Doch Maria hatte sich bereits entschlossen, ihren Verlobten Maximilian zu heiraten. Sie sandte ihm

Maria von Burgund, Erbtochter Herzog Karls des Kühnen, brachte Maximilian I. eine bedeutende Erweiterung der habsburgischen Länder ein.

umgehend eine Botschaft, schnell herbeizueilen, bevor ihr ein anderer Ehemann aufgezwungen werden würde. Am 21. April 1477 schloss der vorausgeschickte Gesandte des Habsburgers stellvertretend die Ehe, um alle anderweitigen Bewerber auszuschalten. Vier Monate später fand in Gent die eigentliche Hochzeit der beiden statt. Hierbei musste die Braut verwundert erkennen, dass selbst ein kaiserlicher Schwiegervater knapp bei Kasse sein konnte, sodass ihre eigene Mutter Margarethe von York einsprang, den Schwiegersohn samt Gefolge entsprechend seinem Rang auszustatten.

Der 17-jährige Maximilian war von Maria recht angetan – bei dynastischen Ehen beileibe keine Selbstverständlichkeit. Beide verband eine Leidenschaft für die Jagd, der sie begeistert frönten. Für den jungen, materiell nicht allzu verwöhnten Habsburger aus der Provinz musste gerade Flandern mit seinen reichen Handelsstädten, zahllosen prächtigen Herrensitzen sowie dem hoch entwickelten Hofleben wie ein Paradies auf Erden erschienen sein. Auch aus dynastischer Sicht war die Ehe ein voller Erfolg. Schon ein Jahr nach der Hochzeit wurde der Thronfolger Philipp und zwei Jahre später die Tochter Margarethe geboren.

Bald nach der Eheschließung musste Maximilian im Kampf gegen Frankreich der Öffentlichkeit beweisen, dass er als Gemahlin der Landesherrin etwas taugte. Da ihm sein Vater trotz dringender Bitten keine finanzielle Hilfe leisten konnte und die flandrischen Städte über eine Steuererhöhung des Landfremden murrten, ließen er und Maria sogar ihr gesamtes Tafelsilber einschmelzen und viele Juwelen verpfänden. Maximilian erwies sich trotz seiner Jugend als harter Kämpfer. Der französische König schürte jedoch die Unzufriedenheit im Innern immer wieder aufs Neue, sodass der Herzog von einer Front zur nächsten eilte.

Eine private wie politische Katastrophe bedeutete für Maximilian der frühe Tod Marias von Burgund am 27. März 1482. Die Herzogin erlag ihren schweren Verletzungen, die sie sich beim Sturz vom Pferd zugezogen hatte. Sterbend setzte sie ihren Mann zum Regenten und Vormund ihrer beiden Kinder ein. Anschließend fand sie wunschgemäß ihr Grab neben ihrem Vater in der Brügger Liebfrauenkirche. Doch jetzt handelten die Landstände, indem sie Maximilian durchweg die Regentschaft verweigerten, die eine Fortsetzung des ruinösen Kriegs mit Frankreich bedeutet hätte. Seine beiden Kinder hielten sie in Gent zurück. Die zweijährige Margarethe verlobten sie mit dem französischen Thronfolger und übergaben das Mädchen an den dortigen Hof. Im Vertrag von Arras wurde Ende Dezember 1482 beschlossen, ihr als Mitgift sämtliche von Frankreich beanspruchten burgundischen Lehen mitzugeben. Falls ihr Bruder Philipp ohne Nachkommen sterben sollte, ginge auch dieser Erbteil an den Dauphin über. Maximilian wollte sich nicht einfach so beiseite schieben lassen und erreichte in einem zweieinhalbjährigen Dauerkampf schließlich die Anerkennung in den nördlichen Provinzen, die Ende Juni 1485 besiegelt wurde. Gent musste ihm den sieben Jahre alten Thronfolger Philipp aushändigen, den er nun in Brüssel erziehen ließ.

Der Habsburger nutzte diese Atempause, um die von seinem Vater Friedrich vorbereitete Wahl und Krönung zum König des Reichs anzugehen. Ende Dezember 1485 trafen die beiden in Aachen zusammen und reisten gemeinsam nach Frankfurt, wo Maximilian am 16. Februar 1486 gewählt wurde. Wie üblich musste er den Kurfürsten große Versprechungen machen, wie z. B. dem Kölner und Mainzer Erzbischof, die wieder die Herrschaft über ihre reichsfreien Hauptstädte erhalten sollten. Anschließend zogen Kaiser, König und Kurfürsten nach Aachen, wo am 9. April 1486 die Krönung stattfand. Der schon 70-jährige Kaiser war seinem einzigen Sohn gegenüber immer noch sehr misstrauisch. Maximilian musste ihm nach der Wahl sogar schriftlich bestätigen, dass er die Regierung im Reich weiterhin allein Friedrich III. überlassen werde. Aus dieser Distanzierung heraus verweigerte der Sohn dem Vater die erbetene Hilfe gegen die Expansionskriege des Ungarnkönigs Matthias Corvinus und reiste wieder in die Niederlande zurück, um den eigenen Kampf fortzusetzen.

Als Maximilian die Ständevertretung der Generalstaaten nach Brügge rief, damit sie ihm erneut Geld für seinen Krieg gegen Frankreich bewilligten, eskalierte die Situation. Die aufgebrachten Bürger ließen den König am 5. Februar 1488 in einem Bürgerhaus gefangen setzen. Als er sich standhaft weigerte, auf die Regentschaft zu verzichten und das Land zu verlassen, musste er mitansehen, wie seine Vertrauten gefoltert und enthauptet wurden. In dieser lebensbedrohlichen Situation raffte sich sein Vater Friedrich III. zu energischem Handeln auf. Er brachte die Kurfürsten dazu, ein Reichsheer aufzustellen, und führte dies in Richtung Brügge. Die Drohgebärde reichte aus, damit Maximilian Mitte Mai 1488 die Freiheit erhielt. Alle erpressten Zugeständnisse widerrief er anschließend auf Druck seines Vaters wieder. Der Kaiser überließ die Führung des Reichsheers Herzog Albrecht von Sachsen, der sich mit brutaler Gewalt durchsetzte.

Der Schuldenkönig – Maximilian I. und seine gescheiterten Pläne

Nach seiner Freilassung kehrte Maximilian zunächst nach Österreich zurück. Dort gelang es ihm im März 1490, die Nachfolge in Tirol anzutreten, nachdem er seinen Großcousin Sigmund zur Abdankung überredet hatte. Dieser besaß trotz 40 außerehelicher Kinder keine legitimen Nachkommen und hatte daher sein Land an Bayern verpfändet, was Friedrich III. nur unter großem Druck rückgängig machen konnte. Die ertragreichen Silber- und Kupferbergwerke von Schwaz, die Haller Saline sowie die Zölle der Brennerstraße wurden zu den wichtigsten Einnahmequellen des Königs. Nachdem der ungarische König Matthias Corvinus, der Wien und große Teile Österreichs besetzt hielt, am 6. April 1490 gestorben war, gelang den beiden Habsburgern die Rückeroberung ihrer Erbländer. Maximilian scheiterte allerdings dabei, Ungarn unter seine Herrschaft zu bringen, dessen neuer König Wladislaw im Falle fehlender männlicher Nachkommen ihm immerhin die Nachfolge einräumte.

Trotz herber Kritik seines Vaters versuchte Maximilian keinen neuen Vorstoß in Ungarn, sondern wandte sich dem Westen zu. Dort bot sich ihm die Chance, mit der Hochzeit der Erbin der Bretagne ein weiteres Herzogtum zu erwerben. Tatsächlich ging Anne de Bretagne auf sein Werben ein und schloss am 19. Dezember 1490 mit dem Gesandten Maximilians in der Kathedrale von Rennes stellvertretend die Ehe. Der Kaiser missbilligte aber die hochfliegenden Pläne seines Sohns,

Die Habsburger

Hinrichtung einiger Getreuer Maximilians I. 1488 in Gent bei einem Aufstand der Landstände gegen den Habsburger (Holzschnitt, um 1514/16, von Hans Burgkmair (1473–1531). Illustration zu der Autobiographie Kaiser Maximilians I. »Der Weisskunig«).

sodass dieser kein Heer aufstellen konnte und nach Tirol zurückkehren musste. Herzogin Anne wartete vergeblich auf Maximilians militärische Hilfe und kapitulierte schließlich vor den Truppen des französischen Königs. Nachdem sie persönlich König Karl VIII. in Augenschein genommen hatte, entschloss sie sich, ihre habsburgische Ehe annullieren zu lassen und diesen zu heiraten. Dadurch wurde die bisher weitgehend unabhängige Bretagne dauerhaft mit Frankreich verbunden. Karl VIII. hatte noch eine weitere Demütigung für Maximilian parat. Denn er löste die Verlobung mit dessen Tochter Margarethe, die schon am französischen Hof lebte, und schickte die Zwölfjährige nach Österreich zurück.

Erst im Frieden von Senlis am 23. Mai 1493 fand der Krieg um die Niederlande ein Ende. Frankreich erhielt das eigentliche Herzogtum Burgund, während Maximilian und seinem Sohn Philipp alle übrigen Länder Karls des Kühnen zugestanden wurden. Doch die zehnjährigen Kämpfe hatten vor allem Flandern und Brabant, deren Reichtum auf Handel beruhte, weitgehend ruiniert.

Im Sommer 1493 erkrankte der 78-jährige Kaiser schwer. Den Ärzten gelang zunächst eine Operation des von Altersbrand befallenen Unterschenkels, was Friedrich III. mit der sarkastischen Bemerkung kommentierte, nun müsse das Reich eben auf einem Bein stehen. Einige Wochen später verschlechterte sich Friedrichs Zustand, und er starb am 19. August 1493 in Linz. Per Schiff wurde sein Leichnam feierlich nach Wien überführt. Man hatte ihm vorsorglich auch seinen amputierten Unterschenkel mit in den Sarg gelegt, um dem Kaiser am Tag seiner leiblichen Auferstehung keine Probleme zu bereiten. Sein Grab fand er im Wiener Stephansdom, dessen Erhebung zum Sitz eines Bistums der Kaiser erreicht hatte.

Maximilian richtete nun sein Hauptinteresse auf Italien und die Gewinnung der Kaiserkrone. Hierbei war ihm der französische König ein harter Konkurrent. Um das strategisch entscheidende Mailand zum Verbündeten zu gewinnen und den Italienzug überhaupt finanzieren zu können, heiratete er im März 1494 die Nichte des Mailänder Potentaten Ludovico Sforza. Bianca Maria brachte ihrem Gemahl eine gewaltige Mitgift ein. Doch zum

Die prachtvolle Grabplatte Kaiser Friedrichs III. im Wiener Stephansdom täuscht über die tatsächliche Lebensleistung des Habsburgers (1467–1513, von Nicolaus Gerhaert von Leyden) hinweg.

Die Habsburger **177**

Spätgotisches Relief am Innsbrucker »Goldenen Dachl«, das Maximilian I. mit seinen beiden Gemahlinnen Maria von Burgund und Bianca Maria Sforza zeigt.

Dank zeigte ihr der König allzu deutlich, dass er sie nur des Geldes wegen geheiratet hatte. Ihr Urgroßvater war noch einfacher Schweinezüchter gewesen, sodass er die junge Frau, die sich in ihr hartes Schicksal fügte, fortan kaum beachtete. Ob er die Ehe überhaupt körperlich vollzogen hat, ist fraglich, da sie kinderlos blieb, während Maximilian mit seinen Geliebten zeitgleich einen ganzen Schwung illegitimer Kinder zeugte. Bianca Maria musste sogar mehrfach die Demütigung erleben, von ihrem ständig in Finanznöten steckenden Gatten als Pfand für unbezahlte Wirtsrechnungen in den Reichsstädten zurückgelassen zu werden. Sie verstarb am 31. Dezember 1510.

Nach ihrem Tod überlegte Maximilian sogar, ob er sich nicht zum Papst wählen lassen sollte, da damals Julius II. schwer erkrankt war. Allein dieser absurde Plan sagt schon einiges über die Allmachtsfantasien des Habsburgers aus, der sich selbst für ein Genie hielt. In 40 Jahren führte er 27 Kriege, wobei der ergebnislose Kampf 1508–1516 gegen die Republik Venedig neben dem burgundischen Krieg der teuerste war. Eine wie auch immer geartete Oberherrschaft über Italien und Frankreich blieb eine abstruse Idee. Die Kriege brachten ungeheures Leid über die betroffene Bevölkerung, verbreiteten mit den Söldnerheeren die Syphilis in Europa und ruinierten nachhaltig die Staatsfinanzen seiner Länder. Selbst bei der Erringung der Kaiserkrone sollte er mehrfach scheitern, wie er auch den immer wieder groß angekündigten Kampf gegen die Türken

Ruinöse »Handsalben« – Die königlichen Finanzen

Der ursprüngliche Reichtum und die Machtfülle des Königtums beruhte auf der Verfügungsgewalt über das ausgedehnte Reichsgut. Ottonen, Salier und Staufer finanzierten aus dessen Einnahmen nicht nur ihre Hofhaltung, Bauten und Kriegszüge, sondern nutzten es auch zur Bekräftigung politischer Bündnisse und Gefolgschaften. Vor allem die Bischöfe profitierten von ihrem Einsatz für das Reich und dessen Herrscher, indem dieser ihnen einträgliche Königsrechte wie Markt, Münze, Zoll, Judenschutz oder den Geleitschutz auf Straßen übertrug. Reichsklöster lösten ihre Abgabenpflicht an den König meist durch Einmalzahlungen ab.

Neben den Königsrechten war es vor allem großer Landbesitz aus Reichsgut, der zur Belohnung als Lehen für Gefolgstreue diente. Doch am Ende der Stauferzeit setzte sich die Erblichkeit der Lehen sowohl in der männlichen wie weiblichen Linie durch, sodass selbst die Herzogtümer der Verfügungsgewalt des Königs dauerhaft entzogen waren, die vorher noch an Mitglieder der Herrscherfamilie oder verbündete Dynastien ausgegeben worden waren. Die politische Landkarte im Reich hatte sich zementiert, Veränderungen durch den König wurden von Seiten der Fürsten nicht mehr akzeptiert. Zugleich schwand aber auch die Bereitschaft der zunehmend selbstbewussten Fürsten und Landesherren, ihrem König für dessen Kriege Heerfolge zu leisten und ausreichend Ritter zu schicken. Ab dem Spätmittelalter war der Herrscher gezwungen, reine Söldnerheere gegen Bezahlung anzuwerben, was die Finanzsituation des Königs schwer belastete und weiter auszehrte.

Nach dem Ende der Stauferzeit versuchten die Kurfürsten, nur noch einen wenig mächtigen Kandidaten auf den Thron zu wählen, der ihre Eigeninteressen nicht allzu sehr tangierte und ihnen das geraubte Reichsgut weitgehend beließ. Habsburger und Luxemburger, die sich im Spätmittelalter auf dem deutschen Thron abwechselten, waren fortwährend in Geldnöten. Denn ihr Familienbesitz warf nicht genug ab zur Finanzierung von Reisen, prächtiger Hofhaltung und Kriegen, mit denen sie sich das verbliebene Reichsgut sichern mussten. Im Gegensatz zu den Nachbarländern gab es mit Ausnahme der Reichsstädte weder eine Reichssteuer, die dem König kontinuierliche Einnahmen gebracht hätte, noch einen Zentralstaat mit Hauptstadt und Verwaltung. Als dieses Manko im Spätmittelalter erkannt wurde, war es bereits für eine Veränderung zu spät, da dem König die hierfür notwendige Macht fehlte.

Was die königlichen Finanzen nach der Stauferzeit enorm schwächte, waren die Zugeständnisse an die Kurfürsten vor der Königswahl. Die »Handsalben« genannten Bestechungsgelder waren enorme Summen, da auch die Königswähler, egal ob weltlich oder geistlich, schlecht wirtschafteten und selbst oft in Geldnöten steckten. Eine unrühmliche Rolle bei diesen Handsalben spielt Karl IV., der für seine eigene Wahl wie die seines Sohns Wenzel fast das ganze verbliebene Reichsgut verpfändete, um die Kurfürsten zufriedenzustellen. Danach war der deutsche König praktisch mittellos und konnte sich kaum noch aus seinem Eigenbesitz finanzieren. Notgedrungen begannen die Habsburger mit einer Schuldenpolitik, die derjenigen unserer Tage in nichts nachsteht.

Der Kontakt der Habsburger mit der europaweit agierenden Augsburger Kaufmanns- und Bankiersfamilie Fugger begann 1473. Damals fehlte Friedrich III. das Geld, um sich und seinen Sohn Maximilian nebst Gefolge beim Treffen mit Herzog Karl dem Kühnen in Trier entsprechend auszustaffieren. Vor allem Maximilian sollte als Verlobter der Erbtochter Karls dort einen guten Eindruck machen. Die Fugger, die noch drei Generationen zuvor zugewanderte Weber vom Dorf waren, erhielten für die gewährte Finanzhilfe ein Wappen. Maximilian I. übernahm mit Tirol die immensen Schulden des bisherigen Landesherrn bei den Fuggern, was den Kontakt notgedrungen wiederaufleben ließ.

Ohne die ständig aufgestockten Kredite Jakob Fuggers des Reichen wäre der zeitlebens in teure Kriege verstrickte und völlig über seine Verhältnisse lebende Maximilian bald bankrott gewesen. Als Sicherheit wählte der Fugger die Erträge der im 15. Jahrhundert mächtig aufblühenden Silber- und Kupferbergwerke in Tirol und Oberungarn, die ihm beim Weiterverkauf große Gewinne einbrachten. Durch dieses starke Engagement band sich Jakob Fugger aber auch umgekehrt an die Habsburger, sodass er weitgehend die teuerste Königswahl der deutschen Geschichte, diejenige Karls V. 1519, dem Enkel Maximilians I., finanzierte, um die aufgelaufenen Verbindlichkeiten nicht zu gefährden. Der Kaufmann war derart selbstbewusst, dass er den Habsburger später schriftlich daran erinnerte, dass der König ihm und seinem Geld die Wahl verdanke.

Jakob Fugger mit Münzwaage, Portrait, 1538, von Dosso Dossi, Giovanni de'Luteri

nie begann. Seine politischen Allianzen wechselte der Habsburger derart sprunghaft, dass ihn letztendlich niemand unter den Königen mehr ernst nahm. Die großen Gewinner dieses narzisstischen Spielers auf dem Thron waren die Fugger, denen er vor allem die reichen Schwazer Kupfer- und Silberminen verpfändete sowie die Welser und anderer Augsburger Großkaufleute, die ihm ständig Kredit gewährten.

Auf den Reichstagen blies dem unbeliebten König zunehmend ein rauher Wind ins Gesicht. Die ständigen Wünsche nach Geld und Söldnern für immer neue Kriege riefen bei Fürsten und Reichsstädten wachsenden Widerstand bevor. Zwar gelang auf dem Wormser Reichstag 1495 noch die Festigung des Reichslandfriedens wie des Reichskammergerichts und die Einführung einer allgemeinen Reichssteuer, des sogenannten Gemeinen Pfennigs, der dem König aber nicht die erhofften Einnahmen brachte. Unter Führung des überaus fähigen Erzkanzlers und Mainzer Erzbischofs Berthold von Henneberg erreichte der Reichstag im Sommer 1500 sogar die Entmachtung Maximilians. Ein Reichsregiment sollte an seiner Stelle Innen- wie Außenpolitik und den militärischen Oberbefehl übernehmen. Der König zog sich zwei Jahre beleidigt in seine österreichischen Erbländer zurück und versuchte hier, das Geld für seine hochfliegenden Pläne einzusammeln.

Jetzt begann er auch nach dem Vorbild Karls des Kühnen, seine verschiedenen Länder zu einem Zentralstaat zusammenzufassen. 1502 erreichte Maximilian die Auflösung des Reichsregiments durch die Uneinigkeit der Fürsten und mit dem durch päpstliche Ablässe eigentlich für den Türkenkreuzzug eingesammelten Geld. Bei der Rückkehr an die Macht half ihm der frühe Tod seines großen Widersachers Erzbischof Berthold, der 1504 an der Syphilis starb.

Wirklich erfolgreich war Maximilian allein in seiner Heiratspolitik. So gelang ihm als Bekräftigung eines antifranzösischen Bündnisses schon 1495 die Vermählung seiner beiden Kinder Philipp und Margarethe mit Juana und Juan, den Kindern der Katholischen Könige Ferdinand und Isabella. Niemand dachte damals daran, dass unter Philipps und Juanas Sohn Karl V. dereinst ein Habsburger über Spanien herrschen sollte. Doch der vorzeitige Tod der älteren Kinder der Katholischen Könige machte hier den Weg frei. Fast am Ende seines Lebens gelang Maximilian nochmals ein ähnlicher Coup. Im Sommer 1515 konnte er im Wiener Stephansdom seine Enkelin Maria mit Ludwig, dem Thronerben Ungarns und Böhmens, vermählen. Dessen Schwester Anna von Böhmen und Ungarn heiratete Maximilian stellvertretend für seinen noch minderjährigen Enkel Ferdinand. Beide Hochzeiten beendeten als Friedensschluss die langjährige Feindschaft der Habsburger mit den ungarischen und polnischen Jagellonen. Auch hier war noch nicht absehbar, dass Ludwig schon 1526 ohne Nachkommen in einer Schlacht gegen die Türken sterben und damit Ferdinand mit seiner Gemahlin Anna die Nachfolge in Ungarn und Böhmen antreten würde. Die stolze habsburgische Devise »Andere mögen Kriege führen, Du, glückliches Österreich, heirate!«, die den so plötzlichen wie friedlichen Aufstieg zur Weltmacht vor Augen hatte, blendete allerdings die biologische Zufälligkeit dieses Erbes wie auch die militärische Erfolgslosigkeit des Kriegstreibers Maximilian aus.

Ganz im Gegensatz zu seinem Vater liebte Maximilian Selbstdarstellung mittels höfischem Prunk und glanzvoller Turniere. Darin eiferte er seinem Schwiegervater Karl dem Kühnen nach, dessen Sprunghaftigkeit und Kriegslust er sich lebenslang ebenfalls zum

Portrait Maximilians I. von Albrecht Dürer von 1519.

Vorbild nahm. Doch während der Burgunderherzog anfangs noch mit vollen Händen aus seinen Reichtümern schöpfen konnte, lebte der Habsburger fast immer auf Pump. Geradezu ein Symbol seines völlig übersteigerten Selbstwertgefühls, aber auch seiner dauerhaften Finanznöte ist sein unvollendetes Grabmal, das er schon zwei Jahrzehnte vor seinem 1519 eingetretenen Tod beginnen ließ und mit dem er alle bisherigen Herrschergräber Europas übertreffen wollte.

Eigentlich für sein Grab in der Georgskirche der Wiener Neustadt bestimmt, blieb es nach Vollendung 60 Jahre nach Maximlians Tod einfach in Innsbruck stehen. Zur würdigen Aufstellung entstand dann dort die Hofkirche. Das Ganze ist mit 28 von 40 geplanten überlebensgroßen Bronzefiguren seiner wahren und legendären Vorfahren eine gigantische Verherrlichung der europäischen Spitzenstellung der Habsburgerdynastie mit Maximilian als Mittelpunkt, wetteifernd mit den Vorbildern römischer Cäsaren, deren Würde er nie errang. So ist dieses Monument im Vergleich mit seiner Lebensleistung mehr großsprecherische Behauptung denn Wahrheit.

Das aufwendigste Kaisergrab des Mittelalters, das Maximlian I. in Auftrag gab, blieb unvollendet. Bronzefiguren seiner Gemahlinnen und Vorfahren umstehen den Sarkophag in der Innsbrucker Hofkirche (Teilansicht mit vier Frauenfiguren aus der Reihe der Ahnen und Verwandten des Kaisers: von links Kunigunde von Österreich, Elisabeth von Görz, Maria von Burgund und Elisabeth von Ungarn).

Die Habsburger

Literaturauswahl

Allgemeine Werke

Fößel, Amalie, Die Königin im mittelalterlichen Reich. Herrschaftsausübung, Herrschaftsrechte, Handlungsspielräume, Stuttgart 2000.

Herbers, Klaus und Neuhaus, Helmut, Das Heilige Römische Reich. Ein Überblick, Köln-Weimar-Wien 2010.

Kaiser, Jürgen, Mittelalter in Deutschland, Stuttgart 2006.

Ders., Herrinnen der Welt. Kaiserinnen des Hochmittelalters, Regensburg 2010.

Prietzel, Malte, Das Heilige Römische Reich im Spätmittelalter, Darmstadt ²2010.

Rogge, Jörg, Die deutschen Könige im Mittelalter. Wahl und Krönung, Darmstadt ²2011.

Schneidmüller, Bernd (Hg.), Die deutschen Herrscher des Mittelalters. Historische Portraits von Heinrich I. bis Maximilian I. (919–1519), München 2003.

Ders., Heilig-Römisch-Deutsch. Das Reich im mittelalterlichen Europa, Dresden 2006.

Ders., Die Kaiser des Mittelalters. Von Karl dem Großen bis Maximilian I., München ²2007.

Schnith, Karl Rudolf, Mittelalterliche Herrscher in Lebensbildern. Von den Karolingern zu den Staufern, Graz-Wien-Köln 1990.

Ders. (Hg.), Frauen des Mittelalters in Lebensbildern, Graz-Wien-Köln 1997.

Weinfurter, Stefan, Das Reich im Mittelalter. Kleine deutsche Geschichte von 500 bis 1500, München 2008.

Werke zu den einzelnen Dynastien

Ottonen

Althoff, Gerd, Otto III., Darmstadt 1996.

Ders., Die Ottonen. Königsherrschaft ohne Staat, Stuttgart-Berlin-Köln 2000.

Althoff, Gerd und Keller, Hagen, Heinrich I. und Otto der Große. Neubeginn auf karolingischem Erbe, Göttingen-Zürich ²1994.

Baumgärtner, Ingrid (Hg.), Kunigunde – Eine Kaiserin an der Jahrtausendwende, Kassel ²2002.

Beumann, Helmut, Die Ottonen, Stuttgart ³1994.

Eickhoff, Ekkehard, Theophanu und der König, Stuttgart 1996.

Keller, Hagen, Die Ottonen, München ³2006.

Körntgen, Ludger, Ottonen und Salier, Darmstadt ²2008.

Laudage, Johannes, Otto der Große (912–973). Eine Biographie, Regensburg 2001.

Weinfurter, Stefan, Heinrich II. (1002–1024). Herrscher am Ende der Zeiten, Regensburg 1999.

Ders., Kaiserin Adelheid und das ottonische Kaisertum, in: Frühmittelalterliche Studien 33, 1999, S. 1–19.

Salier

Althoff, Gerd, Heinrich IV., Darmstadt 2006.

Ders. (Hg.), Heinrich IV., Ostfildern 2009.

Black-Veldtrup, Mechthild, Kaiserin Agnes (1043–1077), Köln-Weimar-Wien 1995.

Boshof, Egon, Die Salier, Stuttgart ⁵2008.

Chibnall, Marjorie, The empress Matilda. Queen Consort, Queen Mother and Lady of the English, Oxford 1991.

Jäschke, Kurt-Ulrich, Notwendige Gefährtinnen. Königinnen der Salierzeit als Herrscherinnen und Ehefrauen im römisch-deutschen Reich des 11. und beginnenden 12. Jahrhunderts, Saarbrücken 1991.

Laudage, Johannes, Die Salier. Das erste deutsche Königshaus, München 2006.

Struve, Tilmann, Salierzeit im Wandel. Zur Geschichte Heinrichs IV. und des Investiturstreits, Köln 2006.

Waas, Adolf, Heinrich V. Gestalt und Verhängnis des letzten salischen Kaisers, München 1967.

Weinfurter, Stefan, Das Jahrhundert der Salier (1024–1125), Ostfildern 2004.

Wolfram, Herwig, Konrad II., München 2000.

Staufer

Akermann, Manfred, Die Staufer, Stuttgart 2003.

Csendes, Peter, Heinrich VI., Darmstadt 1993.

Ders., Philipp von Schwaben. Ein Staufer im Kampf um die Macht, Darmstadt 2003.

Engels, Odilo, Die Staufer, Stuttgart ⁷1998.

Görich, Knut, Die Staufer. Herrscher und Reich, München 2006.

Hechberger, Werner, Staufer und Welfen. Zwei rivalisierende Dynastien im Hochmittelalter, Regensburg 2009.

Laudage, Johannes. Friedrich Barbarossa (1152–1190), Regensburg 2009.

Mühlberger, Josef, Lebensweg und Schicksal der staufischen Frauen, Esslingen 1977.

Oster, Uwe A., Die Frauen Kaiser Friedrichs II., München 2008.

Rader, Olaf B., Friedrich II. Der Sizilianer auf dem Kaiserthron, München 2010.

Stürmer, Wolfgang, Friedrich II., Darmstadt 2003.

Wieczorek, Alfried u. a. (Hg.), Die Staufer und Italien, Stuttgart 2010.

Luxemburger

Fajt, Jiří (Hg.), Kaiser von Gottes Gnaden. Kunst und Repräsentation des Hauses Luxemburg 1310–1437, München-Berlin 2006.

Heidemann, Malte, Heinrich VII. (1308–1313). Kaiseridee im Spannungsfeld von staufischer Universalherrschaft und frühneuzeitlicher Partikularautonomie, Warendorf 2008.

Heyen, Franz-Josef und Mötsch, Johannes (Hg.), Balduin von Luxemburg. Erzbischof von Trier – Kurfürst des Reiches (1285–1354), Mainz 1985.

Hoensch, Jörg K., Kaiser Sigismund. Herrscher an der Schwelle zur Neuzeit (1368–1437), München 1996.

Ders., Die Luxemburger. Eine spätmittelalterliche Dynastie gesamteuropäischer Bedeutung (1308–1437), Stuttgart 2000.

Margue, Michael u.a. (Hg.), Der Weg zur Kaiserkrone. Der Romzug Heinrichs VII. in der Darstellung Erzbischof Balduins von Trier, Trier 2009.

Seibt, Ferdinand, Karl IV. Ein Kaiser in Europa (1346–1378), München 1994.

Habsburger

Höbelt, Lothar, Die Habsburger. Aufstieg und Glanz einer europäischen Dynastie, Stuttgart 2009.

Holleger, Manfred, Maximilian I. (1459–1519). Herrscher und Mensch an der Zeitenwende, Stuttgart 2005.

Koller, Heinrich, Kaiser Friedrich III., Darmstadt 2005.

Koppensteiner, Norbert (Hg.), Der Aufstieg eines Kaisers. Maximilian I. von seiner Geburt bis zu seiner Alleinherrschaft 1459–1493, Wiener Neustadt 2000.

Krieger, Karl-Friedrich, Die Habsburger im Mittelalter. Von Rudolf I. bis Friedrich III., Stuttgart-Berlin-Köln 1994.

Ders., Rudolf von Habsburg, Darmstadt 2003.

Schmidt-von Rhein, Georg (Hg.), Kaiser Maximilian I. Bewahrer und Reformer, Ramstein 2002.

Bildnachweis
Picture-alliance/akg-images: 7, 10, 16, 17, 20, 21, 22, 23, 24; 28, 30, 31, 33, 34, 35, 36, 38, 46, 47, 48, 49, 56, 57, 59, 60, 63, 64, 66, 67, 68, 70, 74, 75, 76, 77, 81, 83, 84; 85, 87 (o.), 88, 96, 98, 103, 104, 107, 111, 114, 115, 122, 123, 124, 130, 131, 133, 134, 135, 136, 137, 141, 142, 145, 146, 148, 152, 153, 154, 157, 158, 161, 162, 163, 164, 165, 166, 168 (li.), 169, 170, 171, 172, 175, 177, 178, 179, 180, 181; Domkapitel Aachen (Anne Münchow): 8; Bibliothèque Royale de Belgique, Brüssel: 15; Verbrüderungsbuch, Zürich, Zentralbibliothek: 18; Bridgeman: 19, 49 (Fibel), 118; Niedersächsisches Landesarchiv, Staatsarchiv Wolfenbüttel: 25; Roman von Götz: 27; Stadtarchiv Bamberg, Ingeborg Limmer: 39; Museum Speyer, Fotographin Renate J. Deckers-Matzko, 40; bpk: 45, 87 (u.), 99, 105, 106; Patrimonio Nacional, Madrid: 51; Museum Speyer, Domschatzkammer: 53, 79; Constantin Beyer, Weimar, 54; Krakau, Bibliothek des Domkapitels: 61; Biblioteca Apostolica Vaticana: 62, 108, 116; Koblenz, Landeshauptarchiv Koblenz: 79 (Siegel Konrads II.), 126-129; Mailand, Civiche Raccolte d'Arte Antica del Castello Sforzesco: 84; Hessisches Staatsarchiv: 86; Burgerbibliothek Bern: 89, 90, 92, 94, 101; Ulrich Rund, Lorch: 95; Halle (Saale), Stadtarchiv: 110; Mainz, Bischöfliches Dom- und Diözesanmuseum: 112, 113; Fotostudio Residenz München: 123; Österreichisches Staatsarchiv: 167; Österreichisches Militärarchiv, Wien: 168 (re.), 174.

Verlag und Autor danken allen Leihgebern für die Bereitschaft, Bildmaterial für diese Publikation zur Verfügung zu stellen. Leider war es nicht in allen Fällen möglich, die Inhaber der Urheberrechte zu ermitteln. Etwaige Ansprüche kann der Verlag bei Nachweis entgelten.

Die Deutsche Nationalbibliothek verzeichnet diese Publikation
in der Deutschen Nationalbibliografie;
detaillierte bibliografische Daten sind im Internet über
http://dnb.d-nb.de abrufbar.

Das Werk ist in allen seinen Teilen urheberrechtlich geschützt.
Jede Verwertung ist ohne Zustimmung des Verlages unzulässig.
Das gilt insbesondere für Vervielfältigungen,
Übersetzungen, Mikroverfilmungen und die Einspeicherung in
und Verarbeitung durch elektronische Systeme.

© 2011 Konrad Theiss Verlag GmbH, Stuttgart
Alle Rechte vorbehalten
Die Herausgabe dieses Werkes wurde durch die Vereinsmitglieder der WBG ermöglicht.

Bildredaktion und Lektorat: Dr. Carola Hoécker, Heidelberg
Stammtafeln und Bildlegenden: Theiss Verlag
Layout und Satz: Karin Hauptmann und Katrin Kleinschrot, Stuttgart
Kartografie: Peter Palm, Berlin
Druck und Bindung: Appl, aprinta druck, Wemding
Gedruckt auf säurefreiem und alterungsbeständigem Papier
Printed in Germany

ISBN 978-3-8062-2391-0

Besuchen Sie uns im Internet: www.theiss.de

Lizenzausgabe für die WBG (Wissenschaftliche Buchgesellschaft), Darmstadt
ISBN 978-3-534-23693-0
www.wbg-wissenverbindet.de

Europäische Dynastien

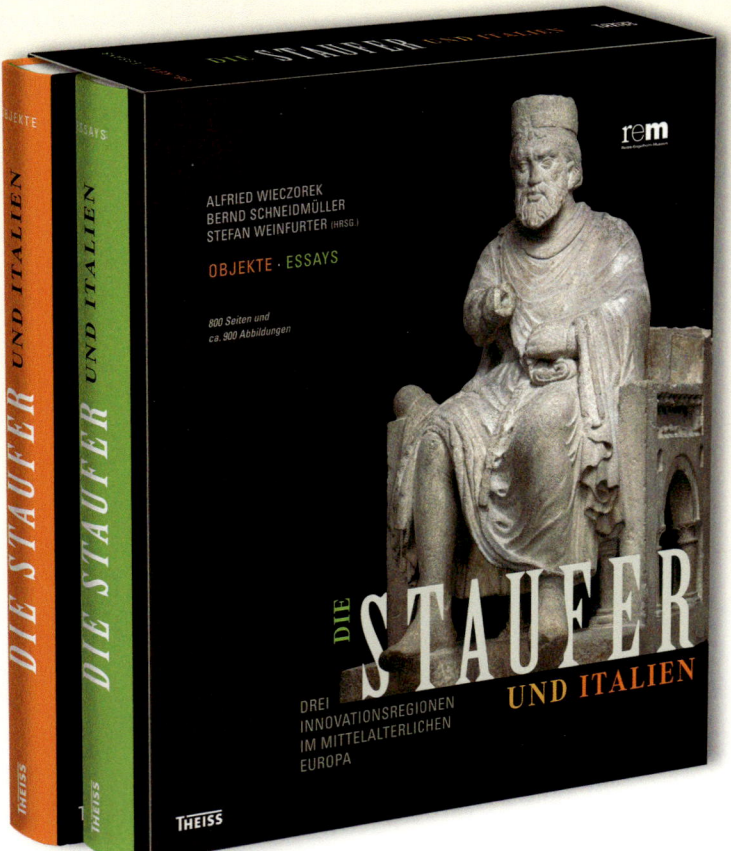

Wie die Staufer in der Rhein-Neckar-Region, Oberitalien und im ehemaligen Königreich Sizilien agierten, und welche Impulse von ihnen in Politik und Wirtschaft, aber auch Wissenschaft, Gesellschaft, Kunst und Kultur ausgingen, präsentieren die beiden Bände zur Ausstellung »Die Staufer und Italien« umfassend. Bedeutende originale Zeugnisse und Pretiosen lassen das staufische Zeitalter erneut lebendig werden zu lassen.

A. Wieczorek / B. Schneidmüller / S. Weinfurter (Hrsg.)
Die Staufer und Italien
Drei Innovationsregionen im mittelalterlichen Europa
2 Bände. Zusammen 800 Seiten mit 900 meist farbigen Abbildungen. Gebunden mit Schutzumschlag im Schuber.
ISBN 978-3-8062-2366-8

Sie waren der Inbegriff der Monarchie. Jahrhundertelang dominierten die Habsburger die Geschicke Europas. Als stolze Dynastie umgaben sie sich mit Prunk und Pracht. Ihre rauschenden Bälle waren legendär. In seinem prächtigen Bildband präsentiert Lothar Höbelt die mehr als 900-jährige, wechselvolle Geschichte dieser faszinierenden Dynastie, die als »Donaumonarchie« Europa maßgeblich beeinflusste.

Lothar Höbelt
Die Habsburger
Aufstieg und Glanz einer europäischen Dynastie
176 Seiten mit 140 meist farbigen Abbildungen,
3 Karten und Stammtafeln.
Gebunden mit Schutzumschlag.
ISBN 978-3-8062-2196-1

Unser Gesamtprogramm finden Sie im
Internet unter www.theiss.de
Telefon (07 11) 2 55 27-14
E-Mail: service@theiss.de